国際平和論

脅威の認識と対応の模索

石田　淳
長有紀枝　編
山田哲也

有斐閣

はしがき

　2022年2月に始まったロシアによるウクライナ侵攻も，23年10月のハマスによるイスラエル奇襲をきっかけとしたイスラエルによるガザ地区侵攻も，国際関係を学ぶ者にとってさまざまな意味で大きな衝撃であった。もちろん，予兆として，2011年以降のシリア内戦，14年のロシアによるクリミアの「編入（併合）」，21年8月のアメリカと北大西洋条約機構（NATO）のアフガニスタン撤退など，国際社会の平和を考えるうえで重大な事件はいくつも発生していた。それは単に戦争や武力紛争が発生した，ということだけではなく，その結果として人権が侵害され，さまざまな非人道的行為が行われて，個人，とりわけ女性や子どもといった社会的弱者が惨劇に晒されていることに，人々が怒りや不安を抱いているところに特徴がある。情報通信技術（ICT）の革新的な発達によって，被害の様子がYouTubeやX（旧ツイッター），インスタグラムといったソーシャル・ネットワーキング・サービス（SNS）を通じて全世界に拡散されているからであろう。

　本書の編者の一人である山田哲也は，2006年に刊行された『平和政策』（大芝亮，藤原帰一との共編。有斐閣）の企画にもかかわっていたが，その時期と今とでは国際社会の「雰囲気」が大きく異なっていることを実感している。それは，冷戦終結以降，10数年の間続いてきた大国間の協調に軋みがみられるようになったことである。冷戦終結以降も，湾岸戦争（1990-91年）や，旧ユーゴスラヴィアやアフリカ諸国での国内紛争は発生していたが，多国間主義にもとづく介入や平和維持・平和構築がある程度は実施されていた。しかし，2011年に起こったシリア内戦以降，大国間の協調は確保されず，多国間主義は有効には機能していない。ロシアの侵攻（侵略）にもイスラエルの過剰な「自衛」にも，国際連合（国連）は対応できていない。だからといって，国連無用論を唱えるのも安易である。国連は，大国間協調を前提として機能する制度である。どうすれば協調を取り戻せるか，加えて，そもそも大国とは何であり，今日の

i

国際秩序の中でいずれの国を大国と考えるべきかを問い直す必要がある。

　本書は，おおむね20世紀以降に本格化する「平和の制度化」あるいは「制度を通じた平和の確保・実現」がどのようなものであったのか，また，現在の国際社会においてそれらがどのような挑戦を受けているのか，ということを考える際の手がかりを提供するものである。その際の視点として，大きく次の3つの点を意識している。1点目は，2つの世界大戦，冷戦，ポスト冷戦，そして現在という歴史の流れである。2点目は，国際社会の構造変化である。19世紀後半以降，国際社会におけるアメリカの存在が大きくなった。そして第二次世界大戦後の植民地独立に伴い，新興独立国が誕生した。3点目は，国際政治における「個人」の存在感の増大である。人権規範が国際社会に持ち込まれるのは国連設立以降であるが，1960年代に入ると，条約を通じて国際社会全体で人権規範の実施・履行を求める動きが加速する。また，国際法上の重大な犯罪を起こした個人の刑事的な責任を，国際的な裁判で追及する組織と手続きも整えられた。

　歴史という時代の変化，国家と数えられる顔ぶれの変化，顔がみえるようになってきた個人という3つの視点は相互に作用しながら，新たな論点を国際政治に持ち込むことになった。開発や環境といった問題群が代表的であり，人権を含めたそれらの問題群が安全保障，あるいは戦争と平和をめぐる問題にも影響を及ぼしている。本書では十分な検討を行っていないが，「持続可能な開発目標（SDGs）」は，単なる経済成長の目標ではなく，人がいかに人らしく生きられるか，という「人間の尊厳」を確保・実現できる平和を達成するために解決・克服すべき問題群を掲げたものである。さまざまな「平和の制度化」がどのような経緯で，誰によって試みられてきたのか。そしてそれらが現在，どのような問題を抱えているのか。こうした問題について理解を深めてもらえることを，本書にかかわった者すべてが望んでいる。

　本書の構成について，簡単に説明しておこう。まず序章で本書全体を見渡したうえで，本論は3つの部で構成している。第Ⅰ部（グローバル・ポリティクス）では，軍事力と平和の関係と現代における平和の脅威としての移民・難民・避難民という「人の移動」をめぐる問題を扱った。平和を考えるうえでの前提となる問題である。第Ⅱ部（グローバル・ガバナンス）は，平和の制度化をめぐる

問題を検討している。国際社会の組織化や地域統合，集団安全保障と個人レベルでの安全確保をめぐる問題が中心的に論じられている。第Ⅲ部（グローバル・エシックス）は，平和の制度化を支える，倫理的な問題を概観している。「国家間の法」としての国際法が，人権や人道をめぐる規範を取り込むことの意義や限界について考えるための契機を提供してくれるだろう。

　冷戦後の国際社会では，「人間の安全保障（human security）」に代表される，個人レベルでの安全の問題を国家レベルでの平和や国際社会全体の平和と結び付ける視点が定着したことにはふれた。それは突然のことではなく，半世紀以上にわたる議論の一つの到達点として，国連などの場で議論されるようになったものである。平和，正義，秩序，尊厳といった容易に結論に達しない論点が複雑に絡み合う現在の国際社会において，問題解決のための万能薬（パナセア）は存在しない。また，本書では紙幅の関係から取り扱えなかった論点もある。終章では，各章での議論を前提に，さらなる課題も含めて問題を提起し，読者相互での議論を深めるためのヒントを示している。

　なお，本書の企画から刊行に至るまで，有斐閣書籍編集第2部の岩田拓也氏の手を煩わせることになった。『平和政策』の後継となるような企画を，と依頼されたのが，本書刊行の出発点にある。果たして岩田氏の期待に応えられたかどうか，いささか心許ないが，刊行までの3年以上にわたる岩田氏の熱意と文字通りのご尽力に，編者3人として心からの御礼を申し上げたい。執筆陣については，『平和政策』同様，それぞれのテーマで活躍している方々にお願いしたところ，結果的にジェンダー・バランスのとれた布陣となった。これも時代の変化であり，喜ぶべき変化である。いずれにしても，本書を手にした読者が，現在の国際社会が抱える諸問題への理解と関心をいささかなりとも深めてくれることを，あらためて願うばかりである。

　2024年10月

混沌が新たな安定をもたらすことを願いつつ

編 者 一 同

執筆者紹介 （執筆順，＊は編者）

＊石 田　　淳 （いしだ　あつし）　　　　　　　　[序章，終章（共著）担当]

1995 年，シカゴ大学政治学部博士課程修了，Ph. D.（Political Science）。

現在，東京大学大学院総合文化研究科教授。

専門：国際政治。

主要著作：「人権と人道の時代における強制外交——権力政治の逆説」（大芝亮・古城佳子と共編『日本の国際政治学 第 2 巻 国境なき国際政治』有斐閣，2009年）；『国際政治学』（中西寛・田所昌幸と共著，有斐閣，2013 年）。

秋 山 信 将 （あきやま　のぶまさ）　　　　　　　　[第 1 章担当]

1994 年，コーネル大学公共政策研究所行政学修士課程修了，博士（法学）（一橋大学，2013 年）。

現在，一橋大学大学院法学研究科教授。

専門：国際安全保障，軍縮・不拡散。

主要著作：『核不拡散をめぐる国際政治——規範の遵守，秩序の変容』（有信堂高文社，2012 年）；『「核の忘却」の終わり——核兵器復権の時代』（高橋杉雄と共編著，勁草書房，2019 年）。

＊長　有紀枝 （おさ　ゆきえ）　　　　　　　　[第 2 章，終章（共著）担当]

2007 年，東京大学大学院総合文化研究科「人間の安全保障」プログラム博士課程修了，博士（国際貢献）。

現在，立教大学大学院社会デザイン研究科教授。

専門：ジェノサイド予防，国際政治学。

主要著作：『スレブレニツァ——あるジェノサイドをめぐる考察』（東信堂，2009年）；『入門 人間の安全保障——恐怖と欠乏からの自由を求めて〔増補版〕』（中公新書，2021 年）。

三 牧 聖 子 （みまき　せいこ）　　　　　　　　[第 3 章担当]

2012 年，東京大学大学院総合文化研究科博士課程修了，博士（学術）。

現在，同志社大学院グローバル・スタディーズ研究科准教授。

専門：アメリカ政治外交。

主要著作：『戦争違法化運動の時代――「危機の20年」のアメリカ国際関係思想』（名古屋大学出版会，2014年）；"Law Against Empire, or Law for Empire?――American Imagination and the International Legal Order in the Twentieth Century," *The Journal of Imperial and Commonwealth History*, 49 (3)（2021）。

＊山田 哲也（やまだ てつや）　　　　[第4章，終章（共著）担当]

1995年，国際基督教大学大学院行政学研究科博士課程中退，博士（法学）（九州大学，2010年）。

現在，南山大学総合政策学部教授。

専門：国際法，国際機構論。

主要著作：『国連が創る秩序――領域管理と国際組織法』（東京大学出版会，2010年）；『国際機構論入門〔第2版〕』（東京大学出版会，2023年）。

遠藤 乾（えんどう けん）　　　　[第5章担当]

1996年，D. Phil in Politics（オックスフォード大学）。

現在，東京大学大学院法学政治学研究科教授。

専門：国際政治，EU研究，安全保障。

主要著作：『統合の終焉――EUの実像と論理』（岩波書店，2013年，読売・吉野作造賞受賞〈2014年〉）；『ヨーロッパ統合史〔第2版〕』（編著，名古屋大学出版会，2024年）。

本多 美樹（ほんだ みき）　　　　[第6章担当]

2006年，早稲田大学大学院アジア太平洋研究科博士後期課程修了，博士（学術）。

現在，法政大学法学部教授。

専門：国際関係論，国際機構論，国連研究。

主要著作：『国連による経済制裁と人道上の諸問題――「スマート・サンクション」の模索』（国際書院，2013年）；"'Smart Sanctions' by the UN and Financial Sanctions," Sachiko Yoshimura ed., *United Nations Financial Sanctions*（Routledge, 2021）。

キハラハント 愛（きはらはんと　あい）　　　　　　　　［第 7 章担当］

2016 年，エセックス大学法学部博士課程修了，博士（法学）。

現在，東京大学大学院「人間の安全保障」プログラム教授。

専門：国際法。

主要著作：*Holding UNPOL to Account: Individual Criminal Accountability of United Nations Police Personnel*（Brill Nijhoff, 2017）; "Holding Individuals Serving the United Nations to Account for Wrongdoing," in Alistair D. Edgar ed., *Handbook on Governance in International Organizations*（Edward Elgar Publishing, 2023）。

上 野 友 也（かみの　ともや）　　　　　　　　　　［第 8 章担当］

2007 年，東北大学大学院法学研究科博士課程後期修了，博士（法学）。

現在，岐阜大学教育学部准教授。

専門：国際政治学。

主要著作：『戦争と人道支援——戦争の被災をめぐる人道の政治』（東北大学出版会，2012 年）;『膨張する安全保障——冷戦終結後の国連安全保障理事会と人道的統治』（明石書店，2021 年）。

清 水 奈名子（しみず　ななこ）　　　　　　　　　［第 9 章担当］

2006 年，国際基督教大学大学院行政学研究科博士後期課程修了，博士（学術）。

現在，宇都宮大学国際学部教授。

専門：国際機構論。

主要著作：「国連システムと法の支配——主権国家体制を前提とした国際法秩序の課題」日本国際連合学会編『主権国家体制と国連』（国連研究 第 25 号）（国際書院，2024 年）;『平和構築と個人の権利——救済の国際法試論』（片柳真理・坂本一也・望月康恵と共著，広島大学出版会，2022 年）。

赤 星 　聖（あかほし　しょう）　　　　　　　　　［第 10 章担当］

2015 年，神戸大学大学院法学研究科政治学専攻博士課程後期課程単位取得退学，博士（政治学）。

現在，神戸大学大学院国際協力研究科准教授。

専門：国際関係論。

主要著作：『国内避難民問題のグローバル・ガバナンス——アクターの多様化と

ガバナンスの変化』（有信堂高文社，2020 年）；「グローバル・ヘルス・ガバナンスにおける『二重の断片化』——HIV/AIDS，新型コロナウイルス感染症，エボラウイルス病」『国際政治』211 号（2023 年）。

下谷内 奈緒（しもやち　なお）　　　　　　　　　　　　［第 11 章担当］

2017 年，東京大学大学院総合文化研究科博士課程修了，博士（学術）。

現在，津田塾大学学芸学部准教授。

専門：国際政治学。

主要著作：『国際刑事裁判の政治学——平和と正義をめぐるディレンマ』（岩波書店，2019 年）；「移行期正義における刑事処罰の位置づけ」『法律時報』93 巻 7 号（2021 年）。

目　次

はしがき　i
執筆者紹介　iv
主要略語一覧　xv

序　章　「棲み分け」が国際平和の処方箋か ――――――― 1

1　平和の条件　1
リベラルの国内類推論（1）　統制と補完（2）

2　国際平和の制度　5
制度の定義（5）　国際社会の制度と国家の同意（6）

3　歴史の中の国際平和　8
国際社会の構成の変化（8）　脅威認識の推移（10）

4　棲み分けのディレンマ　11
冷戦対立の本質（11）　冷戦対立と棲み分けの平和の機能不全（12）
国家形成の波（13）　棲み分けの平和の補完（14）

第 I 部　グローバル・ポリティクス

第 1 章　軍事力で平和を維持できるか ――――――――― 21

1　国家のパワーと平和　21
平和とは何か（21）　国際政治における「パワー」と軍事力の位置づけ
（22）

2　軍事力の機能　24
強要（24）　抑止（25）　抵抗（27）　平和維持・平和構築などにお
ける民生支援（28）

3　軍事力の規制を通じた平和の追求 —— 軍備管理，軍縮，不拡散　28
兵器規制の歴史（29）　米ロの核軍備管理と戦略的安定性（31）　多国
間の軍縮・不拡散（33）　ポスト・ポスト冷戦期の軍備管理・軍縮の停

目　次

　　　　滞（35）

　　4　軍事力行使に制約を課すことを通じた平和の追求　36

　　5　力による平和と力の規制による平和　37

第2章　**人の移動は主権国家への脅威か**　──────────── 41

　　1　国際政治の課題としての人の移動・人権　41
　　　　主権国家体制の成立と人の移動（41）　　移民，難民の定義（43）　　世界
　　　　の移民と強制移住の現況（43）

　　2　人の移動とその保護制度　45
　　　　第一次世界大戦から戦間期（45）　　第二次世界大戦後のヨーロッパの動
　　　　きと難民条約（46）　　1967年の難民議定書──地理的時間的制約の撤廃
　　　　（47）　　パレスチナ難民とUNRWA（48）　　アフリカの難民対応（49）

　　3　人の移動──冷戦期の変化　50
　　　　難民──冷戦期以降（50）　　UNHCRの管轄下にある難民と諸国の対応
　　　　の落差（52）　　移民──難民対応との違い（52）

　　4　人の移動と安全保障　53
　　　　混在移住という現象（53）　　気候変動と強制移住（55）　　人間の安全保
　　　　障と人の移動（56）

第3章　**国際社会は戦間期にどのように**
　　　　戦争をなくそうとしたか　──────────── 61

　　1　再び戦争の時代に？　61

　　2　集団安全保障体制は理想的な安全保障のしくみか　62
　　　　国際連盟──勢力均衡の代替策を求めて（62）　　より限定的な世界関与
　　　　を求めて（64）　　侵略戦争の違法化（66）

　　3　強制力によらない平和は可能か──パリ不戦条約　67
　　　　あらゆる戦争の違法化を求めて（67）　　パリ不戦条約の成立（68）

　　4　変革と平和──パリ不戦条約の限界　71
　　　　植民地からみたパリ不戦条約（71）　　平和的変革という問題提起（72）

　　5　分断された世界と国連　74
　　　　冷戦と国連（74）　　現実主義者の国連擁護論（75）

　　6　平和をめぐる古くて新しい問い　77

ix

第Ⅱ部　グローバル・ガバナンス

第4章　制度は平和をもたらすのか ———————— 83

1　主権国家体制と「制度」　83

2　主権国家体制と戦争　85

三十年戦争とウエストファリア条約（85）　サン＝ピエールの『永久平和論』（87）

3　「ヨーロッパ協調」の意義　88

4　連盟・戦間期・国連 —— 平和の制度化　90

「連盟」構想の背景（90）　戦間期の経験（92）

5　制度を通じた平和の確保　94

なぜ「制度」か（94）　リベラル国際主義（95）　リベラル国際主義と国内類推（96）　「冷戦後国際秩序」形成の問題点（98）　『新しい平和への課題』が問いかけること（99）

6　協調的国際秩序は復活するか　101

第5章　統合は平和をもたらすのか ———————— 105

1　問題の所在　105

2　平和と統合 —— 言葉とイメージ　106

3　冷戦，国益，統合 —— 初期ヨーロッパ統合と平和　108

統合の動機（108）　冷戦と統合（108）　統合＝平和ナラティヴの限界（109）

4　冷戦，脱冷戦，統合 —— 平和の条件と帰結　110

統合の進展（110）　冷戦終結とEUの誕生（111）　域外パワーのアメリカとヨーロッパの境界（112）

5　ウクライナ侵攻開始後の統合と平和　113

EU-NATO体制の復権（113）　冷戦後のロシア・西側関係（114）　東側諸国の包摂（114）

6　平和的変更のプロジェクトだったのか　115

ヨーロッパ統合と平和的変更（115）　平和的変更と暴力（117）

第6章　経済制裁は平和のために有効か ———————— 121

目　次

1　なぜ経済制裁を行うのか　121
経済制裁のさまざまな種類（121）　経済制裁の多様な目的（123）

2　戦争と経済制裁　124
戦争の違法化と経済制裁の組織化（124）　国連による経済制裁（126）

3　経済制裁の今日的展開　129
スマート・サンクションへ（129）　主な手段としての金融制裁（130）
安保理の機能不全と協働制裁への展開（131）

4　経済制裁は平和のために有効か　133
経済制裁の実効性を左右する要因（133）　国連制裁の実効性における特
有の要因（135）　経済制裁の評価をめぐる議論（136）　経済制裁の有
効性を問う（138）

第7章　国連は効果的に軍事力を伴う強制措置をとれるのか ── 143

1　国連憲章に組み込まれた強制力　143
国連憲章の中の強制措置（143）　2種の強制措置（145）

2　軍事的強制措置と安保理授権による多国籍軍　146
軍事的強制措置の事例(1)──朝鮮戦争（146）　軍事的強制措置の事例
(2)──湾岸危機（147）　紛争の変化への対応（148）

3　平和活動　150
冷戦終結以前の平和活動（150）　民主化ミッション（151）　冷戦終結
後の平和活動（152）　2つの虐殺（153）　「平和への課題：追補」以
後（154）　武力行使の拡大（156）　安定化ミッション（157）

4　地域的取極・機関　158

5　課題と展望　159
フレキシブルな対応（159）　国連平和活動の限界（160）　展望（161）

第8章　武力の行使に国際的基準はあるのか ── 165

1　武力行使の法的・制度的な枠組み　165

2　武力不行使義務とその例外　166
武力不行使義務の原則（166）　武力不行使義務の例外（166）

3　冷戦期の武力不行使義務と軍事介入　169

xi

4 冷戦終結後の集団安全保障にもとづいた人道的介入　171

　　1990年代以後の人道的介入と「脅威」の拡大（171）　破綻国家論の登場（172）　保護する責任論の登場／主権概念の転換（173）

5 対テロリズム戦争におけるアメリカによる自衛権の行使　174

6 国家の統治と武力不行使義務　175

　　意思または能力を欠く国家基準（175）　意思または能力を欠く国家基準に対する批判（176）　自衛権と意思または能力を欠く国家基準（177）集団安全保障と意思または能力を欠く国家基準（178）

7 武力行使と国際人道法　178

　　国際人道法の内容（179）　国際人道法と意思または能力を欠く国家基準（180）

8 武力不行使規範とその新たな課題　181

第Ⅲ部　グローバル・エシックス

第9章　国際法による法の支配は平和をもたらすのか ── 187

1 国際法による法の支配と平和をめぐる難問　187

　　国際法は誰のいかなる平和を維持しているのか（187）　カー『危機の二十年』における国際法秩序への批判（189）　モーゲンソー『国際政治』におけるイデオロギーとしての国際法批判（190）

2 力の支配を支える法の支配 ── 伝統的国際法が抱えた課題　192

　　戦争の制御手段としての国際法 ── グロチウスからカントへ（192）　主権国家間の共存のための国際法（194）　植民地支配の正当化と大国間の平和（194）

3 自由主義的な国際秩序を生み出す国際法
── 第二次世界大戦後の展開　196

　　二度の世界大戦と「国際法の構造転換」（196）　国際法秩序を通した自由主義的な平和の追求（197）

4 自由主義的な国際法秩序に対する懐疑　201

　　現代の国際法秩序における階層性（201）　自由主義的な国際法とその暴力性（203）　「テロとの戦争」による武力行使の正当化（204）　自由主義的な法の支配に対する懐疑と挑戦（205）

5 国際社会における法の支配は誰のいかなる平和をめざすのか　207

目　次

第10章　国際社会は誰をいかに保護すべきなのか ——— 211

1 主権国家体制と人権保障　211

現在の国際人権体制（211）　　人権規範の伝播と国際秩序の変容（213）

2 国際社会が保護すべき対象は「誰」なのか　215

国際人権体制の成立（215）　　国内統治の国際問題化（218）

3 国際社会は「どのように」人々を保護すべきなのか　221

人々の保護と「保護する責任」（221）　　非強制的措置を通した人権保護
（222）　　強制措置を通した人権保護？（225）

4 「誰一人取り残さない」保護は可能か　228

第11章　国際刑事裁判は平和を生み出すか ——— 233

1 国際刑事裁判と平和　233

2 国際刑事裁判の展開　234

実現しなかったカイザー訴追（234）　　ニュルンベルク裁判と東京裁判
（234）　　普遍的な国際刑事裁判所設立の挫折（235）　　暫定法廷から常
設の国際刑事裁判所の設立へ（236）　　多様化する国際刑事裁判（237）

3 国際刑事裁判の特徴　239

4 国際刑事裁判は平和を生み出すか　243

法の支配による平和（246）　　交渉による平和（246）　　和解による平和
（247）　　考察(1)——交渉による平和か，法の支配による平和か（247）
考察(2)——和解による平和について（248）

終　章　平和論はなぜ分岐，競合するのか ——— 253

1 現状維持の平和と現状変更の平和　253

平和の制度化（253）　　平和の認識の変化（254）　　発言権の配置の変化
（255）　　人間の尊厳の対等化（255）

2 平和論の分岐・競合　256

2つの問い（256）　　戦争と平和か，暴力と平和か（257）　　規範の衝突
と大国の二重基準（259）

事項索引　263

人名索引　267

xiii

◆ *Column* 一覧

① 国連デジタル・ライブラリー　4

② ジェンダーと難民条約　48

③ 経済制裁データベース　128

④ ニカラグア事件（国際司法裁判所本案判決）　168

⑤ 核兵器使用・威嚇の合法性事件（国際司法裁判所勧告的意見）　180

⑥ 国際条約が増え続けた 100 年　198

⑦ 性的暴力はいつから国際犯罪とされたのか　202

⑧ 武力紛争研究のためのデータセット　220

⑨ どのような犯罪が裁かれるのか　238

⑩ ウクライナにおける戦争犯罪の捜査　240

⑪ 政治交渉の切り札として不処罰が用いられた例　249

◆ *Material* 一覧

① 国際連盟規約の主要条文　90

② 国際連合憲章の主要条文　94

◆ 図表一覧

図 0-1　常任理事国（アメリカ，ロシア，中国）による拒否権の行使　9

図 2-1　国際保護を必要としている人々　45

図 2-2　人の移動（移住）のさまざまな形　55

図 10-1　第二次世界大戦後の紛争数　219

図 10-2　自由権規約の批准国数およびその遵守状況　224

表 0-1　冷戦後の安保理における平和に対する脅威の認定　11

表 0-2　国家形成の波とモンロー・ドクトリンのグローバル・ヒストリー　14

表 10-1　主権国家体制と人権保障をめぐる緊張関係　214

表 10-2　国連における主要人権条約と批准状況　217

表 10-3　保護する責任の 3 つの柱　222

表 11-1　ICC の捜査対象となっている事態　243

表 11-2　ICC の裁判状況　244

表 11-3　多様な国際刑事裁判　245

主要略語一覧

AU　African Union　アフリカ連合

CE　Council of Europe　欧州評議会

CHS　Commission on Human Security　人間の安全保障委員会

CIS　Commonwealth of Independent States　独立国家共同体

COW　Correlates of War　戦争相関研究

CSCE　Conference on Security and Cooperation in Europe　欧州安全保障協力会議

DDR　Disarmament, Demobilization, and Reintegration　武装解除，動員解除，（元戦闘員の）社会復帰

EU　European Union　欧州連合

FIB　Forced Intervention Brigade　強制介入旅団

FPU　Formed Police Unit　武装した部隊警察

ICC　International Criminal Court　国際刑事裁判所

ICISS　International Commission on Intervention and State Sovereignty　介入と国家主権に関する国際委員会

ICJ　International Court of Justice　国際司法裁判所

ICRC　International Committee of the Red Cross　赤十字国際委員会

ICTR　International Criminal Tribunal for Rwanda　ルワンダ国際刑事裁判所

ICTY　International Criminal Tribunal for the former Yugoslavia　旧ユーゴスラヴィア国際刑事裁判所

IDP　Internally Displaced People　国内避難民

ILO　International Labor Organization　国際労働機関

IOM　International Organization for Migration　国際移住機関

LMG　Like-Minded Group of States　同志国グループ

LNHCR　League of Nations' High Commissariat for Refugees　難民問題に対する国際連盟難民高等弁務官

MAD　Mutual Assured Destruction　相互確証破壊

MIDs　Militarized Interstate Disputes　武力紛争データ

NATO　North Atlantic Treaty Organization　北大西洋条約機構

NGO　Non-governmental Organization　非政府組織

NPT　Treaty on the Non-Proliferation of Nuclear Weapons　核兵器不拡散条約

OAU　Organization of African Unity　アフリカ統一機構

OSCE　Organization for Security and Co-operation in Europe　欧州安全保障協力機構

PCA　Permanent Court of Arbitration　常設仲裁裁判所

PCIJ Permanent Court of International Justice 常設国際司法裁判所

PKO Peacekeeping Operations 平和維持活動

POC Protection of Civilians 文民の保護

PRIO Peace Research Institute Oslo オスロ国際平和研究所

PSO Peace Support Operations 平和支援活動

R2P Responsibility to Prospect 保護する責任

UCDP Uppsala Conflict Data Program ウプサラ大学紛争データプログラム

UN United Nations 国際連合（国連）

UNAMID AU‐UN Mission in Darfur 国連アフリカ連合ダルフール派遣団

UNAMIR United Nations Assistance Mission for Rwanda 国連ルワンダ支援団

UNHCR United Nations High Commissioner for Refugees 国連難民高等弁務官事務所

UNRWA United Nations Relief and Works Agency for Palestine Refugees 国連パレスチナ
難民救済事業機関

UPR Universal Periodic Review 普遍的定期的審査

WTO World Trade Organization 世界貿易機関

序　章

「棲み分け」が国際平和の処方箋か

> 戦争は関係国の間の同意にもとづかない一方的な現状変更であるから，その戦争を違法化する体制は，国際関係の現状を維持するしくみともなる。国際連合憲章は，安全保障理事会には国際の平和と安全を維持するための「権限」を与えたうえで，個々の国家には自衛の「権利」を認めつつ，武力不行使の「義務」を課した。この武力不行使体制は，いかなる主体にいかなる権限・権利・義務が帰属するのかを明らかにしたが，はたしてそれを通じて，武装して向き合う国家間に，十分に予見可能な相互作用が生まれ，国際社会に平和が実現したのだろうか。

1 平和の条件

● リベラルの国内類推論

　領域の住民たる国民の生命・身体・財産を保護するとして，それぞれの国家が武装して向き合うと，そもそも国家が保護するはずだった国民の生命・身体・財産を犠牲にするような戦争が起きる（Tilly 1990）。それは残虐で，野蛮で，不毛な愚行である。何とかこの逆説的な事態は避けられないものか。

　そのためには，領土保全と政治的独立を国家間で互いに認め合えば，戦争も無用となるだろう。つまり，領域と住民を基盤とする国家の主権を互いに尊重

I

し合う相互不干渉型の「(領域)主権の棲み分け (compartmentalized sovereignties)」(Herz 1957: 475) を通じて国際平和を実現するという考え方だ。もちろん、ただ棲み分けるだけでは十分ではない。そこで、国内において個人間の平和を可能にする条件として馴染み深い既知のしくみを、国家間の平和の条件とは何かという未知の課題の解決に役立てる発想が生まれた。

現代の国際関係論の古典『危機の二十年』(初版 1939 年) の中で、カーは、「個人間で成り立つ命題は国家間でも成り立つだろう (What was true of individuals was assumed to be also true of nations)」(Carr 1946: 45) とする推論形式を取り上げた。これが「国内類推論」(→第 4 章) ともいうべき国際関係の理解方法である。カーによれば、個人間において「利益の調和」があるように、国家間においても利益の調和があるとする考え方、すなわち 19 世紀から戦間期にかけてのリベラリズムの国内類推論は、「ユートピアニズム」にほかならない。カーは、この種の言説が現実には既得権益を擁護する機能を果たすことに注意を促した。たとえば経済活動の自由の保障 (国内の自由放任と国家間の自由貿易)、自己決定権の尊重、紛争解決の手段としての暴力の否定、あるいは「法の支配」は、個人間でも国家間でも共通の利益であるという発想が、その典型であろう。1950 年代にドイッチュは統合論の文脈で「物理的実力を行使することなく、制度化された手続きを通じて社会の諸問題を解決すること」として現状の「平和的変更」(Deutsch 1957: 5; Kristensen 2021) (→第 5 章) を論じたが、この平和的変更もまた国内類推論として観念できる。

国内類推論型の平和構想は、典型的には以下の武力不行使体制 (→第 7 章、第 8 章) のようなかたちをとる。個人間の実力行使なき社会を実現するために、国内では公権力の存在を前提としつつ、正当防衛を例外として個人の実力行使を禁止している。これと同様に、国家間の武力行使なき国際社会を実現するには、自衛権を例外として国家の武力行使を禁止する一方で、国内の公権力の機能を代替する国際的なしくみを整えなければならない、という発想だ。

● 統制と補完

たしかに平和構想に占める国内類推論の比重は大きいが、平和構想のすべてが、個人間関係と国家間関係をパラレルにとらえる国内類推論のかたちをとる

とは限らない。ここでは，国内類推論とは発想を異にする平和構想として，政府の権限・機能を，(1)国内において「統制（control）」あるいは「制御（check）」するという考え方と，(2)国際社会がこれを「補完（complement）」するという考え方の2つに言及しておこう。

第1に，政府の権限行使を国民の同意に根拠づけて，これを統制する国内政治体制が平和に資するという考え方がある。1795年に出版されたカントの『永遠平和のために』の洞察がそれに当たる（カント 2006: 168-169）。

> 共和的な体制は……永遠平和という望ましい成果を実現する可能性をそなえた体制でもある。この体制では……「戦争するかどうか」について，国民の同意をえる必要がある。……そして国民は戦争を始めた場合にみずからにふりかかってくる恐れのあるすべての事柄について，決断しなければならなくなる。……だから国民は，このような割に合わない〈ばくち〉を始めることに慎重になるのは，ごく当然のことである。（強調は引用者）

アメリカのウィルソン大統領（→第3章）の「勝利なき平和」演説（1917年1月22日）はこの系譜につらなる。ウィルソンは，この演説の中で，いかなる国もその政治体制を他国へ広げることによって，「政治体制を自由に決定する」人民の権利（自決原則）を侵害してはならないとして，アメリカのみならず他の諸国もモンロー・ドクトリン（1823年）を採用するべきだと論じた。そして，政府による「被治者の同意に基づく正当な権限の行使」（強調は引用者）という文言をアメリカの独立宣言（1776年）から引用して，この原則が承認されない限り恒久平和は実現できないと強調したのである（西崎 2022: 98）。

とはいえ，政治体制としては広く国民に市民的，政治的権利を保障する民主体制であっても，政府の決定が特殊利益の不当な影響の下に置かれる事態は生じうる。たとえば，アメリカのアイゼンハワー大統領はその「離任演説」(1961年1月17日)において「軍産複合体」の影響力の肥大化に警鐘を鳴らした。

第2に，特定の残虐行為について，国際社会が領域国の責任・責務を「補完」するという考え方がある（石田 2011: 119-122; 中西ほか 2013: 380-382）。その例として，冷戦終結後の「保護する責任（Responsibility to Protect: R2P）」論（→第10章，第11章）と「国際刑事裁判所」（→第11章）をみよう。

Column ① 　国連デジタル・ライブラリー　◇•◇•◇•◇•◇•◇•◇•◇•◇•◇•◇•◇•

　　インターネット上で、「国連デジタル・ライブラリー（UN Digital Library）」
を検索し、総会や安保理などの国連諸機関の決議、決議案、会合における議事報告
書等の文書や投票記録などを調べてみよう。
　　個々の文書には、それを識別するために文書記号が付されている。文書記号は、
文書の発行組織（たとえば A は総会〈General Assembly〉、S は安保理〈Secu-
rity Council〉など）、文書の性格（たとえば RES は決議〈resolutions〉、PV は
議事進行の逐語記録としての議事報告書〈verbatim record of the proceeding〉
など）、文書番号などから成る。たとえば、A/RES/181（II）は、国連総会決議
181 号を意味する。この決議は、「パレスチナ分割決議」として知られる。末尾
の（II）は第 2 回の通常会期（1947 年～48 年）であることを特定している。な
お、国連文書は、国連の 6 つの公用語（アラビア語、中国語、英語、フランス語、
ロシア語、スペイン語）で作成されている。

◇•

　　まず保護する責任論は、すべての国家にはその住民を所定の残虐行為（ジェ
ノサイド、戦争犯罪、民族浄化、人道に対する罪）から保護する一次的な責任があ
ることを確認したうえで、残虐行為から住民を保護する意思又は能力を欠く国
家については、国際社会が国家の保護する責任を補完するとした。この国際社
会の責任について 2005 年の国連首脳会合成果文書は、平和的手段では不十分
な場合には、国際連合（国連）の安全保障理事会（安保理）が強制措置を講ずる
としたのである（成果文書について総会はこれを A/RES/60/1, 24 October 2005 とし
て採択し、安保理は、同文書の中で保護する責任に言及した第 138, 139 段落を S/
RES/1674, 28 April 2006 として採択した）。なお、安保理の機能については第 2 節
で述べる。

　　これに対して、国際刑事裁判所（ICC）については、その設立条約であるロー
マ規程（1998 年）は、その前文において、所定の残虐行為（ジェノサイド、人
道に対する罪、戦争犯罪、侵略犯罪）は、国際社会全体の関心事としての最も重
大な国際犯罪であり、それは国際の平和に対する脅威にほかならないと位置づ
けた。そのうえで、すべての国家はこれらの犯罪に責任のある個人に対して刑
事裁判権を行使する責務を負うとしつつ、犯罪の被疑者を関係国の国内裁判所
が捜査・訴追する意思又は能力を欠く場合には、ICC が国家の刑事裁判権を補

完するとしたのである。

　以下，序章の構成は次の通りである。まず第2節において，国際社会の制度という概念を定義する。そして，国際社会において「棲み分けの平和」がいかに制度化されているのかを確かめる。次に第3節では，国際平和認識の同時代的な多様性と通時的な変化を概観するとともに，それをもたらした要因を探る。そして最後に第4節において，冷戦が棲み分けの平和を阻んだことを確認しつつ，冷戦終結後のソヴィエト連邦（ソ連）やユーゴスラヴィア連邦の解体など，棲み分ける過程も平和をもたらすものではなかったことにも目を向けたい。

2 国際平和の制度

● 制度の定義

　本書は，国際社会の次元において「平和」をめぐり重層的に展開する「制度」的現象を記述し，説明する。ここでは，「平和」という概念を説明する前に，いささか抽象的なこの「制度」という概念の意味を明らかにしておきたい。

　社会における制度とは，一定の権利・義務・権限等を認められた主体をつくりだす（constitute）とともに，主体の行為を方向づける（regulate）ような社会的了解の束を指す。この社会的な了解を，規範あるいは規則と呼ぶ。専門的には，前者の役割を果たす規則を構成的規則，後者の役割を果たす規則を統制的規則という（Searle 1969: 33-42）。そしてこの制度の安定は，関係する諸主体の同意の程度に依存する。

　国際社会における制度的な現象も，このような社会的了解として理解できる（Duffield 2007）。たとえば，国際機構としての国連は，多国間条約たる国連憲章（1945年6月調印，10月発効）によって設置されたが，同憲章はその2条4項で，「すべての加盟国は，その国際関係において，武力による威嚇又は武力の行使を，いかなる国の領土保全又は政治的独立に対するものも，また，国際連合の目的と両立しない他のいかなる方法によるものも慎まなければならない」と定める。すなわち，国際社会の中で，領土保全と政治的独立というかたちで主権的権利を認められた政治体として国家を位置づけたうえで，それを対象とする特定の行為（武力による威嚇と武力の行使）を禁止する。

また同憲章 51 条は，「この憲章のいかなる規定も，国際連合加盟国に対して武力攻撃が発生した場合には，安全保障理事会が国際の平和及び安全の維持に必要な措置をとるまでの間，個別的又は集団的自衛の固有の権利を害するものではない」とする。これは，（2 条 4 項で禁止された武力による威嚇又は武力の行使の中でも，とりわけ）武力攻撃という行為の対象となった特定の主体（「犠牲国〈victim state〉」）には特定の行為（武力不行使原則の例外に当たる自衛権の行使）を容認するものである。

　このように，国際社会を構成する主体（国家，国際機構やその諸機関など）を設定するとともに，主体間の相互作用を統制して，それを将来にわたって予見可能なものとする了解こそが国際制度である（→第 4 章）。この制度的な枠組みを通じて利害を調整できるという確かな期待を関係国が共有できることが肝心である（Deutsch 1957: 5）。したがって，関係国間のその場限りの利害調整は制度にはあたらない。

● **国際社会の制度と国家の同意**

　では，国際平和とは何か。国際平和の意味も，まさに先に述べた制度の文脈でとらえることができる。

　たとえば，「国際の平和及び安全」の維持（国連憲章 1 条 1 項）を設置目的に掲げた国連にとって，そもそも「国際の平和」とは何か。国連憲章は，その「国際の平和及び安全の維持に関する主要な責任」を負う安保理（24 条 1 項）を置き，この機関に，「平和に対する脅威，平和の破壊又は侵略行為の存在」を認定し，「国際の平和及び安全を維持し又は回復する」ための決定を行う権限を与えている（39 条）。この意味において，国連憲章は国連安保理に「国際の平和」を定義する権限を認めているといえるだろう。

　しかしながら，具体的にいかなる「事態（situations）」において，安保理は「平和に対する脅威」等を認定できるのだろうか。この点について，国連憲章は明文の規定をもたない。その一方で，安保理における表決について，国連憲章は個々の常任理事国に，単独の反対で決議の採択を阻む特権（拒否権）を認めている（27 条 3 項）。それゆえに，国連の機関として安保理が「国際の平和及び安全の維持」に責任を果たしうるのは，国際の平和に対する脅威認識が常

任理事国の間で一致する限りにおいてのことである。

国連憲章の下で，加盟国の安全については，個々の国家が武力による威嚇と武力の行使を慎むことに同意して，それを消極的に保証するのみならず（2条4項），その違反には加盟国が集団として対処すると規定して，それを積極的にも保証している。具体的には，武力不行使原則の違反について安保理が国際の平和に対する脅威等を「認定」し，国際の平和を維持・回復するために必要な措置を「決定」する（39条）場合には，加盟国は安保理の決定を履行することに同意している（25条）。これは，禁止された侵略に対してはそれを挫く集団的な措置（制裁については第6章参照）を確実に発動する態勢をあらかじめ用意して加盟国の安全を保とうとする制度で，「集団安全保障体制」（→第7章，第8章）と呼ばれる。

国連憲章は上記の「認定」と「決定」の2つの権限について，個々の加盟国に分有させるのではなく特定機関（安保理）に集中させている。この集権的構造は，侵略の潜在的犠牲国には安心供与の（reassuring）効果を与える一方で，侵略を企てる国家にはそれを自制させる抑止の（deterring）効果を与えるとされた（Claude 1956: 259）。集団安全保障体制については，一国の軍備だけでは侵略の脅威たりえないような状況を作り出すことに狙いがあったといえるだろう。安心供与と抑止が安全保障の両輪であることは，一国の安全に関しても集団の安全に関しても変わるものではない。

この通り，安保理が「国際の平和」が脅かされていると認定し，それを維持・回復するための対応を決定するかどうかは，権限をもつ常任理事国の認識による。このような国連における「国際の平和」とは異なり，交戦国の間の「平和」が，交戦状態の終結としての講和（国境線の画定など）を意味することには注意が必要である。国際政治学においても，国家間の大規模な武力紛争としての「戦争の不在」というかたちで，平和はしばしば消極的に定義されてきた。

国際社会では，物理的には，複数の人間の間で行われる敵対行為のうち制度化された大規模なものが，敵対行為に参加していない人間も構成員とする国家（「交戦国」）間の戦争として認識される。そしてこの戦争もまた，開戦と交戦をめぐる統制的規則（*jus ad bellum* と *jus in bello*）の下にある（→第8章，第9章）。

この意味では平和のみならず戦争もまた，物理的現象ではなく制度的現象にほかならない。

3 歴史の中の国際平和

● 国際社会の構成の変化

　国際の平和に対する脅威認識は安保理の中で一様に共有されてはいない。とくに常任理事国の間で脅威認識はどれほど食い違うものなのか。たとえば，どの決議案に対して，どの常任理事国が，どのような理由で拒否権を行使してきたのだろうか。拒否権が行使された決議案と，それを審議した会合の議事報告書の一覧（"Security Council -Veto List," available at https://www.un.org/Depts/dhl/resguide/scact_veto_table_en.htm）が，この問題を考えるうえで参考になる。

　近年の事例としては，2022 年 2 月 24 日のロシアによるウクライナ侵攻について，国連憲章 2 条 4 項に違反する「侵略」であるとしてロシアに停戦・撤退を求めた決議案（S/2022/155, 25 February 2022）と，これに対してロシアがその行動の正当化を試みた会合の議事報告書（S/PV. 8979）が興味深い。国際社会は一定の了解を共有しているはずだという認識に双方が立ち，特定の行動について，一方は社会の了解からの逸脱だとして非難し，他方はあくまでもそれは社会の了解の許容範囲内だとして正当化する。この非難と正当化の応酬は，これが社会的な現象でなくて何であろう。

　このように国際の平和に対する脅威認識が安保理の理事国の間で多様であればこそ，安保理の構成の時系列的な変化が集団としての脅威認定に変化をもたらしたのは，理の当然だ。国連における加盟国の地位は，本来，憲章に掲げる義務を受諾し，それを履行する「能力及び意思がある（able and willing）」と国連に認められた「平和愛好国」に開かれているとされた（4 条 1 項）。第二次世界大戦後に脱植民地化が進み新生国家の成立が続くと，国連総会は 1960 年に決議「植民地独立付与宣言」（A/RES/1514〈XV〉, 14 December 1960）を採択し，未だ独立を達成していない地域の人民への権力の移譲を求めた。ヨーロッパ諸国の海外植民地が独立を達成する過程においては，特定の基準（たとえば領域国家の統治能力）の達成という事実を理由とするのではなく，未だ自己統治

序　章　「棲み分け」が国際平和の処方箋か

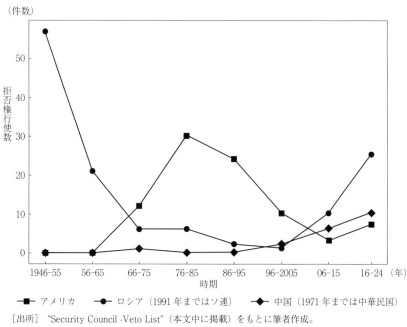

図 O-1　常任理事国（アメリカ，ロシア，中国）による拒否権の行使（1946-2024 年）

［出所］"Security Council -Veto List"（本文中に掲載）をもとに筆者作成。

(self-government) を行うに至っていない植民地の住民の権利たる自決権を根拠として独立が認められたのである（Jackson 1991: 76-78; Simpson 2004: 275）。このようにして脱植民地化は一段と加速し，国連加盟国の数が設立時（1945 年）の 51 カ国から 113 カ国にまで増加した 1963 年に，国連総会は決議（A/RES/1991〈XVIII〉）を採択し，憲章 23 条の改正を行って安保理を拡大した（構成理事国の数は 11 カ国から 15 カ国へと増加した）。

この国連加盟国の構成の変化が，国際の平和および安全をめぐる安保理の表決を左右する政治的重心を動かす要因となった。このことは，常任理事国（図 O-1 ではとくにアメリカ，ロシア，中国の 3 カ国）が行使した拒否権数の時系列的な変化（→図 O-1）にも明らかである。

安保理においてアメリカが拒否権を行使したのは，1970 年が初めてのことだった，というのも，それまで拒否権を行使せずには，その堅持するべき利益を保てない状況に追い込まれたことがなかったからである。ところが 1960 年

9

代半ばから，新たに発言権を獲得した国家の関心事項が総会ならびに安保理の議題となり，とりわけ脱植民地化の未完成を象徴した南部アフリカとパレスチナの事態がたびたび取り上げられた。つまり，発言権の配置の変化が，国際社会をこの新たな検討課題に向き合わせたのである。

たとえば，総会は 1966 年に決議 2202（A/RES/2202, 16 December 1966）を採択し，南アフリカのアパルトヘイトは人道に対する罪に当たると非難し，74 年には決議 3236（A/RES/3236, 22 November 1974）を採択し，パレスチナの人民の自決権は奪いえないとした。1976 年には，安保理に提出された決議案（S/11940, 23 January 1976）は，パレスチナ人民はパレスチナの地に独立国家を建設する権利を含む自決権を有することを確認するとした。しかし，9 理事国はこの決議案に賛成票を投じたものの，アメリカが拒否権を行使したため採択には至らなかった。

● 脅威認識の推移

1991 年に湾岸戦争が終結して，翌年の 92 年 1 月 31 日には，安保理はその設置以来初めてとなる首脳レベルの会合を開いた。そこで「国際の平和及び安全の維持における安保理の責任」について検討し，以下の議長声明を通じて，冷戦ならびに湾岸戦争の終結に伴う安保理の脅威認識の一新を世界に印象づけた。

> 国家間に戦争や軍事紛争が起こりさえしなければ国際の平和と安全が保証されるという訳ではない。今日では経済，社会，人道，生態系の分野において軍事的な形態をとらない様々な不安定化要素が平和と安全を脅かすに至っている。

（S/23500, 1992 年 1 月 31 日）

この声明によって安保理は，「平和に対する脅威」等を認定する事態を冷戦期との比較において格段に広げた。その後数年のうちに安保理は**表 O-1** の通り，一連の決議を通じて，国際の平和に対する脅威を構成する事態を，「大量破壊兵器の拡散」「文民の抑圧」「内戦」「テロリズム」「国際人道法違反」「民主政府の転覆」にまで拡大したのである。

序 章 「棲み分け」が国際平和の処方箋か

表 0-1 冷戦後の安保理における平和に対する脅威の認定

事　態	事　例	決　議（採択の日付）
大量破壊兵器拡散	イラク	S/RES/687（1991 年 4 月 3 日）
文民の抑圧	イラク	S/RES/688（1991 年 4 月 5 日）
内戦	ユーゴスラヴィア ボスニア・ヘルツェゴヴィナ リベリア ソマリア	S/RES/713（1991 年 9 月 25 日） S/RES/757（1992 年 5 月 30 日） S/RES/788（1992 年 11 月 19 日） S/RES/794（1992 年 12 月 3 日）
テロリズム	リビア	S/RES/748（1992 年 3 月 31 日）
国際人道法違反	旧ユーゴスラヴィア ルワンダ	S/RES/808（1993 年 2 月 22 日） S/RES/955（1994 年 11 月 8 日）
民主政府の転覆	ハイチ	S/RES/940（1994 年 7 月 31 日）

　［出所］　United Nations, *The Repertoire of the Practice of the Security Council* をもとに
　　　　筆者作成。

4　棲み分けのディレンマ

● 冷戦対立の本質

　「利益の調和」を強調するリベラリズムの国内類推論についてはすでにふれ
たが，これと対極に位置するリアリズムの国内類推論は以下の通りである。す
なわち，国内政治も国際政治も，結局のところ，現状に満足する現状維持勢力
と，それに満足しない現状変更勢力の権力闘争であり（Carr 1946: 105），現状
維持勢力が譲歩しない限り，非平和的な手段（国内であれば革命，国際であれば
戦争）による現状の変更が実現する（Carr 1946: 109）。堅持するべき価値を脅か
すものがない状況としての「安全」は，現状維持勢力のスローガンにすぎない。
　第二次世界大戦末期のヨーロッパでは，米英とソ連のそれぞれが，どの地域
をドイツの支配から軍事的に解放し，そのうえで解放された地域にどのような
統治体制を実現するか，という問題が大戦後の展開に影を落とした。そもそも
アメリカはイギリスとの間で「大西洋憲章」（1941 年 8 月）を通じ，「政治体制
を自由に選択する人民の権利」としての自決権の実現を戦争目的の中に据えた。
そして，この大西洋憲章の合意事項を，参戦直後に連合国の間で「連合国共同
宣言」（1942 年 1 月）として確認した。さらに米英ソ三国は，ヤルタ会談におい

て「ヨーロッパ解放宣言」(1945年2月)によって，前述のドイツの支配から解放された領域において自由選挙を通じて民主的政府を樹立することを確認した。しかしながら第二次世界大戦は，単に大戦前の統治体制の原状を回復して終わったのではなく，ドイツの支配から解放された領域では統治体制の移植（レジーム・チェンジ）が行われて終わったので，戦勝国の間ですら戦争終結時点の現状の評価に齟齬が生じた。

　この結果として，維持するべき現状についての認識が関係国の間で一致せず，米ソ二大超大国の軍事的な競合と，国内の政治経済の体制選択をめぐる東西両陣営の対立（資本主義市場経済と複数政党制の組み合わせか，社会主義計画経済と一党体制の組み合わせか）とが重なり合い，冷戦という国際的緊張が恒常化した。

● 冷戦対立と棲み分けの平和の機能不全

　第1節と第2節において述べた通り，国連は武力不行使体制を築いて，「(領域)主権の棲み分け」による平和を追求した。具体的には国連憲章は，安保理には国際の平和と安全を維持するための「権限」(39条以下の第7章)を与えたうえで，個々の国家には自衛の「権利」(51条)を認めつつ武力不行使の「義務」(2条4項)を課した。では，いかなる主体にいかなる権限・権利・義務が帰属するのかを明らかにすることによって，武装して対峙する国家の間で互いの行動の予見可能性(Schelling 1960: 53-80)が十分に高まったのだろうか。

　国連憲章の署名(1945年6月26日)は，折あしく核時代の到来(アメリカの核実験は1945年7月16日)，そして冷戦の始動(イギリスのチャーチルの鉄のカーテン演説は1946年3月5日)とほぼ時期が重なった。冷戦下の両陣営は，互いに相容れない国内体制の集団防衛をそれぞれが志向し，その棲み分けの境界線の所在についても立場を異にした。特定の領域国家の正統政府についての共通了解が国際的に共有されなければ，侵略と集団的自衛は区別できるものではない。というのも，冷戦期にソ連のハンガリーへの介入やアメリカのベトナムへの介入をめぐって論争化したように，武力不行使体制の下で「武力攻撃の犠牲国」からの援助要請を受けて大国は集団的自衛権を行使できるとしたところで，この援助要請主体を大国自らが恣意的に特定できるならば，憲章51条は大国に，犠牲国を一方的に断定したうえで，それと共同防衛行動をとる自由を与えるだ

序 章 「棲み分け」が国際平和の処方箋か

けだったからである（Franck 1970: 817, 818）。すなわち，憲章２条４項の武力不行使原則の下で例外的に認められる行動の範囲が厳格に限定されなければ，原則についてどれだけ広い合意が存在したところで，原則は意味を失わざるをえない。

● 国家形成の波

　冷戦対立はこのように棲み分けの平和を阻んだが，その終結は大国間の戦争によってではなく，一方の陣営の解体（ワルシャワ条約機構のみならずソ連邦の解体）によってもたらされた。とくにソ連やユーゴスラヴィア連邦といった社会主義連邦の解体は，19世紀以降の帝国の解体と同様に，新生国家形成の新たな波を作り出すことになった（石田 2024）。そして，この新生国家の形成に伴う国家領域の再編が，棲み分けの平和に新たな課題をもたらした。

　19世紀以降の歴史を振り返ると，新生国家形成には４つの波があった（Lyon 1973: 26-27）。第一波は，フランス革命とナポレオン戦争後のラテンアメリカにおけるスペインの植民地の独立，第二波は，第一次世界大戦後のヨーロッパにおける４つの帝国（ドイツ，ロシア，オーストリア＝ハンガリー，トルコの４帝国）の解体，第三波は，第二次世界大戦後のアジア，アフリカにおけるヨーロッパの海外植民地支配の終焉，そして第四波が冷戦の終結に伴うソ連やユーゴスラヴィア連邦などの解体であった。

　大国アメリカの対外行動も，このグローバルな歴史的文脈の中でとらえることができる。「最初の新生国家（the first new nation）」（Lipset 1963）であったアメリカは，西半球における新興国から，世界の列強，冷戦期における西側陣営の盟主，そして冷戦終結後の唯一の超大国へと，世界政治の階梯を上昇しながら，これらの波に深く関与した。政治体制を自由に選択する権利の主張に着眼しつつその独立以降の歴史を振り返るならば，まず，被治者の同意にもとづかざる統治を否定して自国の独立を達成した（1776年の独立宣言）。フランス革命，ナポレオン戦争後には，モンロー・ドクトリン（1823年）によって，西半球諸国へのヨーロッパの不干渉を主張した。第一次世界大戦後には，連盟規約10条（→第４章）を通じて国際連盟加盟国への外部からの侵略に対して，その領土保全と政治的独立を擁護した。第二次世界大戦の際には，大西洋憲章（1941

表 0-2　国家形成の波とモンロー・ドクトリンのグローバル・ヒストリー

波	時期	革命・戦争等による帝国解体	自決権の適用範囲と含意の拡大
	1776 年	アメリカ独立革命	独立宣言（自国についての主張）
I	19 世紀初頭	フランス革命後のスペイン植民地独立	MD（1823 年）（西半球への拡大）
II	1918 年〜	第一次世界大戦後の帝国解体	連盟規約（グローバル化）
III	1945 年〜	第二次世界大戦後の植民地帝国解体	大西洋憲章等（戦争目的化）
IV	1989 年〜	東欧革命と社会主義連邦の解体	CD（民主国家の共同体の拡大）

　[注]　MD はモンロー・ドクトリン，CD は 1994 年のアメリカの国家安全保障戦略等（クリン
　　　　トン・ドクトリンと称される）
　[出所]　筆者作成。

年）を通じて政治体制を自由に選択する自決権の実現を戦後秩序構想に据えた
（**表 0-2**）。このように国際社会の規範原則としての自決原則は，アメリカによ
る解釈・実践を通じて，適用の空間的範囲のみならず，その政治的含意を広げ
ていったが，この展開が 20 世紀以降の国際の平和に巨大な意味をもったこと
はいうまでもないだろう。

　なお，ここでは紙幅の制約から深く立ち入ることはできないが，2022 年春
以降のウクライナならびにパレスチナにおける残虐な武力紛争も，歴史的射程
を延ばして淵源をたどれば，前者はソ連の解体を契機とし，後者はオスマン帝
国解体後のイギリスによるパレスチナ委任統治，さらにはイスラエルによる独
立の達成とパレスチナの「占領」の継続という国家領域の再編に起因するもの
である。棲み分けの破綻が甚大な悲劇をもたらすものであることは，ここから
も明らかだろう。

● **棲み分けの平和の補完**

　権利を保障する特定の国家の一員であることにかかわりなく，人間が人間で
あるがゆえに，いかなる事由による差別も受けることなく普遍的に認められる
権利はあるのだろうか。国籍を通じて「権利を持つ権利」（アーレント 1972: 2
巻 274, 281; Weitz 2019）（→第 2 章）を領域国家が国民に保障する体制においては，
国家領域を変更して「棲み分ける」過程は，時に「権利を主張する住民」と
「権利を保障する国家」との深刻な不整合を引き起こす。

序 章 「棲み分け」が国際平和の処方箋か

　冷戦終結の局面において，社会主義連邦の崩壊は，旧ソ連，旧ユーゴスラヴィア連邦を構成していた共和国において，少数者の同化・浄化を図る《多数者》，自治・自決をめざす《少数者》，そしてその少数者を民族同胞とみなしてその居住領域を回収しようとする《隣国》の三勢力の間で，領域の法的地位の変更（分離独立，国内における自治の拡大，国家帰属の変更など）や，個人の法的地位の変更（国籍，永住権，それに関連する諸権利の再定義など）をめぐる紛争を引き起こした（Weiner 1971: 668; Brubaker 1995; 塩川 2007）。

　少数者の権利が領域国内で十分に保障されなければ，先に述べた三者関係（triadic nexus）の中で対立は武力紛争化しかねない。ここに棲み分けという平和の処方箋の限界があった。

　冷戦終結後のヨーロッパでは，社会主義連邦の解体過程において，連邦を構成していた共和国の独立を承認するにあたって，「少数者集団に属する個人の人権」を尊重するとした。というのも，少数者に集団として「自決」の権利を認めると，それが居住国の「領土保全」を脅かしかねないからであった。このようにして，ともすれば衝突しかねない人権保障と領土保全の規範原則の調整が図られた。

　ソ連の崩壊，東欧諸国の民主化，ドイツ統一後のヨーロッパ域内の安定については，欧州安全保障協力会議（CSCE）の首脳会合が，1990 年 11 月にはパリ憲章，さらに 92 年 7 月にはヘルシンキ・サミット宣言を採択した。その中で少数者集団に属する個人の人権の尊重を謳って多様な構成員の共存を確認した（ヘルシンキ・サミット宣言の第 6 段落）。また，政治目的を実現するための武力の行使ならびに武力による威嚇を慎むとして国家間の共存の原理を確認した（同宣言の第 23 段落）。これらはともすれば衝突しかねない，規範原則の両立を図ったものである。

　棲み分けは，それだけで平和をもたらしはしない。棲み分けた領域の内部における住民の権利の保障によって補完されなければ，平和の実現はおぼつかない。

さらに読み進める人のために ■■■■■■■

　吉川元『国際平和とは何か――人間の安全を脅かす平和秩序の逆説』中公叢書，

2015 年。

　「国家の安全」と「人間の安全」とは両立するのか。この国際平和の基本問題について，20 世紀以降のグローバル・ヒストリーの中で考える。

中西寛・石田淳・田所昌幸『国際政治学』有斐閣，2013 年。

　領域と住民を基盤とする国家間の平和は，領域の変更（境界の移動），住民の移動，体制の移行によっていかなる影響を受けるのか。この問題を考えるためにも参照してもらいたい国際政治学の概説書。

ハリー・ヒンズリー／佐藤恭三訳『権力と平和の模索――国際関係史の理論と現実』勁草書房，2015 年。

　ルソー，カントらの思想家たちの構築物として，そしてヨーロッパの協調，国際連盟，さらには国際連合など為政者たちの構築物として，国際平和の模索を振り返る古典的著作。

引用・参考文献 ────────────────

アーレント，ハンナ／大島通義・大島かおり訳 1972『全体主義の起原 2　帝国主義』みすず書房（底本は 1955 年刊行のドイツ語版）。

石田淳 2011「弱者の保護と強者の処罰――《保護する責任》と《移行期の正義》が語られる時代」日本政治学会編『政治における忠誠と倫理の理想化』（年報政治学 2011―Ⅰ）木鐸社。

石田淳 2024「モンロー・ドクトリンとアメリカの安全保障観」『東京大学アメリカ太平洋研究』第 24 号。

カント／中山元訳 2006『永遠平和のために／啓蒙とは何か　他 3 編』光文社（底本は 1795 年刊行のドイツ語版）。

塩川伸明 2007「国家の統合・分裂とシティズンシップ――ソ連解体前後における国籍法論争を中心に」塩川伸明・中谷和弘編『法の再構築Ⅱ　国際化と法』東京大学出版会。

中西寛・石田淳・田所昌幸 2013『国際政治学』有斐閣。

西崎文子 2022『アメリカ外交史』東京大学出版会。

Brubaker, Rogers 1995, "National Minorities, Nationalizing States, and External National Homelands in the New Europe." *Daedalus*, 124(2), pp. 107-132.

Carr, E. H. 1946, *The Twenty Years' Crisis, 1919-1939: An Introduction to the Study of International Relations*, Macmillan（原彬久訳 2011『危機の二十年――理想と現実』岩波書店〈底本は 1946 年刊行の第 2 版〉）。

Claude, Inis L. Jr. 1956, *Swords into Plowshares: The Problems and Progress of International Organization*, Random House.

Deutsch, Karl Wolfgang, et al. 1957, *Political Community and the North Atlantic Area: International Organization in the Light of Historical Experience*, Princeton University Press.

序 章 「棲み分け」が国際平和の処方箋か

Duffield, John S. 2007, "What Are International Institutions," *Political Science Faculty Publications*, available at https://scholarworks.gsu.edu/political_science_facpub/39

Franck, Thomas M. 1970, "Who Killed Article 2(4)? or: Changing Norms Governing the Use of Force by States," *American Journal of International Law*, 64(4), pp. 809-837.

Herz, John H. 1957, "Rise and Demise of the Territorial State," *World Politics*, 9(4), pp. 473-493.

Jackson, Robert H. 1991, *Quasi-States: Sovereignty, International Relations and the Third World*, Cambridge University Press.

Kristensen, Peter Marcus 2021, "'Peaceful Change' in International Relations: A Conceptual Archaeology," *International Theory*, 13, pp. 36-67.

Lipset, Seymour Martin 1963, *The First New Nation: The United States in Historical and Comparative Perspective*, Basic Books.

Lyon, Peter 1973, "New States and International Order," in Alan James ed., *The Bases of International Order*, Oxford University Press.

Schelling, Thomas C. 1960, *The Strategy of Conflict*, Harvard University Press(河野勝監訳 2008『紛争の戦略——ゲーム理論のエッセンス』〈ポリティカル・サイエンス・クラシックス 4〉勁草書房).

Searle, John R. 1969, *Speech Acts: An Essay in the Philosophy of Language*, Cambridge University Press(坂本百大・土屋俊訳 1986『言語行為——言語哲学への試論』勁草書房).

Simpson, Gerry 2004, *Great Powers and Outlaw States: Unequal Sovereigns in the International Legal Order*, Cambridge University Press.

Tilly, Charles 1990, *Coercion, Capital, and European States, AD 990-1990*, Basil Blackwell.

United Nations, Department of Political Affairs, *The Repertoire of the Practice of the Security Council*,
　Supplement 1989-1992, available at https://main.un.org/securitycouncil/sites/default/files/repertoire_11th_supplement.pdf
　Supplement 1993-1995, available at https://main.un.org/securitycouncil/sites/default/files/repertoire_12th_supplement.pdf

Weiner, Myron 1971, "The Macedonian Syndrome: An Historical Model of International Relations and Political Development," *World Politics*, 23(4), pp. 665-683.

Weitz, Eric D. 2019, *A World Divided: The Global Struggle for Human Rights in the Age of Nation-States*, Princeton University Press.

第 I 部

グローバル・ポリティクス

第1章 軍事力で平和を維持できるか

第2章 人の移動は主権国家への脅威か

第3章 国際社会は戦間期にどのように戦争をなくそうとしたか

第1章

軍事力で平和を維持できるか

　本章では，国家間の関係や国際政治の構造を規定するうえでの軍事力の役割とその規制を通じた平和について概観する。まず，国際政治において追求される平和とはどのようなものなのかについて，戦争と平和，安全保障とパワーの概念を中心に整理し，その中で軍事力がどのような役割を果たすのか，軍事力の機能について概観しつつ，その効用を論じる。さらに，その軍事力を規制することによって平和を追求する動きとして軍備管理・軍縮・不拡散の取り組みについて論じる。

1 国家のパワーと平和

● 平和とは何か

　平和を追求するうえで軍事力がどのような役割を果たし，また果たすことができないのかを議論するためには，まず現代の国際政治を理解するうえで前提となるいくつかの概念を整理する必要があるだろう。

　軍事力の平和に対する効用を適切に評価するには，平和という概念をどのようにとらえるかを規定する必要がある。ガルトゥングは，ただ単に武力衝突や武力による紛争がない状態を「消極的平和」と呼び，紛争や対立の原因となる

ような要素が存在しない状態，すなわち人権が尊重され，貧困や抑圧，差別など，紛争の原因となる社会構造による暴力のない状態を「積極的平和」と呼んだ（Galtung 1967）。めざすべき平和としていずれを想定するかによって，それに必要な資源は異なるであろう。軍事力は，国家間の対立が先鋭化している状況において，武力衝突の回避や軍事的な脅威から自らを守るという意味で「消極的平和」の状態の構築，維持，そして崩壊に密接にかかわってくる。他方で，「積極的平和」の実現には，開発政策，経済政策，社会・福祉政策や教育などの役割が大きく，軍事力が建設的な役割を果たす局面は，紛争後の平和構築や民生支援など限定的であろう。

● 国際政治における「パワー」と軍事力の位置づけ

国際社会には市民社会集団や企業，個人，国際機構など多様なアクター（主体）が存在するが，主として主権国家によって構成されている。そして主権国家は，自らの利益（国益）を追求するとされている。また，国際社会には国際法や規則，規範などが存在しても，主権国家の上位にあって，国際法や規則を強制し執行する中央権力は存在しない，「アナーキー」な状態にあると表現されている。このような状態においても，貧困・格差，人権，環境，公衆衛生といった諸問題の解決を志向し，「積極的平和」の実現に向けた努力は国際秩序の形成にとって意義がある。しかし，パワーが主権国家の存続を担保し，もしくは利益を追求することを可能にし，パワーの分布や勢力均衡（balance of power）が国際社会の秩序を規定するという考え方が大きな位置を占めている。

国際社会は，さまざまな政策領域において紛争の解決や国家の利益追求のコストを低減するために，対立や紛争をあらかじめ回避し，問題解決のためのルールを条約や協定などを通じて形成し，お互いの協調を追求する。そして，主権国家同士の利益が衝突した場合には，協議や取引など，協調的な行為（外交）によって対立の解消が模索される。

しかし，対立が激化し，双方の妥協が困難な場合，究極的には対立の解消と自らの国益の実現を自らの力（パワー）に依存せざるをえない。すなわち武力行使を含む強制力としての軍事力を発動するような状況もありうる。

ウェーバーによれば，パワーとは，「社会関係の中で，相手の抵抗にもかか

わらず自らの意思を実現する」能力と定義される（ウェーバー 1960）。また，ダールは，他者に，本来するはずのなかったことを行わせる能力とする（Darl 1957）。

ナイは，どのように作用するかによってパワーを分類した。自国と選好が異なったり，利益が対立したりするような状況にある他者を強制的に自国の意思に従わせる能力を「ハード・パワー」と呼んだ。軍事力や，使い方によっては経済力は，他者を自らの意思に反して従わせる強制力として作用する。他方，文化や価値，アイディアなどを通じて知的影響力を及ぼし，他国に，自国の選好や国益について自らに近い考え方を自発的にとらせる能力を「ソフト・パワー」と呼んだ（ナイ 2004）。

ストレンジは，他者の決定と行動に影響力を行使する経路によってパワーを2つに分類した（Strange 1988）。他者に対して直接影響力を行使し，相手の行動を規制するパワーを「関係的パワー」と呼び，自らの影響力を行使するのに都合のよい国際環境の創出，すなわち各国が従う国際的な制度やルールを作る能力を「構造的パワー」と呼んだ。構造的パワーには，ナイのいう「ソフト・パワー」に加え，そのような秩序を維持するための軍事力や経済力も必要とするとされる。

このように，他者の意思や行動を自らが望ましいように制御することを可能にする国家のパワーは，さまざまな経路や作用で相手の行動や決定に影響を与えうる。国家のパワーは，人口，国土，天然資源，経済力，軍事力などによって構成される。さらに，経済力や軍事力を支える要素として，技術，金融，情報といった要素があり，またナイの定義する「ソフト・パワー」には，文化や価値，アイディアなども，その要素として含まれることになる。

「軍事力」には，決まった定義はないが，大まかには次のように論じられる。第1に，主権国家が独占して保有し行使する組織的暴力装置である。第2に，軍事力の最も重要な特徴は，物理的な破壊力（なお，サイバー空間における破壊は，必ずしも物理的な破壊だけではなく，データの破壊による大きな被害をもたらす）にあり，その破壊力は，生命，財産，地位などの「価値」を剝奪する働きをする。この働きは，他国の安全や利益を脅かすことにも，また自国の安全や利益を守ることにも使いうる。カーは，軍事力は，国家の独立と安全を担保し，利益を追求するための活動の本質的な要素であり，それゆえに軍事力の拡大は，

第I部　グローバル・ポリティクス

それ自身，国家が追求する目標になると論じている。さらに，国家との関係では，国家の政体もしくは最高責任者に対して義務を負い，また法律に従って運用されるなど，法的根拠に裏打ちされた正当性があることが重要である。

　それでは，具体的に軍事力はどのように機能して平和の維持に貢献しているのだろうか。

2　軍事力の機能

　クラウゼヴィッツは，「戦争は政治におけるとは異なる手段をもってする政治の継続に他ならない」（クラウゼヴィッツ 1968，上巻：58）という。国家が軍事力を含めたパワーを行使するのは，なんらかの政治的目的を達成しようとする場合である。そのような目的で軍事力が用いられる場合に，その働き（機能）は大まかに，強要，抑止，抵抗と整理することができよう。

● 強　　要

　強要（compellence）とは，対立する勢力（相手国）が行っている行為をやめさせるために，あるいはなんらかの行為を行わせるために軍事力を直接行使する，もしくは威嚇を行うことである。実際に紛争に介入するために軍事力を行使した事例としては，1991年の湾岸戦争がある。イラクのクウェート侵略に対して，アメリカを中心とした多国籍軍はイラクの侵略行為を停止させるために，国際連合（国連）の安全保障理事会（安保理）の決議の下で武力を行使した。

　ジョージは，このような強要の一類型として，望ましくない行動をとった相手に対して，軍事力を限定的に威嚇の目的で使用したり，軍事力の使用を示唆して威嚇しながら，相手国の敵対的な行動の変更を求めて外交を展開したりすることを「強制外交（coercive diplomacy）」と呼んだ（George et al 1971）。また，現状を変更するために，軍事力行使の威嚇を行い，要求に従うことを強要することを恐喝（blackmail）と呼んだ。

　強制外交の事例としては，アメリカのキューバ危機への対応がある。1962年にソヴィエト連邦（ソ連）がキューバに核弾頭を搭載する中距離ミサイルを配備しようとした際，アメリカは核兵器使用の脅迫をし，海上封鎖を実施して

ソ連に対してミサイルの撤去を迫った。結果としてソ連はミサイルをキューバから撤去したが、アメリカもそれと引き換えにトルコに配備していたミサイルを撤去している。他方で、2003年に、アメリカがイラクに対し大量破壊兵器プログラムの廃棄を迫り、拒絶されると武力侵攻をした事例は、結局、大量破壊兵器の存在が確認されなかったため、武力行使の正当性が問われ、国際社会からの反発を招いた。

また、軍事行動を背景に、経済制裁などで政策の変更を強要する事例としては、太平洋戦争開戦直前のアメリカの対日交渉や、1990年代にアメリカが行った北朝鮮との間の非核化交渉などがある。しかし、これらの事例が示すように、強制外交は必ずしも成功するわけではない。またイラクの事例が示すように、軍事力使用の威嚇は実際の戦争へとエスカレートする可能性もある。

● 抑　　止

抑止（deterrence）とは、軍事力を直接使用するのではなく、脅威をもたらす相手に対して報復の脅しとして用いることで紛争を防止することであり、軍事力を背景にした恐怖、疑念、またはその他の手段によって、行動するのを妨げる、または思いとどまらせることである。すなわち、一種の脅しによって、自らが望まない行動を相手にとらせないようにする行為を意味する。

抑止は、相手の何に働きかけるかによって、いくつかの種類に分類される。一つは、軍事的な報復を示唆し、実際に攻撃を行った場合には自らにも耐えがたい損害が出ることを示して相手に行動を思いとどまらせる「懲罰的抑止」である。たとえば、核による報復は、相手に対しきわめて甚大な損害をもたらす可能性がある。その損害を想定することで、相手は合理的に費用対効果を計算すれば攻撃を思いとどまるであろう。

もう一つは、相手が攻撃をしてきたとしても、それを物理的に阻止し相手の望むような目標を達成できないと思わせることで攻撃を思いとどまらせる「拒否的抑止」である。たとえばミサイル防衛は、相手がミサイル攻撃によってこちら側の標的を破壊しようとしても、ミサイルを迎撃することで、その目標の達成を阻止することができる。逆に相手からすれば自らが報復を受けるリスクを高めかねない。ゆえに、攻撃を断念することになる。

第I部　グローバル・ポリティクス

　加えて最近では，サイバー攻撃や重要インフラ（社会基盤）に対する攻撃などを念頭に，相手の攻撃や威嚇にもかかわらず被害の軽減や復旧を迅速に行う能力をもつことで攻撃や威嚇を断念させる，「強靱性による抑止」という概念も使われるようになっている。

　抑止が機能するためには，いくつかの前提がある。第1に，報復のための軍事的能力があり，その能力を使う意思が相手に伝わっていることである。第2に，抑止する側もされる側も，軍事力の行使によって獲得する価値と失われる価値を比較し，軍事力の行使が割に合わないとしたら軍事力の行使を思いとどまる合理性をもっていることである。第3に，相手の行動に見合った威嚇であることである。たとえば，小規模の通常兵器による武力行使に対して核兵器を使用するというのでは，威嚇の規模が釣り合わず，信憑性を欠くことになりかねない。抑止には，「大は小を兼ねない」場合も存在するのである。

　また，自らだけでなく，同盟国や友好国が他国から攻撃を受けた場合でも，それを自らへの攻撃とみなし，集団的自衛権を行使して反撃する意思があることを示し，攻撃を思いとどまらせることを「拡大抑止」という。この拡大抑止の手段の中に核兵器の使用が含まれている場合，それは「拡大『核』抑止」といい，俗に「核の傘」と呼ばれている。たとえば，日本が他国から武力攻撃を受ける可能性があるとき，アメリカが，日本に攻撃を行おうとする国に対して核兵器を含むあらゆる手段を用いて報復する意思があることを示し，攻撃を思いとどまらせる場合などが想定される。

　核兵器の登場は，抑止の概念をいっそう重要にした。いうまでもなく，対立のあるところ軍事力の存在によって相手の侵略を抑止するという行動は古くから存在してきた。しかし，通常兵器と異なり，巨大な破壊力をもつ核兵器は，いったん使用され，核攻撃の応酬の状態に陥ると，戦争に勝利し政治的な目的を達成するどころか，勝者はなく，破滅的な結末をもたらしかねないという危惧が高まった。そのような考えのもと，ブロディは，核兵器を「絶対兵器」と位置づけ，軍事力の主たる目的を，戦争に勝つことから戦争を回避することへと変えたと述べた（Brodie 1946）。また，国家の戦略において，戦争に勝つことだけではなく，戦わずしていかに相手の行動を規制し，自らの利益を実現すべきかという思考が大きな比重を占めるようになった。もちろん，核兵器と通

第1章 軍事力で平和を維持できるか

常兵器は，威力の差こそあれ，敵の戦力や価値の破壊が目的であることに変わりはないという議論もあり，また国家が自らの存続がかかった場合，戦争に勝利することを追求することに変わりはない。しかし，核兵器の威力とそのリスクの大きさは，戦わずして相手の侵略や武力攻撃の意思を挫く抑止の重要性を高めたといえよう。

武力行使の抑止という意味では，紛争後の平和維持活動において，敵対する勢力の間で，停戦監視や兵力の引き離しのために平和維持部隊を駐留させることがある。これは，紛争の再発を防止するという意味での抑止的な効果を期待してのものである。

なお，軍事力によって抑止されるものが何かという点について，統一的な解釈があるわけではない。たとえば，中国は，先に述べたような軍事力の行使を抑止するだけでなく，より広い政治的な行動にまで幅広く抑止の対象をとらえる傾向にある。

また抑止と隣接する概念として，諫止（dissuasion）がある。これは，その国にとって脅威となる，あるいは望ましくないような軍事的能力を開発，増強，あるいは移転させることによって，予期されるコストが高まる，もしくは予想される利益を低下させるという認識を高め，将来の軍備競争の見通しに影響を与え，相手の行動を規制することである。つまり，このまま戦略的競争を激化させてもメリットがないことを相手に示し，敵対的行動をやめさせることをめざす。この考え方は，軍事力整備の政策に影響を与える。

● 抵　　抗

抵抗とは，敵から武力攻撃や侵略を受けた場合に，自国の被害を軽減するか武力行使をした敵国に損害を与え，攻撃のコストを高めることで自らを守る行動である。軍事的能力が非対称な場合，弱小側は，優勢にある側と実際に交戦しても勝利することはできない可能性が高い。しかし弱小側は，抵抗することによって優勢にある側の軍事行動のコストを高めることで，武力の行使を阻止あるいは停止に追い込むこともできるかもしれない。

27

第I部　グローバル・ポリティクス

● 平和維持・平和構築などにおける民生支援

　国家間の紛争や内戦で停戦が成立した後，その停戦の状態を維持し紛争の再発を防止するために，国際社会が軍隊を派遣し，紛争当事者間の兵力引き離しや停戦を監視する平和維持活動がある。これらの活動は，交戦中の紛争当事国間の停戦合意の履行を担保し，紛争の再発防止のために軍事力の抑止的な機能を活用している。また，紛争下にある文民の保護や救援活動を行うために，人道的空間を確保するために軍事的能力が必要な場合もある。

　さらに，紛争後の平和維持や平和構築，すなわち平和な状態を永続させ，不可逆的にするための取り組みとしての復興活動における民生支援に軍事組織を活用する機会も増加している。たとえば，地雷除去，反乱軍や反政府組織として戦った人々の武装解除と社会への再統合，インフラ整備や物資輸送，医療支援などの活動を軍事力（軍事組織）が担っている。

　紛争後の社会を機能させ，安定させるための活動は，紛争の再発を防止し平和を定着させるうえで不可欠であると考えられるようになっている。だが，多くの場合，こうした活動は，劣悪な環境や，インフラが破壊されている状況での実施が求められている。また，停戦の状況下であったとしても紛争の再発のリスクがないわけではない。このような環境下での民生支援においては，他の組織からの支援に頼らずに任務を遂行することができる軍事組織の自己完結性は非常に重要であり，民生支援活動を軍事組織が担う場合もある。このような活動は，武力行使とは異なる形態での軍事力の活用といえよう。

3　軍事力の規制を通じた平和の追求 ── 軍備管理，軍縮，不拡散

　以上論じてきたような，平和 ── それは往々にして自らの存在や利益を守ったり，実現したりすることも意味する ── を実現するために軍事力を利用する方法とは別に，軍事力を規制することを通じて平和を追求するアプローチがある。軍事力の規制には，軍事力の使用方法について規制する戦争法規（交戦規程）と，軍事力の増強の規制がある。後者の軍事力増強を規制する方法としては，軍備管理，軍縮，不拡散がある。

　軍備管理とは，軍事力を規制して軍事的なバランスを維持することで軍事的

第1章　軍事力で平和を維持できるか

な対立を緩和し，安定的な関係を構築・維持することによって紛争を防止したり，対立のエスカレートを予防したりすることを目的とする政策である。多くの場合，兵器の削減を伴うが，場合によっては当事国間の軍事的な均衡を得るために，兵器の増加を認める場合もある。

　軍縮とは，脅威を削減し，紛争のリスクを低減することを期待して兵器を削減する措置である。究極的な目標としては，ある特定の兵器の廃絶をめざすことも想定する。

　不拡散とは，ある特定の兵器の保有国の増加を防止したり，あるいは保有する兵器の質的，量的な増加を防止することである。保有国の増加を兵器の水平拡散，保有する兵器の質的，量的増加を垂直拡散と呼ぶ。現在では，一般的に不拡散といった場合は，兵器を保有する国を増加させない水平拡散の防止を意味することが多く，垂直拡散の防止は軍備管理や軍縮によって手当てされると理解することが多い。

● 兵器規制の歴史

　兵器を規制するための措置は，ある国が単独で実施することもあるが，多くの場合，2国間か，それ以上の国が交渉を通じて兵器の制限に合意し，条約や協定を通じて軍事力を規制するための約束を明文化する。16世紀以降，ヨーロッパでは軍事力を規制することによって平和を確立するという考え方が論じられてきた。18世紀末には，カントは『永遠平和のために』を著し，その中で，諸国家の連合制度（国際機関の考え方）などと並んで，常備軍の全廃を提案している（カント 1985）。近代国際社会が初めてある特定の兵器（400 g以下の発射物で，炸裂性のもの，又は爆発性もしくは燃焼性の物質を充填したもの）を戦争中に使用することを放棄することを定めた条約は，1868年のサンクト・ペテルブルク宣言である。1899年の第1回ハーグ平和会議および1907年の第2回ハーグ平和会議では，恒久的な平和のための手段について議論され，そこでは，国際紛争平和的処理条約や，ハーグ陸戦条約や海戦に関するいくつかの条約に加え，毒ガス禁止宣言およびダムダム弾使用禁止宣言が合意された。

　その後，第一次世界大戦を経験した国際社会は，第二次世界大戦までの間，すなわち戦間期に，さまざまな平和のための取り組みを試みた（→第3章）。た

29

第Ⅰ部　グローバル・ポリティクス

とえば，国際連盟（連盟）の設立（その規約には，国際平和を維持するために国家の安全を損なわない程度にまで各国の軍備を削減すべきとの要請が盛り込まれている）や，1928 年にパリにおいて締結された，国際紛争を解決する手段としての戦争の放棄を謳う不戦条約（ケロッグ゠ブリアン条約）などである。また，1922 年には米英仏伊日が大国間の建艦競争を抑制し，財政的な負担を軽減させるためワシントン海軍軍縮条約が採択されている。この条約では，米，英，日，仏，伊の保有する主力艦船の総排水量比率を，5：5：3：1.67：1.67 とし，戦艦の新造を 10 年間凍結することなどが定められた。この条約は，日本語では「軍縮条約」と称しているが，実態としては大国同士が，海軍力の制限を通じて軍拡競争を抑制し，緊張を緩和して関係の安定化を追求する，軍備管理のための条約とみなすことができよう。

　このワシントン海軍軍縮条約は，1930 年のロンドン海軍軍縮条約と 36 年の第 2 次ロンドン海軍軍縮条約によって修正されたが，一部の国が条約の内容に反対（フランス，イタリアが潜水艦保有量の規制に反発）して，一部参加にとどまったり，あるいは密約が交わされたりするなど実効性が担保できなかった。また日本では国内が条約の賛否をめぐり対立が深刻化した。さらに，満洲事変ののち日本が連盟から脱退するなど，大国間での協調が困難になるような国際情勢の悪化の中で，日本政府が 1936 年 1 月にロンドン海軍軍縮条約からの脱退を通告し，条約を通じた大国間の緊張緩和の試みは頓挫した。

　この状況を権力政治の観点から説明すると次のようになるだろう。すなわち，当時の国際秩序においてアメリカ，イギリスという既存の大国は，日本という新興国に対し，海軍力での優勢を制度化・固定化することによって力の分布の現状維持を試みていた。他方，既存の秩序への挑戦国たる日本は，自らが劣位にある力の分布が固定化されることに対し不満を募らせ，また，フランス，イタリアも条約によって自国の軍事力が抑制されることを嫌っていた。こうした対立が，体制の崩壊を引き起こしたと説明することもできる。とはいえ，軍事力の規制を通じて大国間の安定と戦争の回避を目的とする国際的な合意が形成されたことは，軍事力の規制という国際協調による平和の追求の可能性を示すものとして評価できよう。

第1章 軍事力で平和を維持できるか

● 米ロの核軍備管理と戦略的安定性

　第二次世界大戦後，兵器を規制するさまざまな動きがみられた。その中でも軍事力の規制を通じた平和の追求という観点から重要なのは核兵器の規制であろう。

　核兵器は，第二次世界大戦末期にアメリカがその開発に成功し，実際に広島と長崎で使用された。1949年にはソ連がそれに続き，52年にはイギリスが，60年にはフランスが，そして64年には中国が核実験に成功した。米ソの間では，戦略的対立が深刻化する中で厳しい軍拡競争を繰り広げられた。

　米ソ双方が大量の核兵器を保有し，その使用が破滅的な結末を招きかねない状況の中で，両国は核兵器の軍備管理体制を構築した。核軍備管理体制は，核戦力を量的，質的に管理し，お互いが武力行使（核使用）のインセンティブ（誘因）をもたない「戦略的安定」を確立し，維持する制度であった。戦略的安定とは，敵対する国同士が，軍事的均衡を保ち，あるいは均衡が存在している状態についてお互いに了解し，両者が核兵器の先行使用を行うインセンティブをもたない相互抑止の状態にあって，戦争が起こりにくい状況を意味する。この安定は，「危機の安定性」と「軍拡競争の安定性」という2つの安定によって成り立っている。

　危機の安定性とは，ある国が他国へ核兵器を先行使用する誘因に乏しい状態で，その結果として核戦争のリスクが低減することである。具体的には，両国がお互いに相手の先制攻撃に耐え，確実に報復を行うための能力を保持している場合には，相互に核使用のハードル（閾値）が上がり，危機の際の核兵器使用に訴える可能性が抑制される。その結果，偶発的な戦争や誤算によるエスカレーションの防止に役立つと考えられている。

　軍拡競争の安定性とは，国家間の軍備競争が限定的かつ予測可能な範囲内で行われ，核戦力を増強するインセンティブが認識されていない，あるいは実際にない状態を意味する。それによって軍備競争が激化することによる不安定化を回避することが期待される。

　米ソの核軍備管理体制は，1972年に締結された弾道弾迎撃ミサイル制限条約（ABM条約）によって，相手の攻撃から自らを防御するためのミサイル防衛能力をもたないことを定め，お互いを相手の攻撃に対して脆弱な相互確証破壊

31

第Ⅰ部　グローバル・ポリティクス

（Mutual Assured Destruction: MAD）の状態に置く。そのうえで相手の本土を直接攻撃することができる，いわゆる戦略兵器である大陸間弾道ミサイル（ICBM）と潜水艦発射型弾道ミサイル（SLBM）を制限する第1次戦略兵器制限交渉（SALT I, 1972 年妥結）によって軍拡の抑制を図るものであった。その後紆余曲折がありながらも，制限される運搬手段の対象として ICBM と SLBM のほか，戦略爆撃機も加えてこれらの総数を 1600 基，戦略核弾頭数の上限を 6000 発とする，第1次戦略兵器削減条約（START I）が 1991 年に結ばれた。このときにはすでにソ連が崩壊し，冷戦が終結した後であった。また，米ソ（米ロ）は，射程が 500～5500 km の地上配備中距離ミサイルの全廃についても交渉し，1987 年に中距離核戦力全廃条約（INF 条約）が成立した。この条約は，地上配備の中距離ミサイルという特定のカテゴリーに限定されているとはいえ，歴史上初めて核兵器の廃絶に合意したことは画期的であった。

　その後，米ロは，戦略的攻撃（能力）の削減に関する条約（SORT, 通称モスクワ条約, 2002 年）のもと，2012 年までの 10 年間で，米ロの戦略核弾頭をそれぞれ 1700～2200 発に削減することを定めた。さらに，2011 年に発効した新 START 条約では，米ロは配備された戦略核弾頭数をそれぞれ 1550 発とし，運搬手段の保有数を 800 基，配備数を 700 基と定めた。

　軍備管理は戦力を規制する条約単体で効果を発揮するものではない。条約や協定は，基本的には，緊張関係にあったり，戦略的利害が相反する関係にあったりするような国同士の間で交渉され，合意された約束である。したがって，軍備管理の取り決めが実際に当事国間の関係を安定化させ緊張の高まりを防止するためには，相手がその約束を遵守しており，裏切りが起こらないことに対する一定程度の信頼があることが必要である。そのため，多くの米ロ（ソ）間の核軍備管理の合意は，信頼醸成措置と検証を伴っていた。

　信頼醸成措置は，緊張関係にある国家間の信頼を構築し，誤解や誤算による武力の行使や，意図せざるエスカレーションを防ぐために設計された措置である。信頼醸成措置には，透明性の確保や相互監視のメカニズムなどがある。米ソ（ロ）両国は，核兵器の保有数や配備状況の情報を相互に開示し，それらに変更があった場合には通知する。また，ミサイル実験や軍事演習を事前に通報することで，これらの行動が攻撃を意図したものではないことを確認し，誤解

第 1 章　軍事力で平和を維持できるか

によるエスカレーションを招かないようにしている。さらに，危機が発生した際に相手の意図を正確に認識し，戦争を回避するための対話のチャネルとして，ホットラインを設置している。

　また，相手が条約などを通じて合意された事項を遵守しているかを確認するための検証も重要である。検証の手段としては，現地査察（配備済み，未配備のICBM や戦略爆撃機，あるいは戦略原子力潜水艦などの基地を訪問し，弾頭数などを検認すること），テレメトリー（ミサイルの航跡などを地上に伝えるために発信される電波）情報の交換のほか，偵察衛星その他の探知技術など自国の技術的手段などがある。検証を実施することによって，双方の軍事活動あるいは軍備に関する透明性が向上し，相互不信の低減に資する。

● 多国間の軍縮・不拡散

　米ソは冷戦期，冷戦後を通じて，核兵器の軍備管理による両国間の関係の安定化を追求したが，同時に，核兵器の拡散のリスクが国際安全保障にとって大きな脅威であるという認識が広がっていった。核兵器の拡散が進めば，核戦争のリスクは高まり，国際社会は破滅の危機に直面することになる。1962 年のキューバ危機は，そのような国際社会の破滅の危機を現実のものとして認識させることになった。

　こうした中で，核兵器の脅威を国際社会が管理すべきであるという考え方が出てきた。1946 年に開かれた第 1 回国連総会で採択された最初の決議は，「大量破壊に適用しうる兵器」の廃絶を求めるものであった。同年，アメリカは核の国際管理のための国際機構の設置を提案した。この案には，管理体制確立までの間，アメリカに核の保有が認められるという内容が含まれていたため，ソ連が反対し，対案として管理体制の確立を優先させるグロムイコ案を出してきた。結局，この交渉は国際機構の設置に至らなかった。1953 年にはアメリカのアイゼンハワー大統領は国連において「平和のための原子力（Atoms for Peace）」と題する演説を行い，原子力の平和的利用における便益は国際社会で共有し，核兵器を国際管理に委ね，脅威を管理すべきで，そのための国際機関を設立すべきと説いた。核の国際管理という考え方は，1957 年の国際原子力機関（IAEA）の設立へとつながった。

33

第Ⅰ部　グローバル・ポリティクス

　IAEA は，原子力の平和的利用の便益を共有するための国際協力を推進することと，平和的利用の広がりに伴って増大する核拡散のリスク，つまり平和的利用のための核物質や原子力施設の軍事転用を防止すること（核不拡散）を主たる任務としている。これは，軍事力そのものを規制しているわけではないが，軍事力の技術的基盤となる技術の軍事転用を防止し，それを監視するという意味では，事実上の軍事力の規制のための制度といえるだろう。

　また，核兵器の拡散そのものを規制する国際的な取り決めに関する議論は1950 年代後半から活発になっていた。1962 年に起こったキューバ危機における一触即発の事態は国際社会において核兵器規制に対する機運をいっそう高め，核兵器不拡散に関する条約の交渉の進展を促した。

　1968 年には，核兵器の不拡散に関する条約（核兵器不拡散条約：NPT）の交渉が妥結し，署名のために開放され，70 年に発効した。NPT は，1967 年 1 月 1日前に核爆発をさせたアメリカ，ソ連，イギリス，フランス，中国の 5 カ国を，核兵器を合法的に保有することが認められる「核兵器国」，それ以外の国を核兵器の保有が認められない「非核兵器国」と定義した。そのうえで，非核兵器国が核兵器を保有すること，非核兵器国の核兵器の保有を援助することなどを禁止した。そのうえで，非核兵器国が条約上の不拡散義務を遵守していることを確認するために，平和的利用の目的で保有する核物質や原子力施設が軍事転用されていないことを確認する査察や計量管理など，IAEA の「保障措置」を受けることが義務となっている。その一方で，原子力技術の平和的利用における便益は，広く国際社会が享受することができるよう，原子力の平和的利用を「奪いえない権利」と定義し，締約国間の国際協力を謳っている。

　核兵器は，国際政治において大きな力の格差を生む，もしくは劣勢にある側にとっては力の格差を埋める強力な兵器である。この安全保障上の不平等性は，単に原子力技術の平和的利用の便益を共有するだけでは埋めることができない。したがって，締約国は，核軍縮を進め，全面的かつ完全な軍備縮小に関する条約について，誠実に交渉を進めることを約束する。これら，核不拡散の義務と原子力の平和的利用の「奪いえない権利」，そして核軍縮について誠実に交渉する義務は，いわゆる NPT の三本柱として，条約上の権利と義務のバランスを構成する「グランド・バーゲン」の関係にあるとされる。

第1章　軍事力で平和を維持できるか

　NPTには191カ国が加入しているが，NPT上の核兵器国のほかに核兵器を保有しているとされるインド，パキスタン，イスラエルは，加入していない。北朝鮮は脱退を宣言しているが，手続き上の問題が指摘されており，条約上の地位について合意がない。しかし，NPT上の核兵器国5カ国に加え，NPT外で核兵器を保有する国が4カ国にとどまり，その他大多数の国々が核兵器を保有していない状態は，NPTという条約が，不平等性に対する大きな不満を内包させつつも，その目的をそれなりに達成しているのだと評価することもできよう。

● **ポスト・ポスト冷戦期の軍備管理・軍縮の停滞**

　米ロ間の核軍備体制は米ロの戦略的関係を安定させる安全装置として機能し，また多国間の核不拡散体制は，核兵器を保有する国の増加を抑制するなど，国際社会の平和にそれなりに貢献してきたといえよう。しかし，国際的な安全保障環境の変化によって，この国際的な軍備管理・軍縮・不拡散体制は変化を遂げている。

　アメリカは，ならず者国家のような主体への大量破壊兵器や弾道ミサイルの拡散の脅威に効果的に対処するという理由からミサイル防衛の推進にかじを切り，2002年にABM条約から脱退した。また，米ロ間の戦略的関係が悪化する中，アメリカはロシアが条約に違反してミサイルを開発しているとしてINF条約からの脱退を通告し，2019年に同条約は失効した。さらに，2021年に失効することになっていた新START条約の後継条約をめぐる交渉は難航した。失効直前に5年間の延長が合意されたものの，ロシアによるウクライナ侵攻の中で，2023年2月にロシアが新START条約の履行を停止し，また米ロ間の交渉も停滞している。

　さらに，大国間の勢力均衡に大きな影響を及ぼしているのが，中国の台頭である。米ロが軍備管理体制の下で核兵器の数を削減する中で，中国は核兵器の数を増やしているといわれている。現在は，米ロの配備済み弾頭数が1550ずつのところ，中国は400～500と見積もられている。中国は米ロと対等な核戦力を保有しているとはいえないが，現在も核戦力を増強しているとみられており，2024年時点で軍備管理に関する対話にも前向きではない。米ロに加え中

35

第 I 部　グローバル・ポリティクス

国を含めた 3 カ国での勢力均衡と戦略的関係の安定の行方は不透明性を増している。

　他方で，多国間の軍縮をめぐっては，2009 年にオバマ米大統領がプラハにおいて行った演説は，「核兵器なき世界」をめざすと述べた部分が大きな注目を浴び，核兵器の非人道性に対する認識を高め，核の廃絶をめざす国際世論を喚起した。その結果，核の非人道的結末に関する会議が開催され，核兵器禁止条約（TPNW）の交渉が開始された。この条約は 2017 年に採択され，21 年に発効した。TPNW は，核兵器の保有，使用，製造その他核兵器に関するあらゆる活動を禁じている。なお，自国の安全保障において核兵器あるいは核抑止の役割が必要と考えている国々は，この条約には参加していない。

4　軍事力行使に制約を課すことを通じた平和の追求

　本来，国際社会においては国連憲章で武力の行使や威嚇は原則的に禁じられている（国連憲章 2 条 4 項）。しかしながら，51 条の自衛権の規定が存在することからもわかる通り，国家が軍事力をもつことは禁じられていない。それはすなわち，国家が自国を守るうえでは軍事力の行使が不可避な場合もあることが想定されているということである。

　軍事力の行使の可能性を完全になくすことは不可能でも，軍事力の行使による被害を最小限にとどめるために，武力の行使に関する国際法が定められている。ジュネーヴ諸条約第一追加議定書では，軍事目標と文民を区別しない無差別攻撃を禁止しており，それらを区別できない戦闘の方法や手段を禁止している。また，軍事的利益との比較において巻き添えによる文民や民生用施設への被害が上回ってはならないという均衡性の原則や，戦闘の手段の選択において，過度の傷害などにより無用な苦痛を与えたり，自然環境に深刻な被害を与えたりしないように配慮すべきという軍事的必要性の原則を定めている。

　同議定書は，このような人道的規範に加え，非人道的な効果を有する特定の通常兵器の使用の禁止または制限についても規定する。また，80 年には特定通常兵器使用禁止制限条約（CCW）が採択された。そのほか，禁止または規制が導入されている兵器として，生物兵器（75 年発効の生物兵器禁止条約），化学

兵器（97年発効の化学兵器禁止条約），対人地雷（99年発効の対人地雷禁止条約，通称「オタワ条約」），クラスター爆弾（2010年発効のクラスター爆弾禁止条約，通称「オスロ条約」）などがある。これらの兵器による攻撃は，戦闘員か文民かに関係なく広範に被害を与えうる。また，その苦痛は不必要に大きなものであり，後遺症も懸念される。後遺症が残った場合には，その後の社会生活にも大きな支障をきたすことになり，その被害に長期的に悩まされることになる。

　また，紛争の長期化，激化，さらには市民社会を巻き込むリスクという観点からは，合法，非合法を問わず小型武器の流通が大きな懸念となっている。2002年の国連事務総長報告（S/2002/1053）では，小型武器による死者数が毎年50万人に上ることが指摘され，小型武器は「事実上の大量破壊兵器」であるとして，その規制を求めた。そして，国連小型武器行動計画が策定され，その実施の強化を促すための会合が隔年で開催されている。

5　力による平和と力の規制による平和

　軍事力が抑止効果をもち，武力紛争の不在という意味での平和を維持できるのは，それが確実に脅威である，つまり能力とそれを行使する意思に信憑性がある状況である。皮肉にも，戦争に対する恐怖が，抑止力が適切に機能する源泉となり，平和が維持されるのである。核兵器の登場によって，軍事力の行使を通じて自らの意思（国益）を実現するだけではなく，軍事力を行使せずに相手の意思決定や行動に影響を与え（あるいは抑止し），自らにとって望ましくない状況の出現を阻止する（抑止）ための戦略の重要性が注目されるようになった。

　しかし，軍事力による抑止のみによって維持される，つまり軍事力の存在を誇示することによって得られる，単なる武力行使の不在という意味での平和はそれだけでは十分とはいえないだろう。武力行使の不在を持続可能な状態で継続していくには，軍事力のみならず，政治，経済をはじめ，社会のさまざまな側面での取り組みが求められるであろう。

　また，軍事力は，力の分布を規定し，力の均衡によって国際秩序を形成する機能をもつ。他方で，軍事力を保有する国家間の紛争の防止や，兵器が拡散す

第 I 部　グローバル・ポリティクス

ることによるリスクの増大を回避するために，軍事力を規制することを通じて国際平和を形成・維持する取り組みもまた存在する。そのために，核兵器のみならず，化学兵器や生物兵器，対人地雷など，さまざまな兵器体系に関する軍備管理・軍縮・不拡散体制が構築されてきた。

　その中で重要なのは，軍事力の行使に制約を課し，軍事力行使に伴うリスクを低減させることである。軍事力は，法の支配の下での秩序を確立するための手段であるべきであり，またその行使は戦時国際法，国際慣習法の下でなされるべきである。国際社会は，それが困難なことであっても軍事力の行使が抑制されるような国際規範の確立をめざし続けるべきであり，それによって初めて持続可能な平和の実現に近づくのだということは忘れてはならない。

さらに読み進める人のために

トーマス・シェリング／斎藤剛訳『軍備と影響力――核兵器と駆け引きの論理』勁草書房，2018 年。
　　軍事力，とりわけ核兵器が戦争の手段としてだけでなく，戦争を回避し，外交的な影響力を行使する手段として機能することやその条件などについて論じ，核抑止と交渉の理論的枠組みを提供している。

ポール・G. ローレン，ゴードン・A. クレイグ，アレキサンダー・L. ジョージ／木村修三・滝田賢治・五味俊樹・高杉忠明・村田晃嗣訳『軍事力と現代外交――現代における外交的課題〔原書第 4 版〕』有斐閣，2009 年。
　　軍事力が戦争を避けるための抑止力や軍事力の威嚇や使用が，いかに国家間の交渉過程に影響を与えるかについて分析し，外交政策における軍事力の影響力を考察している。

防衛大学校安全保障研究会編著，武田康裕・神谷万丈責任編集『新訂第 5 版　安全保障学入門』亜紀書房，2018 年。
　　防衛大学校の教官のグループが編集した，安全保障学の教科書的な書籍。国際政治理論，国際法，戦略論など多面的な角度から安全保障の諸相を包括的に概説する教科書。

引用・参考文献

ウェーバー，M.／世良晃志郎訳 1960『支配の社会学 I』創文社（原著初版 1921-22 年）。
カント／宇都宮芳明訳 1985『永遠平和のために』岩波文庫（底本は 1796 年刊行の増補版のドイツ語版）。

クラウゼヴィッツ／篠田英雄訳 1968『戦争論』上・中・下，岩波文庫（原著 1832 年）。

ナイ，ジョセフ S.／山岡洋一訳 2004『ソフト・パワー──21 世紀国際政治を制する見えざる力』日本経済新聞出版社（原著 2004 年）。

Brodie, Bernard 1946, *The Absolute Weapon: Atomic Power and World Order*, Harcourt Brace.

Darl, R. 1957, "The Concept of Power," *Behavioral Science*, 2, pp. 201-215.

Galtung, Johan 1967, *Theories of Peace: A Synthetic Approach to Peace Thinking*, International Peace Research Institute.

George, Alexander L., David K. Hall and William E. Simons 1971, *The Limits of Coercive Diplomacy: Laos, Cuba, Vietnam*, Little, Brown and Company.

Gray, Colin S. 1980, "Strategic Stability Reconsidered," *Daedalus*, 109 (4), pp. 135-154.

Snyder, Glenn H. 1965, "The Balance of Power and the Balance of Terror," in Paul Seabury ed., *Balance of Power*, Chandler Publishing Company.

Strange, Suzan 1988, *States and Markets*, Pinter Publishers（西川潤・佐藤元彦訳 2020『国家と市場──国際政治経済学入門』ちくま学芸文庫）。

第2章

人の移動は主権国家への脅威か

　人類の歴史は人の移動とともに作られてきたが，近代の人の移動を過去のそれと明確に区別するのは，主権国家体制の存在である。とくに強制的な人の移動は，主権国家体制の西ヨーロッパからヨーロッパ全域へ，さらにヨーロッパから域外への拡大とともに深刻化していったといえる。本章では，強制的な人の移動，自主的な人の移動，そしてそれらが分かち難くまじりあった混在移動の時代の人の移動と人権，主権国家の関係を概観する。

1 国際政治の課題としての人の移動・人権

● 主権国家体制の成立と人の移動

　人は移動する動物である。太古まで歴史を遡れば，ホモ・サピエンスに分類される私たち現代人は 20 万年前にアフリカ東部の大地溝帯で誕生して以来，まずはアフリカ大陸内を，次いでアフリカを離れて世界各地へ数万年かけて移動し，1 万年前に南アメリカの南端に到達，最終的には約 800 年前までに南太平洋に広がる無数の島々すべてを発見し，住みつくようになったとされる（印東 2013: 5, 21）。

　その後も人の移動や追放は繰り返されるが，探検家によって新たな大陸が

第I部　グローバル・ポリティクス

「発見」された15〜17世紀の大航海時代には，規模の大小を問わず，重商主義や植民地主義，布教が大陸間の人の移動を促した（コーエン 2020: 16）。大西洋奴隷貿易（1701-1810年）では150万人程度がアフリカからアメリカに送られた。

　これらの時代と現代の人の移動を明確に区別するのは，主権国家体制の存在である。

　現在の国際社会が基本単位とする主権国家は，国民，領土，政府を構成要素として成立する領域国家である。この体制が前提とするのが，主権国家はその領民に保護と安全・安心を与え，領民は主権国家の庇護の下で領地に安定的にとどまり続ける，という条件である。そのため，主権国家は国境を管理し，自国民と外国籍の人の出入国を厳格に管理する。それゆえ，人の移動は，その国家の国民，構成員は誰かという問題とも直結する。

　同時に，この西欧発祥の主権国家体制が基礎としていたのは，民族の境界と国家の境界とが重なる国民国家像である。しかし，一つの民族（Nation）が一つの国家（State）を形成する国民国家は19世紀以来のナショナリズムの産物（中西ほか 2013: 39）であり，人類の歴史からすれば，きわめて例外的な存在であった。

　帝国が崩壊した第一次世界大戦後，東欧を含む全ヨーロッパへの国民国家体制の普及と，民族自決権の拡大が，少数派民族を抱える国々において，深刻な少数民族問題を生み出し，同時に「国民国家の没落と人権の終焉」をもたらしたと指摘したのは，アーレントである（アーレント 2017: 195-226, 267-328）。主権国家体制は，第二次世界大戦後，新興独立国の出現によって，アジア，アフリカを含む世界に拡大し，さらなる人の移動と混乱とを引き起こした。

　アーレントは，個人や民族集団が放浪すること自体は歴史的にめずらしいことではないが，過去の歴史に例がないのは，国民国家体制の拡大後，無国籍者を同化する国も，彼らが新しい共同体を築き上げる領土も，もはやないということだと指摘する（アーレント 2017: 310）。国家が法的に保護しようと試みたのは，伝統的に国家と同一視される主要民族であり，諸事件によって難民・無国籍者として放り出された人々は，国籍をもつことで保証されていた権利，「諸権利をもつ権利（a right to have rights）」を失った（アーレント 2017: 316; Arendt 1951: 388）。

第2章　人の移動は主権国家への脅威か

　人権とは，生まれながらにして人がもつ権利ではなく，所属する政体が保障するものだという。ならばその所属を失った人間は，移動先の国において，市民としての資格，人権を回復できるのだろうか。

● 移民，難民の定義

　移民とは，国際移住機関（IOM）の定義によれば「一国内か国境を越えるか，一時的か恒久的かにかかわらず，またさまざまな理由により，本来の住居地を離れて移動する人」を指す（IOM ウェブサイト）。

　難民（refugee）とは，狭義（1950 年 UNHCR 事務所規程，1951 年難民条約，1967 年難民議定書）には，人種，宗教，国籍，政治的意見または特定の社会集団に属するという理由で，自国にいると迫害を受けるおそれがあるために他国に逃れ，国籍国の保護を受けることができない，またはそれを望まない人々を指す（彼らは「条約難民」と呼ばれる）。ただし，難民条約締結後の世界情勢の変化とともに難民の定義も広がり，広義には，「武力紛争などで常態化した暴力が発生し，自国に帰ると無差別なかたちで命や自由が脅かされる人々も，国際的保護を必要とする「難民」（「拡大された定義の下での難民」）」とされている（UNHCR「難民保護・Q&A」4）。

　「国籍国の保護の欠如」という状態は，難民条約が規定した，難民という概念の中核をなすものである（UNGA 1994: 7）。国連難民高等弁務官事務所（UNHCR）が保護対象とする難民に対して，国籍国に代わって，国際的保護を与えることは，難民問題の恒久的解決策の模索とともに，UNHCR の任務（UNHCR 規程第 1 章 1）である。難民とは，迫害や武力紛争，暴力や深刻な騒乱の結果として，自国にいると命や安全，自由が深刻な危機に晒され，国際的な保護を必要とする人々である（UNHCR 2018a: 135）。なお，平和に対する犯罪，戦争犯罪，人道に対する犯罪および政治犯罪以外の重大な犯罪を行ったものに難民条約は適用されない（難民条約 1 条 F）。

● 世界の移民と強制移住の現況

　IOM によれば，国境を越えて移動した国際移民の数は，過去 50 年間に劇的に増加している（IOM 2022）。1970 年の 8400 万人から，冷戦終結時の 1990 年

43

第Ⅰ部　グローバル・ポリティクス

には約2倍の1億5300万人に，2020年には3倍を超える2億8100万人に達し，世界人口の3.6％，30人に一人を占めるに至った。2020年は新型コロナウイルス感染症（COVID-19）が猛威を振るった年であり，国際移民の数は，例年に比べてはるかに少なかったと推測されるが，それでもなお冷戦終結後の30年間に1億2800万人の増加である（IOM 2022）。

　移民の受け入れ国から送り出し国への海外送金の総額は政府開発援助（ODA）の総額を超え，直接投資にも匹敵するとされる（田所 2018: 12）。2020年に，移民が送金した額は7020億ドルにのぼるが，コロナ禍ということで，前年を1割以上下回った（IOM 2022）。しかし，コロナ禍が終息をみた2022年には8310億ドルに達し，その8割近く（6470億ドル）は中低所得国向けの送金である（IOM 2022）。

　移民が世界の経済にも大きな影響を及ぼす中で，世界の人口増加を考慮するなら，国際移民の全世界人口に占める割合は1970年の2.3％から1.3％の増加にとどまり，世界の大半の人々（96.4％）は，自分が生まれた国に住んでいる（IOM 2022）。これと対照的なのが，移民に占める難民・国内避難民など強制的な移住を強いられた人の割合である。

　1970年時点（この時点では国内避難民の統計はとられていない）で，後述する2つの国際機関が管轄する難民の総数は390万人であり，移民に占める割合は4.6％であった。1990年には，この数は4100万人，対移民比は2.7％と減少するものの，2020年には，紛争，暴力，迫害によって強制移動を強いられた人の数は8200万人となり，全移民の約30％を占めるに至った。アフガニスタンの政変，シリア紛争，ウクライナ紛争，南スーダン内戦などの激化で，2022年にその総数は1億人を超え，23年には日本の人口に匹敵する1億2000万人となっている（UNHCR 2023, 2024）。欧米など先進国への難民の流入がイメージされるかもしれないが，これら難民の約8割は，最初に避難した近隣の低中所得国が受け入れており，さらに後発開発途上国（LDC）での庇護は全体の21％，つまり5人に1人の難民が世界の中でも最も貧しい国で避難生活を送っている（図2-1）。

　次節ではまず，とくに難民に焦点を当てながら，第一次世界大戦後の歴史を「人の移動」の視点からグローバル・ヒストリー的に振り返る（第2, 3節）。そ

44

図 2-1　国際保護を必要としている人々（1975-2022 年）

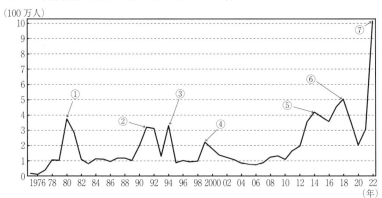

① 1980 年：アフガニスタン人 130 万人とエチオピア人 160 万人が隣国へ避難。
② 1991 年：140 万のイラク人がイランへ避難。
③ 1994 年：230 万のルワンダ人が近隣諸国に避難。
④ 1999 年：約 100 万人がセルビアとコソヴォから避難。コソヴォ情勢に関する国連安保理決議 1244 採択。
⑤ 2014 年：170 万人のシリア人が国外へ避難。
⑥ 2018 年：320 万人がベネズエラとシリアから避難。
⑦ 2022 年：570 万人がウクライナから、そのほかアフガニスタン人とベネズエラ人中心に 440 万人が国外へ避難。

［注］　強制移住データ参照（https://www.unhcr.org/refugee-statistics/insights/explainers/forcibly-displaced-flow-data.html）。
［出所］　UNHCR 2023: 8 の図をもとに作成。

の際，第二次世界大戦から約 80 年の折り返し地点となる冷戦終結によって，人の移動と国家の関係に決定的な変化があったのかを確認する。最後に，冷戦終結から約 30 年が経った現在，分類が不可能なほどに混在した人の移動を整理し，人の移動と安全保障の関係について述べる（第 4 節）。

2　人の移動とその保護制度

● 第一次世界大戦から戦間期

人の移動を規律する制度や法は，もともとヨーロッパ公法として成立した今

第Ⅰ部　グローバル・ポリティクス

日の国際法と同じように，第一次世界大戦前後のヨーロッパの混乱を契機に，それに対応するために誕生したものである。また，現在の難民の保護をめぐる制度は，19世紀後半から20世紀末にかけて，2つの大戦を契機にヨーロッパで発生した民族強制移動の2つの波と密接に関係している。

　第1の波は第一次世界大戦を挟み，主に戦間期に発生したもので，ロシア，オスマン帝国，オーストリア・ハンガリーという3つの帝国の崩壊と関連している。1915年には，のちにジェノサイド（集団殺害）犯罪に分類されるオスマン帝国によるアルメニア人の強制移住が実行され，17年のロシア革命と飢饉（ききん）によって膨大な数のロシア難民が発生した。1919年から22年にかけて戦われたギリシャ・トルコ戦争では，オスマン帝国支配下の中東，バルカンにおいても大量の難民が発生した。新たに引かれた国境線で民族マイノリティを抱え込むことになった諸国による民族マイノリティの追放や，「住民交換」と呼ばれる2国間の民族マイノリティの交換もあった。

　とくに約150万人に上ったロシア難民はヨーロッパのみならず，トルコやシベリア，極東にも達し，その救援に赤十字国際委員会（ICRC）を中心に多くの組織がかかわった。1921年2月，ICRCは発足間もない国際連盟（連盟）に，難民問題を専門に担当する弁務官の任命を働きかけ，同年8月連盟は，関係する10カ国と非政府組織（NGO）による会議を開催した。この会議で，北極探検でその名を知られ，戦争捕虜の母国帰還問題やロシアの飢餓（きが）問題にも深く関与していたノルウェーのナンセンを「難民問題に対する国際連盟難民高等弁務官（LNHCR）」に任命した（小澤 2012: 49-50; 篠原 2010: 124; 舘 2014: 46）。ナンセンは1930年に死去するまでの10年間，この職にあり，ナンセンを中心に連盟は，難民を定義し，その法的地位を明確化するとともに，祖国を失ったロシア難民に身分証明書として1922年「ナンセン・パスポート」を発行した。

　ナンセンの死後，ナンセン国際難民事務所が設立され，また1933年10月には，「難民の国際的地位に関する条約」が結ばれ，ロシア難民のみならず，アルメニア難民，トルコ難民，アッシリア難民などにも適用された（舘 2014: 50-51）。

● **第二次世界大戦後のヨーロッパの動きと難民条約**

　ヨーロッパにおける民族強制移動の第2の波は，第二次世界大戦終戦直後の

第2章　人の移動は主権国家への脅威か

混乱期，戦後処理の過程で発生した。ナチ・ドイツによるヨーロッパのユダヤ人に対するホロコースト・絶滅政策から辛うじて生き残り，家族を探して移動する人々や，東西の政治的緊張が高まる中，共産圏から逃れてきた人々である。

　1949年12月3日，第4回国連総会は51年1月1日付で，難民問題を専門に取り扱う，国連難民高等弁務官事務所（UNHCR）の設立を決議し（A/RES319），翌50年の第5回国連総会で，UNHCR規程を採択した（A/RES428）。UNHCRは，これに沿って1951年1月1日に活動を開始した。

　UNHCRの活動開始と同時並行で進んでいたのが，難民条約の整備である。同条約は，1951年7月にジュネーヴで，国連加盟・非加盟国あわせて26カ国の代表によって採択された（1954年4月22日発効）。1条（A）で定義された「難民」は，本章冒頭で記した通りである。なお，この条約の適用は，「1951年1月1日前に欧州において生じた事件」（1条〈B〉）とされ，時間的制限に加え地理的条件が課されることとなった。

　条約の中核をなすのが，33条の追放および送還の禁止，すなわち「ノン・ルフルマン原則」である。同条項は「締約国は，難民を，いかなる方法によっても，人種，宗教，国籍もしくは特定の社会的集団の構成員であること又は政治的意見のためにその生命又は自由が脅威にさらされるおそれのある領域の国境へ追放し又は送還してならない」と定めた。

　東西冷戦のさなかに，冷戦構造を色濃く反映し，アメリカの主導によって採択された難民条約に，当然のことながら，ロシアをはじめとする東側諸国が加入することはなかった。ロシアをはじめ，東欧諸国が1951年条約に加入するのは，冷戦終結後のことである（ハンガリーは1989年に，ポーランド，ルーマニアは91年に，ロシア連邦ほかは93年に加入した）。

● 1967年の難民議定書 —— 地理的時間的制約の撤廃

　難民条約が策定された1951年以降においても，ヨーロッパのみならず，その他の地域，とくにアフリカで多数の難民が生じた。そのため，対象とする難民の範囲を拡大する必要が生じ，これに対応する議定書が1966年の総会決議を経て，67年10月に発効した。

　これによって，「1951年以前」「欧州で」という，1951年の難民条約の地理

47

第I部 グローバル・ポリティクス

Column ② **ジェンダーと難民条約** ◇•◇•◇•◇•◇•◇•◇•◇•◇•◇•◇•

　1966 年に採択される自由権規約および社会権規約においては，性が差別事由に含まれているが，これより 15 年遡り，かつ一義的には東西対立を背景に成立した難民条約においては，女性に固有の侵害は迫害の定義から除外された。一度は難民の定義に，性にもとづく差別を含めるか否かについて議論はされたものの，男女の平等は国内法の問題とされた。性にもとづく迫害の事例も疑問視され，難民条約において，女性に固有の侵害は迫害から外された（小宮 2021：110）。難民条約が対象としていたのは，東側の「国家」による迫害や弾圧から逃れてきた人間という暗黙の前提があったのである。

◇•

的，時間的制約は撤廃されることとなった。しかし，難民条約の難民の定義そのものは変更されることはなく，引き続き，難民条約の難民の定義は冷戦を反映した西側の難民支援の文書としての性格を維持していた。

● パレスチナ難民と UNRWA

　第二次世界大戦とナチ・ドイツによるホロコーストは，今日まで解決をみない，もう一つの人の流れを生み出した。1948 年にイスラエルが建国を宣言した後，それを承認しないヨルダン，エジプト，シリアなどのイスラエル周辺のアラブ諸国が攻め入り，第 1 次中東戦争が発生した。この戦争で生じたパレスチナ難民を支援するために，休戦後の 1949 年に開かれた第 4 回国連総会で，UNHCR とともに，国連パレスチナ難民救済事業機関（UNRWA）が設立され，50 年 1 月 1 日に活動を開始した。当初の対象は 75 万人であったが，それ以来，70 年以上その子孫を対象に活動し，現在は 4 世代 590 万人を支援する組織となっている（2022 年 12 月時点）。

　UNRWA が支援対象とするパレスチナ難民は，1951 年の難民条約と同じように，時間的，地理的に限定されている。「1946 年 6 月 1 日から 1948 年 5 月 15 日までパレスチナに居住し，1948 年戦争の結果として家屋と生計手段を失い，UNRWA の活動地域に避難した者とその子孫」（UNRWA）がパレスチナ難民とされ，それは今日まで変わっていない。UNRWA の活動地域とは，レバノン，シリア，ヨルダンの 3 カ国と，東エルサレムを含むヨルダン川西岸およ

びガザ地区の 2 地域の，計 5 区域に限定される。

　UNHCR との決定的な違いは，そのマンデート（権限）やミッション（任務）に恒久的解決策が含まれない点である。UNHCR が支援対象にある難民の帰還や，庇護国での統合，第三国への定住をめざしているのに対し，UNRWA の任務は，教育や職業訓練を除けば，生存するための，あるいは生活環境を改善するための支援に限られる。

　なお，2023 年 10 月 7 日のハマスによるイスラエル攻撃を契機に，イスラエルによるガザ地区への大規模攻撃が行われ，多数の死傷者が出ているが，UNRWA の支援対象者数に変化はない。ガザがイスラエルによる封鎖状態にあり，域外への避難や移動が許されないためである。

● アフリカの難民対応

　1945 年に 51 の加盟国とともに活動を開始した国連は，アジア・アフリカ諸国の独立とともに，急速に加盟国を増やし，65 年には 118 カ国に達した。新生国家が続々と誕生したアフリカでは，これら独立国の首脳がエチオピアの首都アジスアベバに集い，1963 年 5 月，汎アフリカニズムによる脱植民地化や諸国間の協力を目的に，アフリカ統一機構（OAU）を設立した。OAU 憲章には，各国の主権平等と領土保全の尊重が明記され（3 条 3 項），翌 1964 年の決議（AHG/Res. 16〈I〉）においても，独立時の国境線の遵守が確認された。アーレントの議論（『全体主義の起原 2』）に触発されたという，移民史を専門とする政治学者ゾルバーグは，そもそも新生国家の成立こそが難民を生み出すプロセスとして機能していると指摘する（Zolberg 1983）。事実，アフリカでは，諸国が主権国家のかたちを整えていくのと裏腹に，おびただしい数の戦争や騒乱を逃れ，国境を越える人々を生み出した。現代アフリカ史上初の大規模な難民移動となった 1956 年のアルジェリア独立戦争を皮切りに（UNHCR 1999: 7），OAU 成立後もポルトガルの植民地であったモザンビーク，アンゴラ，ギニアビサウで，独立に向けた「解放戦争」が戦われ，大量の人口が流出した。

　こうした動きを受けて OAU は，1969 年 9 月にアジスアベバで，難民条約の定義に当てはまらない，ヨーロッパの難民とは異質の，アフリカ大陸の難民の急増に伴い，「アフリカにおける難民問題の特殊な側面を規定するアフリカ

統一機構条約（OAU 難民条約）」を策定した。同条約は，1951 年難民条約の定義（1 条〈1〉）を踏襲したうえで，「外部からの侵略，占領，外国の支配または出身国若しくは国籍国の一部若しくは全体における公の秩序を著しく乱す事件の故に出身国または国籍国外に避難所を求めるため常居所地を去ることを余儀なくされた者にも適用される」（1 条〈2〉）とした。OAU 難民条約は，OAU 加盟国の 3 分の 1 の批准を得て 1974 年 6 月 20 日に発効した。

　同様に，難民の定義を拡大した文書として他には，ラテンアメリカ諸国によって 1984 年に制定された「カルタヘナ宣言」がある。条約のかたちはとっておらず，1970 年代末から 80 年代初頭にかけて発生した戦争や武力衝突，政情の激変によって生じた強制移動に対処するための勧告である。そのため，カルタヘナ宣言は法的拘束力をもたないが，多くのラテンアメリカ諸国が法令やその実施において同宣言の諸原則を取り入れている（UNHCR 2007: 5）。

　難民条約にもとづく難民認定は，受け入れ国政府によって個々人に対し個別に行われるが，OAU 難民条約は紛争や混乱，深刻な人権侵害等を逃れて大量の避難民が発生した際に，受け入れ国の判断で，個別の難民認定手続きを行わず，集団に対して難民の地位を認めることができる，「一応の（prima facie）難民認定アプローチ」を可能にした（UNHCR 2015）。

　なお，2000 年 12 月 4 日，国連総会は 1951 年難民条約の制定 50 周年を記念し，OAU 難民条約発効日である 6 月 20 日を「世界難民の日（World Refugee Day）」とする決議（UNGA55/76）を採択した。もともと「アフリカ難民の日（Africa Refugee Day）」であった OAU 難民条約発効日を，国連総会が「世界難民の日」とした意義と意味は大きい。難民条約では保護対象とはならない紛争による難民を，国連加盟国の総意として，総会が記念の対象としたからである。

3　人の移動——冷戦期の変化

● **難民——冷戦期以降**

　冷戦の終結と相前後し，国連加盟国は再び急増し，2000 年には，その数は189 カ国に達した。ゾルバーグが指摘した新たな難民の発生の時代の到来である。なお 2000 年以降の新たな国連加盟国は，スイスと東ティモール（2002 年），

モンテネグロ（2006 年），スーダン（2011 年）の 4 カ国のみである。

1991 年 2 月に，第 8 代国連高等難民弁務官に就任した緒方貞子は，紛争の性質の変化や拡大にあわせて，UNHCR のマンデートを拡大し，国境を越えた難民の保護から，当事国の管轄圏内にある国内避難民にも支援の手を広げ，条約にのっとった「保護」に加え，紛争下や紛争直後の国・地域の人道支援を指揮した。緒方は在任中（1991-2000 年），安保理で計 12 回演説し（緒方 2006: 409），人の移動が国際的な安全保障問題として認識される時代の象徴ともなった。

緒方は退任後，自身の活動を綴った回想録で，1990 年代は「人道危機が絶え間なく起きた時期」であり，「UNHCR は世界の全大陸で，まるで消防隊のように火消しとして働いた」（緒方 2006: 371）と述べているが，こうした動きに対しては UNHCR 内で批判の声も上がった。1996 年に行われた UNHCR の執行委員会に提出された文書には，UNHCR 規程起草時に想定された UNHCR の難民の「保護（protection）」業務が周縁化され，国境を越えた人の移動を食い止めるために，難民の発生国における人道支援や人権侵害の監視に重きが置かれていることに懸念が示され，それぞれに事情が異なる庇護国での庇護活動を重視すべきであるという声が上げられた（UNHCR 1997: 267-268）。

冷戦構造の崩壊を特徴づけるもう一つの人の流れはソヴィエト連邦（ソ連）解体時に発生した。ソ連の解体とともに独立した諸国に，多くの民族的マイノリティが取り残されることとなったが，その筆頭が 2500 万人のロシア系住民である。ロシア帝国時代，領内には 200 以上の異なる民族集団が暮らしていたとされるが，ソ連時代は，モスクワへの抵抗を抑えるために，これら民族集団を分断するかたちで人工的に境界線が設けられていた。同時に，スターリンが行った強制移住政策や地方へのロシア人技術者の入植奨励などによって，ソ連崩壊時には 6000 万人の民族的マイノリティが生まれたといわれる（長 2022; Druke 2000）。当時，最も多くのロシア系住民を抱えていたのがウクライナであり，マイノリティとなったロシア系住民全体のおよそ 3 分の 1 を占めた（Iogna-Prat 1996）。

ロシアが難民条約に加入するのは 1993 年 2 月であり，ウクライナは 2002 年 6 月であるが，UNHCR は 1991 年から旧ソ連地域での活動を開始している。1992 年にはロシアに，1994 年にはウクライナに事務所を開設した。

第Ⅰ部　グローバル・ポリティクス

● UNHCR の管轄下にある難民と諸国の対応の落差

　移民とは異なり，特別な保護体制下にあるとされる難民であるが，それでも，その定義は限定的である。紛争下にある難民も含めるとした OAU 難民条約とカルタヘナ宣言は，地域的文書として扱われ，普遍的な国際条約とされるのは，あくまでも狭義の難民のみを認める 1951 年条約と 1967 年の議定書である。

　これに対し，UNHCR は，OAU 難民条約およびカルタヘナ宣言を難民条約と議定書を補完するものと位置づけ，その点を反映したガイドラインを各国政府や法律の実務家，審査官・裁判官向けに公表している（UNHCR 2016）。

　その受け入れ諸国でとくに欧米中心に，難民・移民をめぐって起きているのがセキュリタイゼーション（安全保障化）の動きである。難民の大半を受け入れているのは，難民発生国周辺の中低所得国であるが，冷戦後の難民・移民受け入れ国の社会で，「大規模な人の移動・流入を，社会や国家の安全保障にとっての攪乱要因と認識し，移動人口問題は政治化していく」（栗栖 2008: 177）動きがある。東西冷戦という各国にとっての最大の安全保障上の関心事が消失したことによって，人の移動の問題がセキュリタイゼーションされたのである（栗栖 2008）。

● 移民 —— 難民対応との違い

　難民高等弁務官退任後の緒方貞子とインド出身の経済学者センが共同議長を務めた人間の安全保障委員会（CHS）は，2003 年の報告書において，「国境を越えて移動する人々を秩序に基づいて管理し，保護するための単一の制度的枠組みは存在しない」（人間の安全保障委員会 2003: 87）として人の移動に関する国際的枠組みをつくることを提案した（人間の安全保障委員会 2003: 98-99）。この提案から 20 年が過ぎてなお，この提案は実現していない。難民のみが例外的に保護されてきた，と指摘とされるが，それはなぜか。

　移住労働者の権利の保護は 1919 年に，ヴェルサイユ条約によって連盟とともに設立された国際労働機関（ILO）が担ってきた。国際政治学者の柄谷利恵子は，国際的保護の対象となる難民と，保護の対象にならないそれ以外の移住者が制度的に区別されたのは，第二次世界大戦直後の 2 つの集団間で行われた討議・交渉の産物であるという（柄谷 2014）。その 2 つの集団とは，1 つは移

第2章　人の移動は主権国家への脅威か

住者一般を保護するための包括的な国際制度の必要性を主張したILOおよび国連を中心とした国際機関と，もう1つは各国の入国管理政策を尊重し，難民の法的保護に特化した，必要最小限の限定的制度をめざしたアメリカ政府を中心とする諸国間連合である。

　討議・交渉の結果，移住労働者の保護はILOが中心となり，1949年の移民労働者条約（第97号）や劣悪な条件下での移住や機会・待遇の均等の促進を定めた1975年の移民労働者（補足規定）条約（第143号）が採択された。しかし，いずれの条約も加入国は45と19と極端に少なく，実効性が問われていた。その後，10年に及ぶ交渉を経て，1990年12月に国連総会にて「すべての移住労働者とその家族の権利の保護に関する条約（移住労働者の権利条約）」が採択された（A/RES/45/158）。しかし，この1990年条約に至っても発効に必要な20カ国の批准（87条1項）を集めるのに13年を要し，発効は2003年7月のことである。しかも，条約の発効から20年が経過してなお，締約国は難民条約締約国数の半数にも満たない59カ国にとどまる（2024年8月現在）。いずれもアジア，アフリカ，中南米の移住労働者の送り出し国に限られ，受け入れ国の先進諸国の加入はない（UN Treaty Collection）。これらは普遍的な移民保護体制構築の難しさを物語っている。

4 人の移動と安全保障

● 混在移住という現象

　冷戦終結から30年以上が経過する現在，国境を越える人の移動は，新たな状況に直面している。国境を越えて移動する人々に対する呼称は，出国が自発的か否か，また出国の理由，あるいは迫害や人権侵害の理由により，「難民」「避難民・被災者」「人身取引被害者」「移住労働者」「結婚移住者（女性）」と変わる。しかし，このような明確な区別が可能だろうか。

　明らかな自発的移住の典型例は観光と留学であるが，旅行者や留学生も一部は確実に不法滞在の労働者となる場合があり，また「結婚移住者」と「人身取引被害者」の境界線が定まらない場合もある。越境者にはさまざまな呼称が存在しているが，**図2-2**において境界線が明確でないように，人を移動に駆り

53

第I部　グローバル・ポリティクス

立てる理由や原因，目的・アイデンティティはそもそも複雑にまじりあっている。こうした人の移動を称して「混在移動（mixed migration, mixed migration flow）」という言葉が使われている。

国際難民法・強制移住学の研究者である橋本直子はIOMの定義を発展させ，混在移動を「難民，庇護申請者，人身取引被害者，密航者，経済移民や他の移住者によって，同時並行的，複合的に同様の移動方法により異なる目的のために，しばしば非正規なかたちで行われる（国境を越えた）移動」と定義づけた。そのうえで，こうした事象自体は新しいものではなく，また国境地帯における出入国管理が厳密に行われていない途上国においては日常的に多数発生しているという。そして，人が国境を越えて移動する理由は，国際法上の定義よりも複雑かつ多岐にわたり，人が移動を決意する際の意思決定の過程は，さまざまな要因，動機，事情，思惑，目的が混在し，同一人物の中でもさまざまな「押し出し要因」と「引き寄せ要因」が複雑にからまっていることを指摘した（橋本 2014: 245-247）。

「混在移住」の時代を迎えた現在の国際社会は，「混在移住」に向けた対策が必要とされている。他方で，こうした混在移動者を受け入れる国家の側の姿勢は，当該国家の体制，財政・経済状況，難民や移民に対する国民感情，治安，送り出し国との関係，送り出し国の事象・事情の訴求性，報道のされ方によっても大きく異なる。

例として，近年のウクライナ避難民の受け入れに対する欧州連合（EU）の対応が挙げられる。EUでは，かつてシリア難民をはじめとする中東やアフリカからの難民受け入れに対しては，徹底的に異議を唱えた国があり，そうした地域からの難民の受け入れには閉鎖的であった。しかし，ウクライナ避難民の受け入れに対しては，EUは，同じ欧州文化圏からの難民とはいえ，旧ユーゴスラヴィア難民受け入れ時には議論されたものの，適用されたことのなかった一時的保護指令を史上初めて発動したのである。日本においても，ウクライナ避難民の受け入れは，従来の難民受け入れの実践を覆す方法と規模で行われ，同時期に申請者が増えたアフガニスタンやミャンマーからの難民申請者との差別的格差が指摘された。

第 2 章　人の移動は主権国家への脅威か

図 2-2　人の移動（移住）のさまざまな形

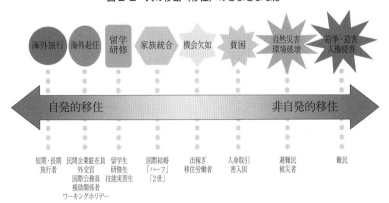

［出所］　IOM（日本）のウェブサイト（https://japan.iom.int/migrant-definition）。

● **気候変動と強制移住**

　混在移住を進める要因となったのが，冷戦終結後，加速度的に進んだ地球環境の著しい変化と，それに起因・関連する干魃（かんばつ）や飢餓（きが），気候変動，激甚化する自然災害などである。2018 年 12 月，国連総会で採択された「難民に関するグローバルコンパクト（GCR）」では，「気候変動や環境破壊，自然災害は，それ自体は難民の移動の直接的な原因とはならないものの，難民の移動を引き起こす要因となりうる」（UNHCR 2018b: 8）として，この問題を GCR の「予防と根本原因への対応」の冒頭に挙げている。

　環境の悪化に起因する強制移動は，難民条約における難民には該当しないとする解釈が一般的であり，国境を越えて庇護を求めた場合の扱いに関して確立された指針はない（山田 2021: 152）。しかし，2020 年 1 月に国連人権委員会（UNHRC）は，気候変動によって差し迫った命の危機にある難民申請者の本国への送還は認められないという判断を下し，注目を集めた（UNHRC 2020）。南太平洋の 33 の島からなる島嶼（とうしょ）国キリバスからニュージーランドに逃れ，そののち本国に送還された男性の訴えに対する判断である（男性自身の訴えは認めず）。UNHRC の判断に法的拘束力はないが，「気候難民（a climate change refugee）」とも呼ばれる地球環境問題を理由とした難民申請に対する判断や対応に一定の影響力をもつものと思われる。

55

第Ⅰ部　グローバル・ポリティクス

● 人間の安全保障と人の移動

　現実が「混在移動」を基調とする時代に移っても，越境する人に対し，国際法上も，各国の入国管理制度の点からも，管理する国家の側が割り当てた呼称に応じた，別個の対応がとられ続けている。法的にまったく異質なこれら移動者すべてを総括して論じる概念が唯一あるとすれば，それは「人間の安全保障」という概念であろう。

　「人間の安全保障」は，人間一人ひとりに焦点を当て，個人の保護と能力強化を通じて人々が恐怖と欠乏から解放され，尊厳をもって生きることを可能にするような社会や制度づくりをめざす理念・政策概念である。冷戦後の凄惨な民族紛争や大量難民の発生といった地球規模の課題に対して，従来の国家中心のアプローチや，軍事力では守ることのできない，人々の安全を確保するために，国連開発計画（UNDP）が1994年の『人間開発報告書』で初めて提唱したものだ。下敷きとなったのは，センが唱えた，人間の選択の幅の拡大や人間の発展の機会の拡大といった人間開発論・ケイパビリティ論である。

　その後，先に述べた緒方貞子とセンが共同議長となったCHSによって概念が整理された。さらに，2つの国連総会決議を経て，平和と安全，開発，人権という国連の3本の柱とも呼応し，恐怖と欠乏からの自由と尊厳を重視し，それらを結び，分野横断的・包括的に人々の安全をとらえるという共通理解が確立されている。

　CHSの報告書『安全保障の今日的課題』では，多くの人にとって，移動はその過程で自らの「人間の安全保障」を損なう危険がある一方で，これを守り，獲得するための死活的手段（人間の安全保障委員会 2003: 81）であるとする。そして，難民のみならず，国内避難民，経済移民，人身取引すべてを対象として議論し，人の移動に関する国際的枠組みの創造を提唱した。

　しかしながら，今日に至るまで，そうした制度は国家間においては創出されていない。また，人間の安全保障概念による，さまざまな非安全保障領域の安全保障化は，その課題に注目や資源を集めることには成功しても，安全保障上の脅威とみなされる，セキュリタイゼーションのジレンマとは無縁でない。人の移動の安全保障化は，その典型である。

　多かれ少なかれ，人は誰でも移動する。混在移動の時代，移動する人々の側

に焦点を当てた人間の安全保障や人権規範と，受け入れ国側の国家の安全保障や市民の安全保障に焦点を当てた2つの立場がせめぎ合いを続けている。「国際的保護」によってアーレントのいう失われた人権を回復できるのか。「国際的保護」は誰によって，誰に対して提供されるのか。国籍を失った人々に誰が国籍を付与するのか。国家の構成員とは誰なのか。人の移動は，国家と人権のせめぎ合いの中にある。

さらに読み進める人のために

墓田桂・杉木明子・池田丈佑・小澤藍編『難民・強制移動研究のフロンティア』現代人文社，2014年。

　　難民・強制移動の研究は比較的新しい研究領域ながら着実な広がりをみせている。そうした動向を反映し，歴史的・制度的展開，地域的展開，難民・強制移動をめぐる多様な課題とともに，難民の声が紹介されている。

滝澤三郎・山田満編『難民を知るための基礎知識——政治と人権の葛藤を越えて』明石書店，2017年。

　　複雑な難民問題の理解は容易ではない。本書はそうした難民問題の理解を法律学，政治学，経済学，社会学など学際的なアプローチで解説する。理論的問題および世界各地の難民問題とその取り組みについて書かれている。

田所昌幸『越境の国際政治——国境を越える人々と国家間関係』有斐閣，2018年。

　　人が国境を越えて移動するとは国際政治にとってどのような意味をもつのか。この点を国際政治学者の視点から，網羅的に解説している。最終章では日本にとっての国際人口移動の意味が論じられている。

引用・参考文献

阿部浩己 2002「消されゆく難民たち」『現代思想』2002年11月号，80-93頁。

アーレント，ハンナ／大島通義・大島かおり訳 2017『新版 全体主義の起原2 帝国主義』みすず書房（底本は1955年刊行のドイツ語版）。

印東道子編 2013『人類の移動誌』臨川書店。

緒方貞子 2006『紛争と難民——緒方貞子の回想』集英社（原著2005年）。

長有紀枝 2022「さらなる難民危機と国際社会」『国際問題』709号（2022年10月），37-49頁。

小澤藍 2012『難民保護の制度化に向けて』国際書院。

柄谷利恵子 2014「『移民』と『難民』の境界の歴史的起源——人の移動に関する国際レジームの誕生」墓田桂・杉木明子・池田丈佑・小澤藍編『難民・強制移動研究のフロンテ

ィア』現代人文社。

栗栖薫子 2008「人の移動と難民保護」大芝亮・藤原帰一・山田哲也編『平和政策』有斐閣。

コーエン, ロビン／小巻靖子訳 2020『移民の世界史』東京書籍（原著 2019 年）。

小宮理奈 2021「ジェンダーの視点を取り入れた難民認定審査を考える――DV をめぐる国際人権法と国際難民法の関係を中心に」難民研究フォーラム編『難民研究ジャーナル』第 11 号（2020 年）, 107-118 頁。

篠原初枝 2010『国際連盟――世界平和への夢と挫折』中公新書。

舘葉月 2014「難民保護の歴史的検討――国際連盟の挑戦と『難民』の誕生」, 墓田桂・杉木明子・池田丈佑・小澤藍編『難民・強制移動研究のフロンティア』現代人文社。

田所昌幸 2018『越境の国際政治――国境を越える人々と国家間関係』有斐閣。

中西寛・石田淳・田所昌幸 2013『国際政治学』有斐閣。

人間の安全保障委員会（CHS）2003『安全保障の今日的課題――人間の安全保障委員会報告書』朝日新聞社（原著 2003 年）。

橋本直子 2014「混在移動――人身取引と庇護の連関性」墓田桂・杉木明子・池田丈佑・小澤藍編『難民・強制移動研究のフロンティア』現代人文社。

山田光樹 2021「2019 年難民動向分析――世界」難民研究フォーラム編『難民研究ジャーナル』10 号, 151-153 頁。

Arendt, Hannah 1951, *The Origins of Totalitarianism*, Penguin Random House UK.

Buzan, Barry, Ole Wæver, and Jaap de Wilde 1998, *Security: A New Framework for Analysis*, Lynne Rienner.

Druke, Louise 2000, "Capacity and Institution Building in the CIS in Refugee and Human Rights Protection with Emphasis on Central Asia and Kazakhstan," *Quebec Journal of International Law*, 13(2), pp. 99-143.

IOM 2022, *World Migration Report*.

IOM ウェブサイト「IOM の『移民』の定義」 https://japan.iom.int/migrant-definition

Iogna-Prat, Michael 1996 "Nationality and Statelessness Issues in the Newly Independent States" in Vera Gowlland-Debbas ed., *The Problem of Refugees in The Light of Contemporary International Law Issues*, Martinus Nijhoff.

The Power of International Education 2020, "Project Atlas," Global Mobility Trends.

UNGA 1994, *Note on International Protection*, 7 September 1994, A/AC. 96/830.

UNHCR 1997, "The UNHCR Note on International Protection You Won't See", *International Journal of Refugee Law*, 9(2), pp. 267-273.

UNHCR 1999『難民 Refugees』第 3 号（通巻 115 号）。

UNHCR/UNHCR 駐日事務所訳 2007『難民認定研修テキスト』（UNHCR 研修テキストシリーズ 2）UNHCR 駐日事務所。

UNHCR／UNHCR 駐日事務所仮訳 2015「国際保護に関するガイドライン 11：一応の（Prima Facie）難民の地位の認定」(https://www.unhcr.org/jp/wp-content/uploads/sites/34/2017/07/Guidelines-on-International-Protection-No.11_JP_final.pdf)。

UNHCR／UNHCR 駐日事務所仮訳 2016「国際的保護に関するガイドライン 12：1951 年難民の地位に関する条約第 1 条 A（2）および／または 1967 年難民の地位に関する議定書および難民の地位に関する地域的文書における定義における武力紛争および暴力の発生する状況を背景とした難民申請」（https://www.unhcr.org/jp/wp-content/uploads/sites/34/2018/03/Guidelines-on-International-Protection-No.12_JP.pdf）。

UNHCR 2018a, "Persons in Need of International Protection," *International Journal of Refugee Law*, 30(1), pp. 134–139.

UNHCR 2018b, "*Global Compact on Refugees.*"

UNHCR 2023, "Global Trends: Forced Displacement in 2022."

UNHCR 2024, "Global Trends: Forced Displacement in 2023."

UNHCR「難民保護・Q&A」（https://www.unhcr.org/jp/protection-qa）。

UNHRC 2020, *Ioane Teitiota v. New Zealand*, CCPR/C/127/D/2728/2016.

UNRWA 2009, Consolidated Eligibility and Registration Instructions（CERI）, 1 January 2009.

UN Treaty Collection https://treaties.un.org/pages/ViewDetails.aspx?src=TREATY&mtdsg_no=IV-13&chapter=4

UNWTO https://unwto-ap.org/category/covid19-info/covid-statistics/

Zolberg, Aristide R. 1983 "The Formation of New States as a Refugee-Generating Process," *The Annals of the American Academy of Political and Social Science*, 467(1), pp. 24–38.

第**3**章

国際社会は戦間期にどのように
戦争をなくそうとしたか

> 　ロシアがウクライナに侵攻した。これを止められない国連は無力だ。昨今の世界にはこうした幻滅が広がる。しかしそもそも，国連はどのように平和に貢献する組織なのか。前身である国際連盟にまで遡れば，さまざまな思想があった。強力な制裁こそが平和を実現するという考えもあれば，強制力に依拠しない平和をめざす運動もあった。この章では，国際機構の思想史をたどり，国際機構が平和にいかに貢献しうるかを多角的に考えてみよう。

1 再び戦争の時代に？

　2022 年 2 月 24 日，ロシアがウクライナに軍事侵攻した。侵攻の翌日，ニューヨークにある国際連合（国連）本部の安全保障理事会（安保理）では，アメリカなどの提案にもとづき，ロシアの侵攻を非難し，軍の即時撤退を求める決議案の採決が行われたが，常任理事国であるロシアが拒否権を行使して廃案となった。以降，国連は，ロシアの軍事侵攻を止めるための有力な手立てを打ち出せていない。「国連は無力だ」。そうした批判や幻滅の声も広がりつつある。
　ここで「無力」との批判の意味を考えたい。この言葉には「国連が期待する機能を果たしていない」という含意があるが，そもそも戦争が起こってしまっ

61

第Ⅰ部　グローバル・ポリティクス

たとき，国連はどのように平和の回復に貢献すると期待されているのだろうか。国連憲章の第7章は，「安全保障理事会は国際の平和と安全を維持または回復するために強制措置をとることができる」と定めており，強制措置は経済制裁から国際的な軍事行動にまで及ぶ。現状，常任理事国のロシアの拒否権に阻まれて，国連はこうした措置がとれていない。「国連は無力」との批判は，だいたいの場合，こうした膠着状態を指してのものである。

　しかし強制措置は，戦争が起こってしまったとき，国際機構が平和の回復のために果たしうる唯一の機能ではない。本章は国連，その前身である国際連盟（連盟）が，どのように平和に貢献することを企図して誕生したのかを探る。第一次世界大戦後に創設された連盟は，大国間のパワーと利害の調整を通じて平和を維持する「勢力均衡（balance of power）」に代わる，普遍的な安全保障のしくみとして「集団安全保障体制（collective security）」を打ち出した。これは，紛争を平和的に解決しようとせず，武力に訴えた国家に対し，まずは連盟加盟国による経済制裁，さらには加盟国の任意で，軍事制裁を行使し，諸国家の安全を実現しようとする体制である。しかし同時代的にみれば，こうした強制力に裏づけられた普遍的な安全保障体制にすべての人々が賛同したわけではなかった。第二次世界大戦前には，国際機構が巨大な強制力をもち，戦争に訴えた国家を懲罰するしくみでは平和は実現されないという主張も有力なものとして存在した。このように考える人々は，連盟の制裁を強化することこそが平和の道であるという主張に対抗し，強制力によらない平和の道を追求した。

　現状の国連は，ロシアの侵略行動を止められていない。そこに一つ，国連の限界があることは間違いない。しかし，国際機構の思想史をたどることによって，一面的な「国連の機能不全」論を超えて，国際機構が平和にいかに貢献しうるかを多角的に検討する視座を獲得することができるだろう。これが本章の狙いである。

2　集団安全保障体制は理想的な安全保障のしくみか

● 国際連盟 ── 勢力均衡の代替策を求めて

　第一次世界大戦後のパリ講和会議で，現在の国連の前身である連盟が創設さ

れた。創設を主導したのは，アメリカの大統領ウィルソンである。ウィルソン
は，ヨーロッパ発の世界大戦の勃発に，諸国家間の「勢力均衡」で維持される
秩序の破綻をみてとった。また，ウィルソンにとって，大国間のパワー・バラ
ンスを維持するために，小国の独立をたやすく犠牲にする「勢力均衡」による
秩序は，道義的な観点からも許容できるものではなかった。

　小国の犠牲の上に成り立っていたヨーロッパ流の「勢力均衡」に代わる新し
い平和の方法としてウィルソンが打ち出したのが，集団安全保障体制だった。
連盟規約 16 条は，紛争の平和的解決について定めた規約 12・13・15 条の規定
を無視して戦争に訴えた連盟加盟国は，「当然他の総ての連盟国に対し戦争行
為を為したるもの」とみなされ，まずは連盟加盟国による経済制裁，さらには
軍事制裁の対象になると定めていた。なお，軍事制裁は加盟国の任意によるも
のとされた。こうして連盟加盟国は，武力攻撃された国が小国であっても大国
であっても，その国の安全が自国の安全に関係があってもなくても，ある国に
対する攻撃を，連盟加盟国すべてに対する攻撃とみなして共同で対処すること
が求められることになった。

　たしかに集団安全保障体制は，その想定通りに諸国家が行動するならば，侵
略を防ぎ，平和を回復する有力な方法である。しかし問題は，国家は，自国の
安全や利害に直接かかわらない戦争への関与をなるべく避けようとすることだ。
それは，第一次世界大戦を経て大国として本格的に台頭し，連盟の創設を主導
したアメリカも例外ではなかった。

　建国以来アメリカは，外交方針として孤立主義を掲げ，ウィルソン登場以前
のアメリカは，海外の紛争に巻き込まれないための孤立主義を方針としてきた。
1796 年，初代大統領ワシントンは任期を終えるにあたり，世界のいずれの国
とも永久的な同盟を結ぶことを回避し，アメリカの安全や利益に直接かかわら
ない戦争に巻き込まれないことを外交の基本とすべきだと訴えた。以降，アメ
リカ外交は，ワシントンの告別演説にならい，諸国家と通商関係を緊密化させ
つつも，政治的なかかわりは最小限度にとどめる孤立主義外交を展開してきた
(西崎 2022)。

　第一次世界大戦は，この孤立主義外交に大きな挑戦を突きつけた。ウィルソ
ンは，当初は建国以来の方針にならって中立政策をとったが，最終的に参戦を

第 I 部　グローバル・ポリティクス

決意し，議会の説得に成功する。孤立から世界平和への関与へ——この外交政策の大転換を支えたのは，世界からの孤立によってアメリカの安全が確保される時代は過ぎ去ったという時代認識と，アメリカの安全は，究極的には世界の安全と切り離すことができないという相互依存的な安全保障観であった。大戦が勃発してほどなく，ウィルソンは義兄アクソンに宛てて次のように書いている。「諸国家が深く結び付けられた現代世界にあっては，2カ国間の紛争を当該国のものとだけみることはもはや不可能であり，いかなる地域における攻撃も，世界の均衡に対する攻撃なのである」。1918年1月8日，ウィルソンは大戦後に構築されるべき平和について，14カ条の原則を発表した。それは，ヨーロッパで構築されてきた大国中心主義的な平和を批判し，連盟の創設や，民族自決を打ち出し，新しい，より公正な平和の実現を訴えるものだった。

● より限定的な世界関与を求めて

　しかし連盟には，当のアメリカが参加できないということになってしまう。加盟に，上院の共和党議員が激しく反対したのである。もっとも共和党議員たちも，必ずしも世界からの孤立を支持したわけではない。彼らの多くもまた，アメリカは世界平和に関与しなければならないと考えていた。彼らとウィルソンとの差異は，世界にかかわるべきかどうかではなく，どのようにかかわるべきかという次元にあった。

　共和党議員たちが問題視したのは，連盟規約には，侵略が起こった場合，諸国家はどのように，どこまで介入するかなどが具体的に規定されておらず，連盟に加盟すれば，アメリカが海外の紛争に際限なく巻き込まれる危険があることだった。代わって共和党議員たちが提案したのは，大戦中のヨーロッパ諸国との戦時同盟を継続し，アメリカの関与の範囲をヨーロッパに限定する代わりに，明確な責任をもって関与する枠組みを構築することであった。

　歴代の共和党政権下で国務長官などを務めた同党の重鎮ルートは，共和党の上院議員で，外交委員会の委員長を務めていたロッジに宛てた手紙の中で，次のように述べた。

　　ヨーロッパの安全にいかに貢献するかについて，具体的な措置を定めることには賛成だ。たとえば，フランスが攻撃を受けた場合にはアメリカが共同で防衛するとい

第3章　国際社会は戦間期にどのように戦争をなくそうとしたか

ったように。アメリカ国民もこのような具体的な義務には理解を示すだろう。しかし私は、具体的でなければならない目的を、曖昧な普遍的な義務の言葉で包み込み、結果的には何の関与も約束しないことには断固反対する。

"Letter of the Honorable Elihu Root to Senator Henry Cabot Lodge Regarding the Covenant of the League of Nations," *The American Journal of International Law*, 13/3 (July, 1919): 600.

　アメリカは他国の安全保障に対し、無限の義務を負うことはできず、その義務は具体的な言葉で明記され、限定されなければならない——これが共和党議員たちの考えだった。彼らは、連盟規約のような抽象的な文言より、限定された国家との「明示的な協約（definite entente）」こそが将来のヨーロッパの平和を確かにすると考えたのである（Ambrosius 2002）。

　しばしば連盟加盟に反対した共和党議員たちと、ウィルソンとの対立は、アメリカ一国の安全を追求する「孤立主義」と国際平和への関与を追求する「国際主義」という二項対立で言い表されてきたが、これは妥当ではない。2つの異なる「国際主義」の対立というべきだろう。しかし、ウィルソンはパリ講和会議に共和党の指導者を1人も連れていかなかった。異なる安全保障観をもつ野党議員と共通認識を探り、妥協を模索しようとはしなかったのである。

　アメリカの防衛義務の範囲をヨーロッパに限定する代わりに、具体的な義務として規定するという共和党議員たちの安全保障アプローチは、ドイツが再度台頭してくることを懸念し、アメリカとの間で、ヨーロッパの安全保障に関する明確な取り決めを結びたいと考えていたフランスの要求に応えるものだった。パリ講和会議でウィルソンは「連盟は軍事同盟ではない」と、普遍的な集団安全保障体制の構築にこだわったが、フランス代表はこうしたウィルソンの態度に不安を募らせ、ヨーロッパの安全保障に対する具体的な義務について明言するよう再三求めていた。

　結局、連盟はフランスの懸念を払拭するものにはならなかった。講和会議後、フランスのポワンカレ内閣は、ドイツからの安全保障を求めて、1921年にポーランド、24年にチェコ、26年にルーマニア、27年にユーゴスラヴィアと同盟条約を結んだ。また、1923年1月には、ヴェルサイユ条約で規定された賠償金の支払い未履行を理由に、ベルギーとともにドイツ西北部の大炭鉱地

第Ⅰ部　グローバル・ポリティクス

帯であるルール地方に軍隊を進駐させた。

　連盟で打ち出された集団安全保障体制には，上院の共和党議員に加え，アメリカの平和主義者たちも反発した。ウィルソンは「集団安全保障体制」と「勢力均衡」の差異を強調したが，この2つのシステムは，いずれも特定の軍事力の分布によって秩序を実現しようとするものであり，軍事力に依拠した秩序であるという点では共通している（Claude 1956: 256-257）。平和はいかなる軍事力とも矛盾すると考える平和主義者たちは，究極的には軍事力に支えられている点で「集団安全保障体制」と「勢力均衡」は共通の問題を抱えているとみた。アメリカ最古の全国規模の平和主義団体であるアメリカ平和協会は，軍事制裁を肯定している点で連盟は「非アメリカ的」だと糾弾した。アメリカ国際法学会の初代会長であったルートをはじめ国際法学者たちは，集団安全保障体制は「力の支配」を乗り越えるどころか，「力の支配」をかたちを変えて存続させるものだと批判し，司法的紛争解決の促進，とりわけ常設の国際司法裁判所の創設を通じ，「法の支配」を実現していくことに平和への道を見出した（三牧2014）。

● **侵略戦争の違法化**

　アメリカという大国を欠き，出発から不安を抱えることになった連盟であったが，その後の連盟総会では，どのような戦争を「侵略戦争」とみなすかを明確にし，侵略戦争を行う国家に対し，加盟国はいかに対処するかをより具体的にすることで，集団安全保障体制を強化しようとする試みが展開された（Walters 1960; 大沼 1975; 篠原 2003）。1924 年 9 月の第 5 回連盟総会では，「国際紛争の平和的解決に関するジュネーヴ議定書（Protocol for The Pacific Settlement of International Disputes）」，通称「ジュネーヴ議定書（Geneva Protocol）」が全会一致で採択された。同議定書の起源は，前年 1923 年 9 月の第 4 回連盟総会に遡る。1923 年初頭にフランスがルール地方を占領して以来，ヨーロッパ情勢は混迷の度合いを増していた。そこで連盟総会は，軍人と文官の混合委員会を設置し，加盟国の安全保障協力の強化に向けた草案の作成に従事させた。この結果生み出されたのが，侵略戦争を国際犯罪と位置づけた「相互援助条約案（Draft Treaty of Mutual Assistance）」である。同条約案は第 4 回連盟総会に提出

66

され，集団安全保障体制の強化に熱心であったフランスや，強大な隣国の侵略を恐れるポーランドやチェコスロヴァキアなどの賛同を得たが，イギリスや北欧諸国の賛同を得ることができなかった。しかし連盟加盟国の安全保障協力をいかに強化するかという問題そのものは，翌年の連盟総会へともちこされた。

1924年9月に開催された第5回連盟総会の冒頭，英首相マクドナルドは，連盟における安全保障問題の討議が軍事制裁の強化に集中していることへの危惧を表明し，仲裁裁判や軍縮への関心を促す演説を行った。この演説に異議を唱えたのが，仏首相エリオであった。エリオは，「武力をもたない正義は無力である。正義をもたぬ武力は暴政である。武力をもたない正義は常に悪人たちに妨害される。正義をもたない武力は批判される。だからこそ，正義と武力を結合させなければならない」というパスカルの言葉を引用しながら，仲裁裁判や軍縮の促進は望ましいが，それらは集団安全保障体制の強化とともに進められるべきだと主張した。そして連盟の制裁規定を，「その性質においてはより具体的に，その実施においてはより正確に」すべきだと提案した。

この提案を受け，チェコスロヴァキア代表ベネシュとギリシャ代表ポリティスを長とする委員会が組織され，前年の相互援助条約案で打ち出された「侵略戦争の違法化」をさらに推し進めるジュネーヴ議定書が作成された。この議定書は，連盟規約では必ずしも明確ではなかった侵略認定の手続きや，仲裁裁判・司法裁判の応訴義務，理事会勧告の履行義務などを詳細に規定するものだった。さらに，軍縮会議の開催と軍縮計画の決定を発効要件とした。こうして同議定書は安全保障，仲裁裁判，軍縮を総合的に盛り込んだ内容のものとなり，総会でも全会一致で採択されたが，政権が保守党に代わったイギリスなどが反対に転じ，発効に必要な批准国数は満たせなかった。

3 強制力によらない平和は可能か——パリ不戦条約

● あらゆる戦争の違法化を求めて

1920年代の連盟では，連盟規約では曖昧であった「侵略戦争」の定義を明確化し，それを違法とし，侵略戦争が起こったときに加盟国が共同で対処するしくみを強化する動きが生まれた。

第 I 部　グローバル・ポリティクス

　こうした動きに対抗するように，連盟への非加盟を決定したアメリカでは，あくまで平和は武力によらずに実現されるべきだという認識のもと，侵略戦争だけでなく，それに対する制裁を含むあらゆる戦争を違法化しようとする運動が隆盛する。シカゴの弁護士レヴィンソンが私財をなげうって立ち上げた戦争違法化運動である。

　レヴィンソンは，ウィルソン大統領のイニシアチブのもとに構築された大戦後の平和に失望していた。ウィルソンは，第一次世界大戦を「すべての戦争を終わらせる戦争」と位置づけたが，結局それは，「すべての戦争を終わらせる戦争」にはならなかった。パリ講和会議で調印されたヴェルサイユ講和条約は，敗戦国ドイツに対して懲罰的な内容で，将来に禍根を残した。とりわけレヴィンソンが問題視したのが，「すべての戦争を終わらせる」ことを目的に作成されたはずの連盟規約が経済制裁，さらには軍事制裁を肯定していることであった。レヴィンソンは，こう述べる。

　　　軍事制裁は短期的には秩序に寄与するかもしれないが，長期的には暴力の連鎖を
　　　生み出す。たとえ「制裁」「集団安全保障」といった大義のもとに行使されても，
　　　それが軍事行使であることには変わりない。平和のために乗り越えていくべきなの
　　　は，暴力に対し，より大きな暴力で対処するという発想そのものである。

　こうした考えのもとで開始された戦争違法化運動は，哲学者のデューイなどの思想的なリーダーや議員の賛同も得て，1920 年代のアメリカ，さらには世界的な反響を生み出し，1928 年のパリ不戦条約（以降は不戦条約）へと結実する思想的な潮流をつくっていった（三牧 2014）。

● パリ不戦条約の成立

　1927 年 4 月 6 日，仏外相ブリアンはアメリカ国民に向けて，米仏間で条約を結び，「戦争を違法化（outlaw war）」すべきだと訴えた。米国務長官ケロッグはこれを米仏の 2 国間条約ではなく，多国間条約とすることを提案し，1928 年 8 月 27 日，米仏に加えてイギリス，ドイツ，イタリア，日本など当時の主要国を含む 15 カ国間で不戦条約が締結された。その内容は，前文，国策の手段としての戦争の放棄を誓約する第 1 条，平和的に紛争を解決することを誓約する第 2 条，批准について定めた第 3 条から成っていた。不戦条約に違反して

68

戦争を行う国に対する制裁は定められていなかった。

このような不戦条約の性質は，1920年代前半に連盟総会の場で提起された相互援助条約案（1923年）やジュネーヴ議定書（1924年）が，侵略国に対する軍事制裁の強化をめざすものだったこととは対照的であった。不戦条約の締約国はその後も増加し第二次世界大戦の前夜である1938年には，当時の国々の9割以上の数に当たる63カ国が署名あるいは批准を実現させていた。

10年前の連盟加盟めぐる紛糾とは対照的に，不戦条約は上院において1議員の反対票をみたのみで，無事に批准された。それは不戦条約の重要性が認識されたからだったのであろうか。むしろ逆であった。議員たちは，不戦条約が抽象的に戦争放棄を謳い，平和が侵犯された際の加盟国の共同行動も定めておらず，そうである以上，アメリカの安全保障政策に何ら影響を与えないという了解の下に，それに支持を与えたのだった。第二次世界大戦後長らく不戦条約は，締約国に対する具体的な義務づけを何ら明記せず，漠然と平和を誓うだけで平和が実現されると考えた，当時の「ユートピアニズム」の典型的な例として否定的に評価されることになる。その本格的な再評価は，冷戦の終焉を待つ必要があった（篠原 2003; Hathaway and Shapiro 2017; 牧野 2020）。

アメリカ政府の不戦条約に対する態度を象徴していたのが，不戦条約の締結交渉と並行して海軍拡張計画を進めていた事実であった。このことを問われて国務長官ケロッグは，「不戦条約と海軍拡張は，その精神においても実践においても矛盾するものではない」と言い放った。さらに当時のアメリカは，政情不安が続いていたニカラグアに艦隊を派遣し，軍事占領の規模を漸次拡大させていたが，不戦条約とこうした政策との間に矛盾を見出すこともなかった。アメリカのラテンアメリカへの軍事介入は「秩序の安定」のために行われるものであり，「戦争」ではないというのが，アメリカの一貫した論理であった（Coates 2016; Loveman 2019）。この論理は，他の大国にも共有されていた。イギリス政府もまた，不戦条約の締結に際し，「イギリスの平和と安全にとって特別かつ死活的な重要性をもつ地域」における行動の自由を留保した。

もっともアメリカ国内にも，不戦条約が，戦争に訴えた国に対し，何ら制裁を科す内容ではないことを不満に思う人々はいた。カーネギー平和財団のショットウェルは，不戦条約の本文よりも，むしろ前文に盛り込まれていた「今後

第Ⅰ部　グローバル・ポリティクス

戦争に訴えて国家の利益を増進しようとする署名国は本条約の供与する利益を拒否される」という文言の重要性を強調した。ショットウェルによれば，この文言は締約国に対し，侵略国に対する援助停止という「道義的義務」を課すものであり，同条約の締約国となった以上，連盟に加盟していないアメリカも，侵略が起こった際には，諸国家の共同行動に協力しなければならないのであった（Shotwell 1929）。アメリカ議会では，1929 年 2 月 11 日，カンザス州選出の共和党上院議員カッパーが，不戦条約を「実効的」な取り決めにしなければならないとして，紛争をいかなる紛争解決機関にも付さずに戦争に訴えた国家を「侵略国」と認定し，援助を停止する旨を盛り込んだ追加条項の成立を模索した。

　しかしショットウェルやカッパーの提案は，当時のアメリカで広い支持を集めることはできなかった。国際法学者たちは，紛争の平和的な解決について定めた第 2 条こそが「条約の心臓」であり，紛争解決機関を充実させていくことこそが平和に向けた実践的な課題であるという立場であった。法律のエキスパートとしてパリ講和会議で連盟規約の作成に携わり，不戦条約について詳細な解説書『パリ不戦条約——ケロッグ・ブリアン条約の研究』（1928 年）を著したミラーは同書で，「ケロッグ・ブリアン条約締結に至る 1 年半以上の外交交渉において……交渉の中心となったのは，国策の手段としての戦争の放棄を定めた第 1 条に関する議論であった」と認める。その一方で，ミラーは「不戦条約の死活的かつ支配的な構成要素は，外交官たちがほとんど注目してこなかった第 2 条にこそある」，「戦争放棄は，国際紛争が平和的手段で解決されるようになることの必然的な帰結である」と強調した（Miller 1928: 124-126）。

　ハーバード大学で国際法の教鞭をとり，常設国際司法裁判所の判事として国際紛争の平和的解決に携わってきたハドソンもその著『平和的な手段によって』において，不戦条約を，19 世紀から積み重ねられてきた平和的紛争解決の歴史的文脈に位置づける。そして，「不戦条約第 2 条で謳われた紛争の平和的解決は，実現の見込みが薄い願望の表明などではなく……国際法上の一定の拘束力をもつ取り決めとみなされるべきである」と強調した（Hudson 1935: 93-94）。

第3章　国際社会は戦間期にどのように戦争をなくそうとしたか

4　変革と平和——パリ不戦条約の限界

● 植民地からみたパリ不戦条約

　アメリカ議会でただ一人，不戦条約の批准に反対票を投じた議員がいた。ウィスコンシン州選出の共和党議員ブレインである。熱烈な反帝国主義者であったブレインは，不戦条約が帝国主義や植民地の問題に何ら言及していないことに失望した。そして，不戦条約から展望される「平和」があまりに保守的で，大国中心主義的なものであることを批判したのである。

　ブレインのもとには，当時イギリスの植民地支配下にあったインドで，独立運動を中心的に担った国民会議初の女性議長となったサロジニナイドゥから，「独立を求めるインドの人々を想うならば，イギリスが不戦条約に付すさまざまな留保を認めないでほしい」と訴える書簡が届いていた。不戦条約の条文は一般的に戦争を禁じていたが，実際には，植民地列強は，植民地に対する軍事介入など，自分たちにとって都合がよい軍事行動を留保していた。結局，いかなる軍事行使が「戦争」とみなされるか否かの決定権が大国にある以上，植民地支配下にある人々からみる不戦条約は，より平和で公正な国際秩序に向けた端緒どころか，より巧妙に帝国主義秩序を温存するツールですらあった。

　こうした植民地の人々の視点に立ってブレインは，不戦条約で戦争を禁じたところで平和は決して訪れないと断言した。世界には，植民地や勢力圏，石油や石炭，希少金属の搾取，貿易航路の独占，不当な関税障壁など，数々の戦争の「原因」が存在しており，これらの「原因」を取り除くために諸国家が必要な努力を行って初めて平和への展望が開かれる。諸国家を戦争へと駆り立てる「原因」に何ら言及せず，ただ戦争という「行為」を禁ずる不戦条約は，イギリスを筆頭とする既存秩序における強者たちの「現状維持」の試みにほかならない。これがブレインの主張だった。

　反帝国主義者ブレインの不戦条約批判は，戦争違法化という，一見普遍的な平和思想に隠された欧米中心主義を鋭く指摘していた。当時は欧米や日本の植民地帝国が世界を覆っていた時代であり，従属下に置かれた地域の人々にとっては，戦争が違法とされてしまうことは，武力闘争という，独立のための重要

第Ⅰ部　グローバル・ポリティクス

な手段が違法化され，制限されることを意味していた。ここに大戦間期に進められた戦争違法化の重大な限界があった。戦争違法化の思想や運動は，ほとんどが欧米地域で展開されたものであり，彼らが想定していた「戦争」は，基本的に，主権国家同士の戦争であった。彼らの平和論に決定的に欠けていたのは，いまだ主権国家の地位を勝ち得ていない植民地の独立をいかに平和的に成し遂げるか，すなわち「不公正な現状をどう平和的に変革していくか」という問いであった。

● 平和的変革という問題提起

　さらに敗戦国ドイツの視点から不戦条約を批判した人物が，20世紀のアメリカを代表するジャーナリストのリップマンであった。第一次世界大戦中のリップマンは，ウィルソン大統領が主導して公正な平和が実現されることに熱烈な期待を寄せた理想主義者だった。だからこそ，講和会議の帰結は多大な失望をもって受け止められた。戦争に負けたドイツは過酷な内容をもつヴェルサイユ条約を押し付けられた。リップマンの目からみた大戦後の国際秩序は，道義的な公正さにおいても，現実的な持続性においても，到底「平和」とは呼びえないものであった。

　こうした経緯からリップマンは，平和とは現状維持のことではなく，より公正な国際秩序への変革を通じて実現されていくものだという確信を強めていく。戦間期のリップマンは，ドイツの賠償負担の軽減を図ったドーズ案やヤング案など，平和に向けた実務的な取り組みを支持する一方で，戦争一般を絶対悪とする抽象的な思考を批判し続けた。戦争を一律に悪とみなす人々には，既存の国際秩序は，そこで優位を占める国家にとっては侵略国から守るべき神聖な秩序でも，そこで虐げられている国家にとっては武力を行使してでも打破すべき悪しき秩序であるかもしれないという弱小国への想像力が欠けていると考えたからである。現状で虐げられている国々にとって戦争は，現状変更を迫る合理的な手段の一つであり，戦争によらずして，平和的に現状を変革していける見通しが立たない限り，これらの国々は戦争という手段を手放すことはない。こう考えるリップマンが，不戦条約を厳しく批判したのは当然だった。それは戦争を国際社会の不変の現実とみなす悲観主義者にもとづく主張ではない。現状

第3章 国際社会は戦間期にどのように戦争をなくそうとしたか

に満足している国家と不満足な国家がいる現実に鑑み，現状をただ維持しようするのではなく，それをより公正なものへと絶えず変革していくことこそが平和への本質的な課題だと主張するものであった（Lippmann 1928）。

連盟規約の起草者たちに，リップマンが述べるような「変革による平和」のアイディアがなかったわけではない。規約には，現状の変革を平和的に実現させるための2つの条文が盛り込まれた。一つは，「国際関係ニ影響スル一切ノ事態ニシテ国際ノ平和又ハ其ノ基礎タル各国間ノ良好ナル了解ヲ攪乱セムトスル虞アルモノニ付，聯盟総会又ハ聯盟理事会ノ注意ヲ喚起スルハ，聯盟各国ノ友誼的権利ナル」ことを定めた第11条である。もう一つは，「聯盟総会ハ，適用不能ト為リタル条約ノ再審議又ハ継続ノ結果世界ノ平和ヲ危殆ナラシムヘキ国際状態ノ審議ヲ随時聯盟国ニ慫慂スルコトヲ得」とした第19条である。しかし，その後の連盟の歴史において，これらの条文が既存秩序の平和的変革のために活用されることはほとんどなかった。

ブレインとリップマンに共通していたのは，弱者の視点から国際政治を思考する想像力であった。ブレインは帝国主義支配に苦しむ従属地域の人々の立場に，リップマンはヴェルサイユ条約を押し付けられた敗戦国ドイツの立場に立つことで，持続的かつ公正な平和は，現状の維持ではなくその変革によって実現されるという視座を獲得した。彼らは，戦争を一律に違法とする不戦条約が，一部の大国に有利な現状を神聖化してしまうことを警戒し，それに反対した。ブレインにとっては植民地および有形無形の帝国主義政策の撤廃こそが，リップマンからみれば現状を平和的に変革するための制度の整備こそが，戦争を違法化したり，侵略国が現れた際の共同行動を条約で義務づけるより，はるかに重要で本質的な平和へのアプローチであった。

リップマンの問題意識は，1930年代の連盟で本格的に議論されることになる。満洲事変の勃発を端緒に，国際社会は動揺の時代を迎えていく。1931年9月8日の柳条湖事件をきっかけに，日本の関東軍は奉天，長春，営口など満洲の諸都市を次々と占領下に置き，日本の権益が存在しない北満洲，さらには中国本土へと軍事行動を拡大させていった。さらに1935年10月にはイタリアがエチオピアを侵略した。連盟はこれらの現状破壊的な行動を前に，実効的な手段を打ち出すことができなかった。連盟は大きな挑戦に晒されることになる

73

第 I 部　グローバル・ポリティクス

（樋口 2021）。

　こうした国際情勢を背景に，1930 年代前半の連盟では，連盟はどのように
平和に貢献できるのかという本質的な議論が交わされていく。より実効的に機
能する連盟への改革を構想するために「改革委員会（Reform Committee）」が設
置され，連盟改革が議論されたのである。委員会では改革の方向性をめぐり，
大きく分けて 2 つの見解が対立した（帶谷 2019）。一つは，連盟の軍事制裁の
強化を模索する「強制的連盟（Coercive League）」の立場である。この支持者は，
連盟加盟国は今こそ足並みを揃え，ファシズム諸国に対して軍事制裁を発動す
べきであり，もしそれに失敗すれば連盟は，いよいよ集団安全保障機関として
の信頼を失ってしまうと主張した。

　もう一つの有力な主張が「協議的連盟（Consultative League）」であった。こ
の支持者は，連盟の弱さの理由は，実効的な制裁のしくみが備わっていないこ
とにあるのではなく，むしろ制裁の強化に関心を寄せ過ぎてきたことにあった
と分析した。こうした認識のもと彼らは，連盟の主たる役割は，諸国家が既存
秩序に対してもつ不満を話し合い，解決策を探るための対話のフォーラムを提
供することにあると主張し，そうした方向での改革を模索した。

5　分断された世界と国連

● 冷戦と国連

　このように 1930 年代の連盟では，規約 16 条に盛り込まれた制裁を実効的な
ものにしようとする動きと，連盟を，宥和と平和に向けた対話フォーラムへと
改編しようとする動きが拮抗し，対立した。しかし 2 度目の世界大戦が勃発し
た後，連盟の「失敗」の原因はもっぱら，その集団安全保障体制の弱さに求め
られていくようになる。

　とりわけアメリカでは，連盟に加盟しなかった 20 年前の選択への反省に立
脚し，大戦が終結した暁には，強力な集団安全保障体制を備えた新たな国際機
構が設立されなければならず，アメリカは，その中核的なメンバーとなるべき
だという意識が官民に広く共有された。アメリカ，イギリス，ソヴィエト連邦
（ソ連），中国との間で国連の骨格を決めたダンバートン・オークス会議でまと

74

められた国連草案は，国連の第一義的な目的を「国際の平和と安全を維持すること」に求め，そのために主要な役割を果たすのは，会議に参加した4カ国を常任理事国として含む安保理であるとした。のちに，フランスが常任理事国に追加された。

1945年に行われたサンフランシスコ会議で最終的に確定された国連憲章は，平和に対する脅威・平和の破壊・侵略の存否に関する判断と，それらに対してとるべき非軍事的・軍事的措置の決定権限を安保理に一元化し，軍事的強制措置のための国連軍の編成を規定した。独自の軍事力をもたず，連盟理事会に制裁に関する決定権限を一元化することもなかった連盟の集団安全保障体制への反省から，常任理事国である5大国には国際平和に主要な責任を負う存在としての特権的な地位が与えられ，集権的で強力な集団安全保障体制が規定されたのである。

しかしその後，米ソ冷戦の進行によって，国連はまたもや期待された安全保障機能を果たせなくなっていく。国連発足当初，アメリカの政策決定者の間には，国連が世界の安定に貢献する組織になるには，安保理における米ソ協調が不可欠であるという見解が広く共有されていた。しかし，米ソ関係が悪化していく中で，政策決定者たちは，国連を介したソ連との協調は不可能であるばかりか，望ましくもないという見解へと傾いた。そして，国連外交の重点を，安保理におけるソ連との対話よりも，自由主義陣営の数の圧力に訴えることができる総会におけるソ連の「封じ込め」と，憲章51条が定める集団的自衛権にもとづく安全保障条約の締結に置くようになっていった（西崎 1992）。

● **現実主義者の国連擁護論**

冷戦という国際環境にあって国連は機能不全となった——このような認識にもとづき，国連不要論が台頭する中にあって，国連がなお果たしうる役割を探求し続けたのが，モーゲンソーやニーバーら現実主義者と呼ばれた思想家・学者たちであった。国連設立当初，国連の創設によって国家間の権力闘争が終わりを告げたかのような雰囲気が広がる中で，両者は楽観論を戒める論陣を張った。しかし，米ソ冷戦が進行し，多くの人々が国連への期待が裏切られたと感じ，国連など無力だという主張へと傾いていく中で，彼ら現実主義者は，国連

75

第Ⅰ部　グローバル・ポリティクス

の「地味であって，大きなものでもないが，しかし現実的な影響力」（Morgen-thau 1951）への注意を促していったのである。

　モーゲンソーも，国連が憲章の作成者たちが期待したような集団安全保障機能を果たしていない現実を率直に認めていた。そのうえで，国連がインドやパレスチナで，戦争を防止はしなかったものの，その短期化に貢献したことなどを挙げながら，平和と安全の分野においてすら国連はまったく無力であるわけではないと強調する。冷戦という現実にあって，国連が米ソ間に，実質的な協調や協力を生み出すことに貢献できていないことは事実だが，それが東西両陣営を覆う唯一の「屋根」であることも確かである。イデオロギーや戦略的利害において対立し合う両陣営が，国連という一つの組織を共有し，交渉の窓を保っているという事実は軽視されるべきではない。これが，モーゲンソーの立場だった。モーゲンソーの国連論は，「現実主義」が，決して国家間の闘争や対立という「現実」を分析するだけの思想ではなく，そうした厳しい「現実」の中に平和や協調の可能性を発見していく思想であることを教えている（Morgen-thau 1954）。

　当時のアメリカでは，「安保理でのソ連による度重なる拒否権行使が国連を機能不全にしている」という認識のもと，拒否権を廃絶しようとする運動が展開されていたが，モーゲンソーはこの運動を厳しく批判した。モーゲンソーによれば，いかなる政治的な条件がソ連に拒否権を行使させているかを考察することこそが，重要であった。当時，国連総会の場ではアメリカを盟主とする自由主義陣営が多数派を占めていた。こうした状況にあって，ソ連が常任理事国としてもつ拒否権は，国連総会の場で少数派の立場に置かれている自分たちが多数派たる自由主義陣営に異議を唱え，多数決や総意の名の下に利益が侵害される事態を防ぐ制度的保障として機能していた。このような政治的な現実を理解せず，拒否権自体を悪とみなし，それを廃絶したところで，米ソ対立の決定的な悪化がもたらされ，米ソ間の数少ない対話の窓口すら閉ざされることになりかねない。モーゲンソーは，拒否権廃絶運動に典型的に表れた「論理的な整合性や法整備上の完璧さ」を追求する姿勢を，学問の場では美徳とされるものでも，政治の場では致命的な帰結をもたらしうるものとみて批判した（Morgen-thau 1954）。

神学者としてキリスト教現実主義と呼ばれる思想を発展させたニーバーも，拒否権廃絶運動を，「世界の複雑な諸問題を，純粋に論理的・制度的な問題に回収しようとする」「制度理想主義」と痛烈に批判した。ニーバーはいう。確かに，米ソ間に協調が存在する「1つの世界」を想定して作成された憲章の内容と，自由主義陣営と共産主義陣営との「2つの世界」の亀裂が深まっている現実との間には，大きな齟齬がある。しかし，だからといって，憲章を「1つの世界」という現実に適合的な内容に書き換えたところで「1つの世界」が現出するわけではない。むしろ，そうした行動は，国連からソ連を決定的に遠ざけ，平和を根本から揺るがすことになりかねない。憲章の中に「1つの世界」の名残が維持され続けることで，人々は，国際社会の究極的な目的は，米ソ協調を通じた「1つの世界」の実現にあるという自覚を常に持ち続けることができる（Niebuhr 1949）。

たしかに米ソ冷戦が深化する中で，拒否権をはじめ，米ソ協調への展望がもう少し明るかった時代に作成された憲章の内容の一部は，急速に時代遅れとなりつつあった。しかし，現実にそぐわなくなったからといって，憲章を改定し，米ソ協調の理念を名実ともに捨て去るべきではない。また，設立当初の憲章内容があえてそのまま維持されることによって，米ソ協調という理想が将来，実現される政治的可能性が担保される。これが，モーゲンソーやニーバーの「現実主義」だった。

6 平和をめぐる古くて新しい問い

平和を回復する道は，侵略国が現れた際，強力な制裁を行使することにあるのか，それとも侵略を行った国を含む対話に期待を託すべきなのか。拒否権を制度化している国連は，常任理事国が侵略行動に出た際でも，平和の回復に向けてなんらかの貢献ができるのか。この問いは，2022年のロシアのウクライナ侵攻以降の世界でもかたちを変えて繰り返されている。

ロシアによる侵攻から1週間後，3月2日に開催された国連総会の緊急特別会合はロシアのウクライナ侵攻への非難決議を193カ国中141カ国の賛成多数で採択した。これによって侵攻反対の国際社会の総意が示された。その一方で，

第 I 部　グローバル・ポリティクス

ロシアの軍事行動をいかに止めるかについては，諸国家で意見が分かれている。欧米諸国，そして日本はロシアに対する経済・金融制裁に乗り出したが，グローバル・サウスと呼ばれる南半球に位置する新興国を中心に，圧倒的多数の国々は，ロシアの侵略を批判しつつも，欧米のロシア制裁網に加わらなかった。もちろん，これらの国々の行動の背景には，資源のロシア依存などの戦略的な利害もあるが，利害打算のみから理解することは一面的である。2022 年のG20 サミット議長国であったインドネシアのジョコ大統領，23 年の議長国のインドのモディ首相はともに，「世界を二分してはならない」として，ロシアを国連や G20 サミットなどのフォーラムに可能な限り参加させ，平和の回復に向けた対話の糸口を探る姿勢をみせてきた。また，これらの国々には，ロシアを「平和の敵」「侵略国」として糾弾する欧米諸国は，過去に自分たちが行ってきた戦争を同様の厳しい基準で批判することはなかったという欧米のダブルスタンダードへの怒りや冷めた視線もある。

　平和や人権といった基本的な価値を踏みにじる国家は，集団的な制裁の対象とすべきなのか。あるいは，危険な国家だからこそ，多国間フォーラムになんとかつなぎとめ，その暴力的な行動を少しでも抑制する道を探るべきなのか。2 度にわたる世界大戦の反省を踏まえ，国連憲章には「戦争の惨害から将来の世代を救う」という目的が書き込まれている。この目的を果たすために，国際機構はどのような役割を果たせるのか。どのような機能を今後，発展させていくべきなのか。連盟時代からの模索は今も続いている。

さらに読み進める人のために

帯谷俊輔『国際連盟――国際機構の普遍性と地域性』東京大学出版会，2019 年。
　　普遍的な国際機構として打ち立てられた連盟が，アジアやヨーロッパ，ラテンアメリカなど「地域」とどのようにかかわったのかを通じ，〈普遍〉と〈地域〉の葛藤を描き出す。

樋口真魚『国際連盟と日本外交――集団安全保障の「再発見」』東京大学出版会，2021 年。
　　「国際連盟」「集団安全保障」といっても，時代や国によってとらえ方はさまざまだ。満洲事変から日中戦争期の日本が，連盟や集団安全保障をどうとらえていたか，その変遷を解明する。

第 3 章　国際社会は戦間期にどのように戦争をなくそうとしたか

三牧聖子『戦争違法化運動の時代——「危機の 20 年」のアメリカ国際関係思想』
名古屋大学出版会，2014 年。
　　侵略国への制裁を含め，あらゆる戦争を違法化し，廃絶しようとした戦争違法
化運動の軌跡をたどることで，国連憲章には必ずしも受け継がれなかった平和思
想の豊かな鉱脈を探る。

引用・参考文献

大沼保昭 1975『戦争責任論序説——「平和に対する罪」の形成過程におけるイデオロギ
　ー性と拘束性』東京大学出版会。

帯谷俊輔 2019『国際連盟——国際機構の普遍性と地域性』東京大学出版会。

篠原初枝 2003『戦争の法から平和の法へ——戦間期のアメリカ国際法学者』東京大学出
　版会。

西崎文子 1992『アメリカ冷戦政策と国連，1945-1950』東京大学出版会。

西崎文子 2022『アメリカ外交史』東京大学出版会。

樋口真魚 2021『国際連盟と日本外交——集団安全保障の「再発見」』東京大学出版会。

牧野雅彦 2020『不戦条約——戦後日本の原点』東京大学出版会。

三牧聖子 2014『戦争違法化運動の時代——「危機の 20 年」のアメリカ国際関係思想』名
　古屋大学出版会。

Ambrosius, Lloyd E. 2002, *Wilsonianism: Woodrow Wilson and His Legacy in American Foreign Relations*, Palgrave Macmillan.

Claude, Inis L., Jr. 1956, *Swords into Plowshares: The Problems and Progress of International Organization*, Random House.

Coates, Benjamin Allen 2016, *Legalist Empire: International Law and American Foreign Relations in the Early Twentieth Century*, Oxford University Press.

Hathaway, Oona and Scott Shapiro 2017, *The Internationalists: How A Radical Plan to Outlaw War Remade the World*, Simon and Schuster.

Hudson, Manley O. 1935, *By Pacific Means: The Implementation of Article Two of the Pact of Paris*, Yale University Press.

Lippmann, Walter 1928, "The Political Equivalent of War," *Atlantic Monthly*, 142(2), pp. 181-187.

Loveman, Brian 2019, *No Higher Law: American Foreign Policy and the Western Hemisphere since 1776*, The University of North Carolina Press.

Miller, David H. 1928, *The Peace Pact of Paris: A Study of the Briand- Kellogg Treaty*, G. P. Putnam's Sons.

Morgenthau, Hans J. 1951, *In Defense of National Interest: A Critical Examination of American Foreign Policy*, Alfred A. Knopf Inc.（鈴木成高・湯川宏訳 1954『世界政治と国家理性』創文社）.

Morgenthau, Hans J. 1954, "The New United Nations and the Revision of the Charter,"

第Ⅰ部　グローバル・ポリティクス

Review of Politics, 16(1), pp. 3-21.

Niebuhr, Reinhold 1949, "The Illusion of World Government," *Foreign Affairs*, 27(3), pp. 379-388.

Shotwell, James T. 1929, *War as an Instrument of National Policy: And Its Renunciation in the Pact of Paris*, Harcourt, Brace and Co.

Walters, F. P. 1960 [1952], *A History of the League of Nations*, Oxford University Press.

第II部

グローバル・ガバナンス

第4章　**制度は平和をもたらすのか**

第5章　**統合は平和をもたらすのか**

第6章　**経済制裁は平和のために有効か**

第7章　**国連は効果的に軍事力を伴う強制措置をとれるのか**

第8章　**武力の行使に国際的基準はあるのか**

第4章

制度は平和をもたらすのか

現在の国際社会には，さまざまな制度が存在する。主権国家が多国間条約を通じて制度を構築するという動きが本格化するのは19世紀後半以降の現象であるが，それ以前にも国際平和を確保するために，さまざまな制度化が構想されてきた。本章では，近代以降にいかなる制度構想が存在したか，とくに連盟や国連がいかなる考えにもとづいて設立されたかを中心に検討する。また，今日の国際秩序において，国連に代表される多国間の制度には機能不全もみられる。その理由は何か，多国間主義にもとづく国際秩序を構築するための必要条件は何か，ということを考えてみたい。

1 主権国家体制と「制度」

　本章でいう「制度」とは，国際連盟（連盟）や国際連合（国連）に代表される，戦争の防止を目的とするという意味での平和をめざす国際機構を指す（→序章）。諸国が条約などを通して遵守すべき規則を明確にし，さらに実施状況を監視する手続きをも整備していれば，それも「制度」と呼べる。常設化・定例化された会議体も同様であるし，国際司法裁判所（ICJ）や国際刑事裁判所（ICC）に代表される国際的な裁判所も「制度」に含むことができるだろう。ま

第Ⅱ部　グローバル・ガバナンス

た，ミトラニーに代表される，技術的・行政的な分野での国際協力を通じて平和の実現をめざす「機能主義（functionalism）」も含むべきかもしれないが，本章での検討の対象には含めていない。

1919年の連盟規約は，「締約国ハ戦争ニ訴ヘサルノ義務ヲ受諾シ」という書き出しで始まる。また1928年の不戦条約（戦争ノ抛棄ニ関スル条約）では，「国際紛争解決ノ為戦争ニ訴フルコトヲ非ト」するとしている。1899年の第1回ハーグ平和会議開催から1945年の国連設立までの約半世紀の時期は，伝統的に主権国家の権利とされてきた戦争が違法化されていく時代である（→第3章）。

そもそも，戦争を防止し，戦争の不在という意味での平和を確保するための構想（平和構想）は古くから存在する。それらの平和構想は抽象的に練られたものではなく，具体的な戦争の傍らで作成されてきた。連盟は第一次世界大戦の際のイギリス，アメリカ，フランスが，また国連は第二次世界大戦中のイギリス，アメリカ，ソヴィエト連邦（ソ連）が中心となって構想したものである。国連憲章前文が「われらの一生のうちに二度まで言語に絶する悲哀を人類に与えた戦争の惨害から将来の世代を救〔う〕」ことを誓ったのは，当時の国際社会の現実に対する痛切な反省にもとづいたものなのである。したがって，本章が扱う「制度」とは，戦争を防止し，平和を確保することを念頭に置いたもの，ということになる。とはいえ，いずれの平和構想も戦勝国の側からみた秩序構想であり，必ずしもそれらが中立で公平であるとは限らないことをはじめに確認しておきたい。

今日の国際社会において，国際平和のための制度の中核にあるのは国連であろう。しかし，冷戦期間中，国際社会は核兵器の使用を伴う第三次世界大戦の恐怖におびえる一方，国連も安全保障理事会（安保理）における常任理事国の拒否権に代表されるような大国に優位な制度設計や，国連設立直後からの冷戦構造の出現と固定化によって，期待された役割を果たすことはできなかった。その代わり，人権の国際的保障のための規範的文書・条約の作成や開発途上国への開発援助など，当初の構想とは異なる分野に活路を見出すようになった。冷戦終結後の一時期，平和活動を通じて，国際社会の平和の維持や回復に一定の役割を果たすこともあったが，21世紀になってから大国間での協調関係はかげりをみせ，2022年2月のロシアによるウクライナ侵攻を迎えることにな

る。

　主権国家体制に一定の制度を導入することで国際的な平和を実現するという考え方は，古くから存在する。とくに第一次世界大戦後の連盟設立以降，数多くの国際機構が生まれ，国際社会の制度化は進んだ。しかし，国連について，「現在までのところは徒労に終わっているが，時代のニーズに応える政治的なレゾンデートル〔筆者注：存在意義〕を求めている」（マゾワー 2015）という厳しい評価もある。したがって，制度化が国際平和をもたらしたと単純に結論づけることは困難である。本章では，国際平和のための制度がどのように歴史的に展開してきたかを概観したうえで，過去から現在に至る問題と課題を考えていくことにする。

2 主権国家体制と戦争

● 三十年戦争とウエストファリア条約

　今日の国際秩序の基礎は，1618 年から 48 年にかけての三十年戦争の講和条約である，オスナブリュック条約とミュンスター条約をあわせたウエストファリア（ヴェストファーレン）条約に求められることが多い。三十年戦争は，16世紀初頭から続く宗教改革の総決算であり，当初はドイツの領邦間の戦いであったものが，西ヨーロッパ諸国を巻き込むかたちで拡大したものである。しかし，ウエストファリア条約を通じて，一気に近代的な意味での主権国家体制が確立したわけではない。ただ，カルヴァン派を含むプロテスタント（新教）諸派の信仰が認められ，以後，カトリック（旧教）との間での宗教対立を回避する手段が講じられ，国際政治，あるいは，国家をはじめとするさまざまなアクター（主体）の間の対立や協力の基準として宗教が果たす役割を低下させたのは事実である（君塚 2010 など）。「領土の属する者に宗教も属する（宗教属地主義。*cuius regio, eius religio*）」という考え方は，1555 年のアウクスブルクの宗教平和令（宗教和議）ですでに提唱されていたものであるが，ウエストファリア条約を通じてあらためて西ヨーロッパ諸勢力間の原則とすることが確認された。今日でも内政不干渉は国家間関係の基本原則の一つであるが，他国の宗教政策に干渉しないという約束は，当時の西ヨーロッパにおいて宗教上の相違を原因

第Ⅱ部　グローバル・ガバナンス

とする戦争を回避するために重要な役割を果たしたのである。

　ウエストファリア条約調印から 3 年が経った 1651 年，イングランドの哲学者ホッブズが『リヴァイアサン』を出版した。彼は，「各人の各人に対する戦争」（ホッブズ 2022: 206）という表現を用いて人間の自然状態は「戦争と呼ばれる状態」であると考えた。国家に主権があるということで，国家より上位に立つ権力の存在は想定できなくなる。すると主権国家は，他の主権国家より上位に立とうとして無限の闘争をしかけることになるだろう。個人あるいは君主が他者との関係において常に戦争状態にあるというのは，やや悲観的な思想であるが，フランスやスペインとの対立を抱えていたイングランドの立場あるいは地理的状況から三十年戦争を眺めていたホッブズらしい分析でもある。

　ホッブズのような世界観の下で，自国の存立を確保するにはどうするか。自らが大国となって相手国よりさらに上位に立つことを試みるか，あるいは，他国が大国にならないようにするしかない。その際，大国になることをめざす相手国に対し，それを阻止するという一点において目的を共有する国と同盟を結んで対抗することで秩序の安定・回復を図る安全保障方式を「勢力均衡（balance of power）」と呼ぶ。西ヨーロッパで勢力均衡という考え方がみられるようになるのは，1688 年に始まった九年戦争のことである。九年戦争は，膨張政策をとったルイ 14 世（フランス）がアウクスブルク同盟に参加していた諸国に対する戦争であり，プファルツ継承戦争とも呼ばれる。最終的にフランスは敗北することになるが，その直後の 1701 年に起こったスペイン継承戦争の講和条約の一つであるユトレヒト条約（1713 年）以後，19 世紀後半まで西ヨーロッパでは勢力均衡にもとづく秩序維持がめざされたといってよい。

　しかし，勢力均衡という発想そのものは平和構想ではない。自国の国益の伸張をめざす国とそれを阻止する国の間では，常に戦争が発生する危険が潜む。また，18 世紀のヨーロッパでは同盟の組み替えが頻発して，同盟関係は常に諸国家，より具体的には君主たちの疑心暗鬼を生むことになり，軍備拡張の誘因ともなった（高坂 2017）。そのため，17 世紀末から 19 世紀初頭になるとヨーロッパでは宗教上の問題よりも，王位継承をはじめとして自国の領土拡張や植民地の争奪をめぐる戦争が頻発し，歴史学では「長い 18 世紀」とも呼ばれる戦争の時代となったのである。

● サン=ピエールの『永久平和論』

　1701 年に始まったスペイン継承戦争は，断絶が予測されていたスペイン王位をフランスが継承することを目論んだことで始まった。フランスがスペインをも支配するということは，フランスが大国化することになるので，それを阻止しようとしたイングランド（1707 年からはグレート・ブリテン王国）やオランダなどとの間で戦争になったものである。1713 年になって，オーストリアを除く交戦国との間でユトレヒト条約が締結されることになるが，その交渉が行われたユトレヒト会議のフランス側全権委員の秘書として陪席したのが，アッベ・ド・サン=ピエール（これは通称であり，「サン=ピエールの神父」の意。本名はシャルル=イレネ・カステル）と呼ばれる人物である。彼は，ユトレヒト会議での経験も踏まえ，『永久平和論』（出版は 1713 年と 16 年）という，ヨーロッパにおける恒久的な平和構想を提案する書物を刊行した。

　彼の平和構想の要点は，ヨーロッパの 18 のキリスト教国家（主権国家）が連合条約を結び，それを通じて常設の仲裁裁判所と議会を設置することにある。戦争の原因は条約の履行が十分に保障されておらず，またフランスとオーストリアの間での勢力均衡が不十分であるという認識が背景となっている。また，オランダには 7 つの，スイスには 13 の「主権をもつ」州があり，さらにはドイツも「主権をもつ」領邦国家によって構成されているが，それぞれが国内的な安定を達成している，という観察が発想の根底にみられる。オランダやスイスのようなしくみをヨーロッパ全体に広げれば戦争は回避できる，と考えたのである。

　州や領邦国家が，国家と同じ意味で主権的存在であるか，またサン=ピエールの構想を連盟や国連のような国際機構の原型とみるか，それとも今日の欧州連合（EU）のような（地域）統合論の文脈で理解すべきなのかについては深く立ち入らない（国際平和と統合論の関係については，第 5 章を参照）。18 世紀初頭段階のヨーロッパにおいては，まだ今日的な意味での主権国家体制が確立されていなかったからである。ただ一ついえることは，当時においてもサン=ピエールの構想は実現しなかったし，今日においても国家の主権を否定するような国際機構は存在しないし，世界規模での統合も実現していないということである。それは，なぜだろうか。サン=ピエールが主張する連合条約が実現すれば，

第Ⅱ部　グローバル・ガバナンス

ヨーロッパ全体の平和は確保されるはずである。しかし，それが個々の国家の利益に直結しているとは限らない。他国への影響力を強めようとする国家は，決して連合条約には参加しないだろう。したがって，ルソーが，彼の死後の1782 年に刊行された『永久平和論批判』で述べるように，「個別的利益（intérês particuliers）はたいてい公共と対立するものなので，公共にとって有益なものは，力によってしか導入されることはない」ため，「〔サン゠ピエールの〕計画は人類にとって暴力的で恐ろしいさまざまな手段によってはじめて行われうる」（ルソー 2020）ことになってしまうからである。

　18 世紀末になると，プロイセン（ドイツ）の哲学者カントが『永遠平和のために』（1795 年）を著す。そこでは，「国際法は，自由な諸国家の連合制度に基礎を置くべきである」ということが主張された（カント 1985）。ここでいう国際法や連合制度が，サン゠ピエールの連合条約に近いのか，それとも 19 世紀末以降の国際法やそれにもとづく連盟や国連と同じ意味でとらえてよいかについても議論のあるところだろう。いずれにせよ，「長い 18 世紀」は戦争の時代であったと同時に，勢力均衡政策を批判し，戦争や軍備の規制を唱える思想家も存在した時代だったのである。

　他方，勢力均衡をヨーロッパ諸国の力の不平等を前提としながら，秩序維持の「手段」として重要視したのが，小国スイス出身の外交官で国際法学者でもあったヴァッテルである。ヴァッテルにとって勢力均衡とは，いずれの国も他国に対して絶対的に有力となったり，他国に法を押し付けたりする状況にならない，諸国間の均衡の達成を意味し，それを通じてヨーロッパ諸国間の秩序と自由が維持されるということを意味していた（明石 2014）。このような考え方が，19 世紀になるとイギリスとオーストリアによって制度化されていった。

3　「ヨーロッパ協調」の意義

　ヨーロッパ協調とは，1815 年 6 月 9 日に調印されたウィーン会議最終議定書にもとづく，ナポレオン戦争後のヨーロッパ秩序を安定させる試みであり，ウィーン体制とも呼ばれる。これを厳密な意味で「制度」と呼べるかという問題はあるが，クリミア戦争（1853-56 年）までのヨーロッパに安定をもたらした

体制であることは確かである。また，ウィーン体制を連盟や国連の設立に代表される「国際社会の組織化」現象の起点ととらえる見方も定着している（Reinalda 2009; 細谷 2012 など）。

ヨーロッパ協調は，従来の勢力均衡を克服したわけではない。むしろ，勢力均衡が崩れて戦争の危険性が増大した際に，大国が中心となって会議を開催して事態の打開を図る，勢力均衡方式を前提とした危機管理メカニズムとでもいうべきものであった。ヨーロッパ協調が成立したそもそもの契機は，革命後のフランスがオーストリアに宣戦布告した，1792 年のフランス革命戦争に端を発する。この事態に危機感を覚えたイギリスは，大陸諸国に対仏大同盟を呼びかけた。しかし，当初は奏功せず，フランスの優位が続いた。その後の 1812 年のフランスによるロシア遠征の失敗を受けた第 6 次対仏大同盟の頃から形勢が逆転し，14 年のパリ占領に至る。同年 9 月からオーストリアのウィーンで戦後処理をめぐる会議が開催され，翌年のウィーン会議最終議定書の調印に至るのである。

ウィーン会議の目的は，ヨーロッパ地域の国境線の再調整を通じた勢力均衡の回復であった。また注目すべきは，敗戦国フランスもウィーン会議に参加したことである。1815 年 11 月 20 日の第 2 次パリ条約を通じて戦勝国側は，フランスに高額な賠償金を課すとともに，それまでに獲得した領土を放棄させるなどの厳しい態度で臨んだが，敗戦国であるフランスも巻き込むかたちで戦後のヨーロッパ国際秩序の再建と安定を図ることにしたのである。ヨーロッパ協調は，フランスも加わっていることから「同盟」ではない。また，主権国家の並存状態を前提としているので「国家連合」や「共同体」でもない。それでもヨーロッパ協調が「制度」とみなせるのは，第 2 次パリ条約と同時に調印された四国同盟条約（イギリス，ロシア，オーストリア，プロイセン）を通じて，互いの関心事項や利害を調整するのために，フランスも交えた会議の開催について合意していた点においてである。その後，フランスも同条約に参加して五国同盟条約となるが，1820 年に発生したスペイン立憲革命への対応をめぐって対立が表面化し，同盟関係そのものは崩壊した。

それでもヨーロッパ協調全体がただちに消滅したわけではなく，少なくともクリミア戦争中の 1854 年まで，ヨーロッパ協調は維持されたととらえるのが

89

第Ⅱ部　グローバル・ガバナンス

Material ① **国際連盟規約の主要条文** ╌╀╌╀╌╀╌╀╌╀╌╀╌╀╌╀╌╀╌╀╌╀╌╀╌

締約国は

戦争に訴へさるの義務を受諾し，

各国間に於ける公明正大なる関係を規律し，

各国政府間の行為を律する現実の規準として国際法の原則を確立し，

組織ある人民の相互の交渉に於て正義を保持し旦厳に一切の条約上の義務を尊重し，

以て国際協力を促進し，旦各国間の平和安寧を完成せむか為，

茲に国際連盟規約を協定す。

第10条〔領土保全と政治的独立〕　　連盟国は，連盟各国の領土保全及現在の政治的独立を尊重し，旦外部の侵略に対し之を擁護することを約す。右侵略の場合又は其の脅威 若は危険ある場合に於ては，連盟理事会は，本条の義務を履行すへき手段を具申すへし。

第11条〔戦争の脅威〕　　1　戦争又は戦争の脅威は，連盟国の何れかに直接の影響あると，否とを問はす，総て連盟全体の利害関係事項たることを茲に声明す。〔以下略〕

╌╀╌

一般的である。そもそも，5つの大国が常に協調的だったわけでもない。それぞれの会議を仕切った個人の資質や政治的立場の差もあって，会議の運営や諸懸案の解決方法について一貫性があるわけでもない。そのため，ヒンズリーは，イギリスの外交史家ウェブスターに従い，ヨーロッパの列強諸国の首脳や外相によるコングレス（会議体制）と開催地に各国が大使を派遣するコンファレンス（会議外交）を区別している（ヒンズリー 2015）。

4 連盟・戦間期・国連 —— 平和の制度化

●「連盟」構想の背景

　連盟も，そしてその後の国連も，それぞれの世界大戦後における国際秩序形成の要を担うことを期待されて設立された。とはいっても，設立を主導したのはイギリスとアメリカを中核とする特定の大国であるし，普遍的な意味での

第4章　制度は平和をもたらすのか

╋╌╋

第12条〔紛争の平和的解決〕　1　連盟国は，連盟国間に国交断絶に至るの虞ある紛争発生するときは，当該事件を仲裁裁判若は司法的解決又は連盟理事会の審査に付すへく，且仲裁裁判官の判決若は司法裁判の判決後又は連盟理事会の報告後三月を経過する迄，如何なる場合に於ても，戦争に訴へさることを約す。

第16条〔制裁〕　1　第12条，第13条又は第15条に依る約束を無視して戦争に訴へたる連盟国は，当然他の総ての連盟国に対し戦争行為を為したるものと看做す。他の総ての連盟国は，之に対し直に一切の通商上又は金融上の関係を断絶し，自国民と違約国国民との一切の交通を禁止し，且連盟国たると否とを問はす他の総ての国の国民と違約国国民との間の一切の金融上，通商上又は個人的交通を防遏すへきことを約す。

　　2　連盟理事会は，前項の場合に於て連盟の約束擁護の為使用すへき兵力に対する連盟各国の陸海又は空軍の分担程度を関係各国政府に提案するの義務あるものとす。

　　　〔注〕　実際の日本語公定訳は旧漢字カタカナ表記である。

╋╌╋

「平和」というより，これら2国を中心とした戦勝国側にとって有利な戦後国際秩序の形成と維持をめざしたという側面が強い。さらに，戦争の防止以外の意図も込められている。また，連盟も国連も「集団安全保障（collective security）」を目的としたと紹介されることが多いが，第一次世界大戦期にこの用語は存在せず「平和の保証（Guarantee of peace）」あるいは「戦争の回避（Avoidance of war）」という表現が用いられている（Yearwood 2009; Kaiga 2021）。ここでいう平和や戦争は，あきらかに「自国にとっての」という意味が込められている。

　また，連盟規約の特徴として，戦争に至るおそれがある国家間の紛争（dispute）が発生した際は，裁判や連盟への付託などを通じた平和的解決を義務づけた点が挙げられる。連盟規約の下では戦争が全面的に禁止されたのではなく，「平和的解決を試みることなく，いきなり戦争という手段をとる」ということが禁止されたにとどまる。このような，戦争が発生するまでの時間的猶予を確

91

保するという考え方は，「戦争モラトリアム」と呼ばれる。紛争の解決手段としての戦争の存在を許容しているという点で，連盟は19世紀的な伝統を受け継いでいる。しかし，イギリスの第一次世界大戦への参戦（1914年8月）以降，イギリスとアメリカの知識人階層の中で連盟構想が検討されるようになったのは，彼らの中に19世紀的外交（旧外交）への強い批判と疑念が存在したからである。伝統的に外交とは君主間の交流であり，外交使節は貴族によって担われてきた。しかし，19世紀を通じた工業化（産業化）の結果，労働者が急激に増加し，彼らの政治的存在感や発言力も増した。外交においても労働者に代表される一般的な民衆（大衆）の声が反映される必要がある。

　イギリスの初期の連盟構想を支えたグループに民主的統制同盟（Union of Democratic Control）がある。ここでいう「統制」とは「外交の民主的統制」という意味であり，具体的には秘密条約を禁止して条約を公開すること（代表的な例として連盟規約18条）と，君主は議会による承認を得たうえで条約を批准するということを意味する（ニコルソン 1968: 78-81）。言い換えれば，それまでの国王や貴族による旧外交に対し，議会を通じて国民の声を反映させ，監視する新たなる外交（新外交）の確立をめざす，ということである。

　同じような状況は，アメリカにも存在した。アメリカが参戦を決定するまで約3年間を要したのは，ウィルソン大統領が第一次世界大戦を「ヨーロッパの腐敗した権力政治がもたらしたものであり，アメリカは関与すべきではないという伝統的な孤立主義的思考」（西崎 2022: 93）にもとづいて対応していたからである。それでも最終的に参戦に踏み切った背景には，イギリスとの経済関係やドイツの潜水艦攻撃によるアメリカ側での犠牲者の発生といったこともあるが，民主主義国であるアメリカが参戦することでドイツ軍国主義を打倒し，世界規模での民主主義を実現できると考えるようになったからである。

● **戦間期の経験**

　戦間期は，さまざまな分野で条約の整備が進んだ時代であった。ただし，そのような動きはすでに19世紀半ば頃にみられ，電気通信・郵便・衛生・知的財産権（工業所有権・著作権）など技術的・行政的分野において多くの多国間条約が作成された。これらの条約を実施するために，常設の国際会議と事務局を

第4章 制度は平和をもたらすのか

備える国際行政連合も出現するようになった。1899年と1907年のハーグ平和会議も戦時国際法と紛争の平和的解決のための条約を多く作成したという意味で、国際関係の制度化に貢献したと考えることはできる。ミトラニーの機能主義は、集団安全保障が機能してこなかった一方、技術的・行政的分野での国際協力が一定の成果を上げ、むしろ、それを中心に据えたほうが「機能する平和（working peace）」（Mitrany 1943）をもたらすのではないかという点に着目したものであった。

　ただし、第一次世界大戦後は、「国際法の立法よりも、法をいかに遵守させるかという執行の面が重要であった」（高橋 2023: 38）という指摘もある。ハーグ平和会議においても国際紛争平和的処理条約が作成され、常設仲裁裁判所（PCA）の設置が合意され、さらに1921年には連盟の下に常設国際司法裁判所（PCIJ）も設置された。連盟規約では戦争の違法化が不十分であったので、規約を補完するかたちで戦争を一般的に禁止し、PCIJの義務的（強制的）管轄権を認める国際紛争平和的処理議定書（ジュネーヴ議定書）も作成されたが（1924年10月2日）、発効することなく終わった。戦争違法化の文脈で、より重要な条約は1928年の不戦条約である。しかし、この条約に対する違反を認定する手続きは定められておらず、また自衛権にもとづく軍事行動は許されると考えられていた（1931年の満洲事変に際しての日本政府の解釈など）ため、条約としての実効性という点では疑問も残る。

　そのため戦間期の安全保障は、普遍的レベルでは連盟が一定の役割を果たしつつ、中国問題を中心とするアジア情勢については九カ国条約（1922年）、ヨーロッパ情勢についてはロカルノ条約（1925年）が地域的な安全保障を担うこととなった。とくに九カ国条約は、連盟に加盟しなかったアメリカが主導して作成された条約であり、アメリカがアジアの安全保障に関与する契機になるとともに、中国との通商関係について門戸開放と機会均等を定めた、ワシントン体制の根幹となる重要な条約である。

　1920年代の国際秩序は相対的に安定したものと理解されているが、それは、連盟を含めて条約にもとづく制度が機能したからというより、第一次世界大戦を経験した諸国の中に厭戦気分が広がっていたということのほうが大きい。実際、1929年の大恐慌以降、国際関係は一気に不安定化し、やがて第二次世界

93

第Ⅱ部　グローバル・ガバナンス

Material ②　**国際連合憲章の主要条文**　―・―・―・―・―・―・―・―・―・―・―・―・―・―・―

第1条　国際連合の目的は，次のとおりである。

　　1　国際の平和及び安全を維持すること。そのために，平和に対する脅威の防止
　　及び除去と侵略行為その他の平和の破壊の鎮圧とのため有効な集団的措置をとる
　　こと並びに平和を破壊するに至る虞のある国際的な紛争又は事態の調整又は解決
　　を平和的手段によって且つ正義及び国際法の原則に従って実現すること。

第2条　この機構及びその加盟国は，第1条に掲げる目的を達成するに当っては，
　次の原則に従って行動しなければならない。

　　4　すべての加盟国は，その国際関係において，武力による威嚇又は武力の行
　　使を，いかなる国の領土保全又は政治的独立に対するものも，また，国際連合の
　　目的と両立しない他のいかなる方法によるものも慎まなければならない。

　　　　　第7章　平和に対する脅威，平和の破壊及び侵略行為に関する行動

第39条　安全保障理事会は，平和に対する脅威，平和の破壊又は侵略行為の存在
―・―

大戦を迎えるのである。

5　制度を通じた平和の確保

● なぜ「制度」か

　国連が存在する，ということが重要なのではない。国連という場を通じて問
題を改善あるいは解決しようという意思を，加盟国が維持し続けることが重要
なのである。戦間期から第二次世界大戦の時期にかけて，戦争の違法化は徹底
された。それでも違法な戦争に訴える国が消えるわけではない。問題は，その
ような国に対してどのように対応するかということである。

　連盟規約において，違法な戦争に訴えた国に対して執ることができる措置は
基本的に経済制裁のみであった（連盟規約16条1項）。これに対して国連では，
軍事力を用いた制裁（軍事的強制措置）も可能となっている（憲章42条以下）。
しかし，国際社会に「警察」は存在しない。仮に軍事的制裁措置が発動される
にせよ，それを実行するのは，やはり個々の加盟国である。自国の利益に直結

94

第4章 制度は平和をもたらすのか

を決定し，並びに，国際の平和及び安全を維持し又は回復するために，勧告をし，又は第41条及び第42条に従っていかなる措置をとるかを決定する。

第41条 安全保障理事会は，その決定を実施するために，兵力の使用を伴わないいかなる措置を使用すべきかを決定することができ，且つ，この措置を適用するように国際連合加盟国に要請することができる。この措置は，経済関係及び鉄道，航海，航空，郵便，電信，無線通信その他の運輸通信の手段の全部又は一部の中断並びに外交関係の断絶を含むことができる。

第42条 安全保障理事会は，第41条に定める措置では不充分であろうと認め，又は不充分なことが判明したと認めるときは，国際の平和及び安全の維持又は回復に必要な空軍，海軍又は陸軍の行動をとることができる。この行動は，国際連合加盟国の空軍，海軍又は陸軍による示威，封鎖その他の行動を含むことができる。

しない事態に積極的に関与したい国家は，存在しないであろう。とくに，民主的な国家であればあるほど，国民の支持が得られない軍事的制裁措置に自国の軍隊を動員するという政策的判断を下すことはきわめて困難である。また，制裁が制裁として有効であるためには，制裁を実施する側が軍事的により強力で優位でなければならない。したがって，軍事的制裁措置の実施における大国の負担は，より大きくなる。ウクライナに対するロシアの行動に対して軍事的制裁が発動できないのは，安保理でロシアが確実に拒否権を行使するから決議を採択することができないという，安保理での手続き的制約以上に，核兵器保有国に軍事的制裁を行えば，核兵器を用いた抵抗を招き，世界の破滅が確実だからである。

● **リベラル国際主義**

連盟の設立構想を主導するような，制度構築を通じて戦争の抑制が可能だと考える19世紀から20世紀にかけての知的潮流は，一般に「リベラル国際主義（liberal internationalism）」と呼ばれる。その思想的起源としては，先にもふれ

95

たサン゠ピエールなども含むことができるだろう。さらに18世紀のフランス啓蒙思想家のモンテスキューやルソーも，ホッブズの考え方に異を唱える論稿を発表した。

彼らにとって戦争の原因は，政策決定者の誤った判断であり，軍隊の存在である。だからこそ，初期の連盟構想において「新外交」，すなわち外交の民主的統制が提唱され，またハーグ平和会議に続いて連盟規約においても軍備縮小（軍縮）に関する規定が設けられたのである（8条）。リベラル国際主義の根底には，個人の道義心や道徳心が正しく作用すれば戦争は防げる，という信念が存在する。これはある種の知的エリート主義であるが，その背景には，19世紀に大衆化した大学などの高等教育機関を卒業した知識人階層の存在がある。彼らの人的つながりを通じて政策提言が行われ，政治家や官僚を動かしたのである（貝賀 2018）。

リベラル国際主義的思考は，第一次世界大戦前後から戦間期にかけての外交や国際関係の制度化において一定の影響力があった。連盟創設に加え，連盟の下においても，従来，慣習国際法とされてきたものについて国際会議を通じて明確化し，条約の作成につなげようとする動き（法典化事業）が広がる（高橋 2023）。これも，19世紀的な大国の力にもとづく外交から，条約にもとづく公正な外交や紛争の司法的な解決をめざす制度化につながったと評価できるだろう。

● リベラル国際主義と国内類推

初期のリベラル国際主義者は，なぜ外交の民主的統制を唱えたのであろうか。一つの手がかりになる言葉として，「国内類推（domestic analogy）」がある。国内類推とは，国内社会の秩序を成立させている要素（制度）を国際社会にも導入すれば，国際社会にも国内社会同様の秩序がもたらされる，という考え方である（スガナミ 1994）。国内法が，国民の選挙で選ばれた議員によって構成される立法府で形成されるように，外交（条約の締結）においても立法府が関与することを求めるのも国内類推である。条約に違反した国に他の諸国が制裁（とくに軍事力を伴う場合）を科すことは，制裁を実施する側の軍隊を国際的な警察力とみなしているという意味で，やはり国内類推である。国家間の紛争を

裁判で解決するという発想も同様である。戦間期に盛んとなる国際社会の制度化は，多くの側面において国内類推的だといえる。

　ここで注意しなければならないことは，当時の制度化がイギリスとアメリカの提案を中心にしていたということである。連盟についていえば，イギリスが第一次世界大戦に勝利し，戦後も自らの国際的地位を維持することを目的として連盟を構想し，アメリカもそれを支持していた。フランスは，イギリス提案よりもさらに踏み込み，常設の「国際軍（force internationale）」構想を提案したが，イギリスに拒否されていた。それは，この構想がもつ超国家性が理由ではなく，連盟が永続的な対ドイツ軍事同盟となってしまうことをイギリスが危惧したからである（Egerton 1978）。

　また，連盟の内部組織として理事会と総会が設置されたが，これは当時のイギリス帝国会議（イギリス本国とドミニオン〈自治領〉・植民地による定期的会議）を参考にしたものであった（Zimmern 1939）。イギリスの連盟構想を推進した一人にドミニオンである南アフリカの政治家スマッツがいる。彼が帝国支配や帝国主義の信奉者であったことは知られており（後藤 2022），結局のところ連盟設立そのものの発想は，イギリスの帝国的支配体制の維持・温存という意味での平和であった。これに対してアメリカは，第一次世界大戦を「民主主義のための戦争」と位置づけることで参戦についての国内的支持を調達し，連盟構想にも一定の支持があった。しかし，1918 年の中間選挙で共和党が多数を占めると，ロッジのような伝統的孤立主義者の発言力が増した。そして，連盟規約 10 条が議会上院に宣戦布告宣言を認めたアメリカ憲法に抵触するという理由で規約の批准を拒んだのである（西崎 2022）。ウィルソン自身はともかく，アメリカ全体としては，アメリカ自身の政治的・外交的伝統に固執して国際社会全体の平和構想の制度化という視点を形成できなかったのである。

　連盟においては，委任統治制度を通じた植民地の国際的管理制度が初めて導入された。これが，第二次世界大戦後の植民地の大量独立を通じた主権国家体制としての国際社会の地理的拡大（普遍化）の契機となったのは事実である。しかし，委任統治の対象は第一次世界大戦の敗戦国の植民地であり，戦勝国が連盟で作成される委任状にもとづいて統治を行うこととされたものである。国連の下での信託統治制度も，同様の発想にもとづくものである。第二次世界大

97

第Ⅱ部　グローバル・ガバナンス

戦後の急速な非植民地化は，植民地住民の反帝国主義的なナショナリズム（民族意識）によるものであり，リベラル国際主義が帝国主義を否定したわけではない。

　第二次世界大戦中に設立が検討された国連も，ほぼ同様である。当初はイギリスとアメリカが中心となり，さらにソ連が加わるかたちで，これらの大国の思惑がさまざまに絡み合いながら，国連は構想されていった。国連憲章の原案は，1945年2月のヤルタ会談で完成した。そこではあわせて戦後ヨーロッパでの勢力圏の確定とソ連の対日参戦についても議論・合意されていたのである。国連は「国際の平和及び安全を維持すること」（憲章1条1項）を第一義的目的に掲げている。それも，大国の利益の確保を前提としたものなのである。

●「冷戦後国際秩序」形成の問題点

　冷戦終結後，国連を中心とした多国間の制度への期待がにわかに高まった。代表的なものとして，1991年3月6日にG. H. W. ブッシュ・アメリカ大統領が行った「新国際秩序（New World Order）」演説がある。その中でブッシュは，「国連が，冷戦という行き詰まりから解き放たれ，創設者たちの歴史観を貫徹させる用意を整えるに至った。自由と人権の尊重がすべての国家で実現する」と述べている。ちょうどこの時期は，イラクのクウェート侵攻に対して，安保理の授権にもとづく湾岸多国籍軍の行動が成功し，イラクがクウェートから撤退した直後にあたる。変則的であったとはいえ，湾岸多国籍軍の成功は，国連を通じた集団安全保障に対する期待を高めるのに十分だったのである。

　しかし，ほぼ同時期に，旧ユーゴスラヴィアやアフリカ各地で発生した国内紛争に対して，集団安全保障は十分な効果をあげることができなかった。その原因はいろいろあるが，自国の国益に直結しない国内紛争に軍隊を派遣することを躊躇う動きがあったことは事実である。言い換えれば，冷戦が終結してもなお，国際社会全体の利益のために行動しようという機運は生まれなかったのである。それでもなお，国連平和維持活動（PKO）を通じて，停戦の監視や紛争後の平和構築に協力しようという動きはみられた。日本も自衛隊を派遣したカンボジア（1992-93年）や東ティモール（1999-2005年）などは，一定の成功を収めたといえる。それは，当時の安保理の中に国内紛争への関与については一

98

定の協調が存在したからである。

しかし，1999年の北大西洋条約機構（NATO）軍によるコソヴォ空爆や2003年のアメリカ・イギリスによるイラク戦争をめぐっては，安保理内部で不協和音が生じるようになる。また，五大国の協調関係の喪失が決定的となるのは，2011年のシリア内戦であろう。ロシアがアサド政権を支持する一方，アメリカ・イギリス・フランスが反体制派を支持したからである。それ以降，シリア内戦以外の案件も含めて安保理は「国際の平和及び安全」について十分な対応ができていない。

冷戦終結後の一時期において，リベラル国際主義が復権し，リベラルな国際秩序が実現したかにみえたのは，冷戦の終結の経緯とも関係がある。1980年代，ソ連の財政は危機的状況を迎え，アメリカとの軍拡競争を継続する余力はなかった。また中国も1978年以降，改革開放政策の下で経済近代化に取り組んでいたが，世界経済に及ぼす影響力は依然として限られていたうえに，1989年の天安門事件を契機に，国際的な孤立状態にあった。したがって冷戦終結後のリベラルな国際秩序は，必ずしも大国間の共通の了解や合意にもとづいて形成されたものではなかったのである。

●『新しい平和への課題』が問いかけること

冷戦終結後のリベラルな国際秩序が終わりを迎えた原因は，ほかにも考えられる。一つは，リベラルな国際秩序を支えるはずの側の諸国に，「自国第一主義」と呼ばれる動きがみられたことである。代表例としては，アメリカのトランプ政権の「アメリカを再び偉大に（Make America Great Again: MAGA）」が挙げられる。また，移民・難民政策を中心に西ヨーロッパ諸国においても，内向的・排外的な政策や民族主義的な極右政党に支持が集まるようになった。

もう一つは，一部の開発途上国が経済発展したことに伴い，より大きな政治的発言力を求めるようになったことである。植民地支配から逃れた新興諸国が既存の国際秩序に異議申し立てを行うのは，1960年代から70年代にかけての非同盟運動（NAM）や新国際経済秩序（NIEO）樹立運動にもみられた動きではある。これらの起源は，1955年にインドネシアのバンドンで開催されたアジア・アフリカ会議に求められる。国連内部においては1964年以来，「77カ

第Ⅱ部　グローバル・ガバナンス

国グループ（G77）」を構成し，総会やその下部機関である国連貿易開発会議（UNCTAD）を中心に一定の発言力を得てきた。NAM にせよ，NIEO にせよ，冷戦末期になると当初の勢いはみられなくなったが，これらの運動の先頭に立ってきた諸国の存在感があらためて注目を集めている。今日，いわゆる「グローバル・サウス」と総称される諸国のことである。

　これらの諸国がリベラルな国際秩序と一線を画そうとするのはなぜか。国際政治学者の森聡は，その理由として，国家資本主義型権威主義モデルを通じて経済成長を遂げた中国が，市場経済型民主主義とは異なる論理で対外援助を強化したこと，さらにロシアも加わりながらリベラルな国際秩序を支えてきた諸国の正統性や権威を否定するようになったことを挙げる（森 2023）。また，リベラルな国際秩序を支える側の諸国も，2008 年のリーマン・ショックに端を発する世界的金融危機への対応に追われる中で，国内における政治的・経済的分断を招いてしまったことも指摘できるだろう。さらに 2019 年からの COVID-19 による新型コロナウイルス感染症の世界的大流行（パンデミック）は，本来ならば多国間の枠組みを通じた国際協力によって対応すべき事態であった。しかし実際には，ワクチンの開発や世界規模での分配体制において，「ワクチン外交」という表現に代表されるようにリベラル国際主義勢力と中国・ロシアが鎬を削る構図になってしまった。

　とはいえ，途上国がすべてリベラルな国際秩序に背を向けたわけでもない。2014 年のロシアによるクリミア半島の一方的併合を非難する国連総会決議も，22 年のウクライナ侵攻を非難する一連の総会決議も賛成多数で採択されている。連盟規約以来のリベラル国際主義が掲げる基本的規範である，国境線の一方的変更の禁止（領土保全原則）は，植民地時代の境界線を独立後の国境線として受け入れざるをえず，今もなお国境紛争や民族問題を抱える諸国にとって，現実のロシアや中国との関係とは別に，引き続き死守すべき規範なのである。ただし，決議の内容によって数は異なるが，一定数の棄権票が投じられていることには留意する必要がある。棄権は，反対とは異なる。ロシアをあからさまに支持することはしないが，同時にリベラルな国際秩序に対して一定の距離をとるという意思表明が棄権という投票行動なのである。

　そのように考えると，今日の国際社会は，リベラルな国際秩序を支持あるい

第4章　制度は平和をもたらすのか

は維持しようとする勢力，それに対して懐疑的な勢力，さらに確信的にリベラルな国際秩序の破壊を試みる勢力に分断されているということになる。この点について，国連事務総長が 2023 年 7 月に公表した『新しい平和への課題（A New Agenda for Peace）』はかなり自覚的である（Guterres 2023）。この文書は，総会決議にもとづき，国連事務局の政務・平和構築局（DPPA）が加盟国・地域的国際機構・非政府組織（NGO）などから意見を聴いたうえで，事務総長の名前でとりまとめたものである。

　『新しい平和への課題』は，今の国際社会が平和の維持・確保のためにとるべき 12 の「行動（Action）」を掲げているが，その前提となる加盟国間の信頼関係・連帯感・普遍性が失われていることを率直に認めている。この「平和への課題」という用語は，1992 年に公表された同名の事務総長報告書に由来している。1992 年の『平和への課題』は，冷戦終結後の国際社会では多国間主義にもとづく国際秩序が実現し，先にふれた「新国際秩序」同様，国連が中心となって集団安全保障・平和維持が機能するという，やや楽観的な見通しにもとづいていた（Boutros-Ghali 1992）。その後，国連を通じた国内紛争への対応に失敗が相次いだことから，1995 年には『平和への課題・追補（Supplement to Agenda for Peace）』の公表を通じて大幅な修正を余儀なくされた（Boutros-Ghali 1995）。それから約 30 年が経過し，今回の文書では，多国間主義にもとづくリベラルな国際秩序そのものの危機に警鐘を鳴らさざるをえないところまで，国際社会の分断が進行していることを指摘する必要に迫られているのである。

6　協調的国際秩序は復活するか

　本章のそもそもの問いに戻ってみよう。制度は国際平和をもたらすか，というより，国際平和をもたらすことを目的としてさまざまな制度構築が試みられてきたが，それは成功したのか，と表現するほうが歴史的には正確かもしれない。それぞれの制度は，それらを提案した大国の思惑が強く投影されたものであって，当初から普遍的な正統性を有していたわけではないことに注意が必要である。連盟がイギリス帝国の構造を範型とし，帝国主義体制を温存しようとするものであったことはすでにふれた。設立当初の国連も同様であるが，新興

IOI

第Ⅱ部　グローバル・ガバナンス

独立国の数が増えるにつれ，帝国主義・植民地支配をめぐる規範的正統性は根底から覆ることになった。

　冷戦終結によって第三次世界大戦の可能性が限りなく低減したことで，人間（個人）に着目した開発や安全保障概念が提唱され，一定程度は定着したといえる。人権・人道分野での規範も深化・拡大をみせた。その意味では，20世紀以降の主潮はやはりリベラル国際主義だったのではないだろうか。リベラルな国際主義に疑いの眼差しが向けられ，あるいは，それを真っ向から否定するような動きまであり，国連事務総長が悲壮ともいえる問題提起をせざるをえない現状をどのように理解すればよいのだろうか。

　連盟を含む戦間期のリベラル国際主義が破綻の危機に瀕した際，リベラル国際主義を理想主義と鋭く批判した古典的現実主義者にカーがいる。彼は，リベラル国際主義的なるものを全否定し，連盟などのような「制度を通じた平和構想」を排撃しようとしたかのように理解されがちだが，それは異なる。彼は「健全な政治思考および健全な政治生活は，ユートピアとリアリティがともに存するところにのみその姿を現わす」（カー 2011: 39）と記しているのである。

　国連についていえば，設立以来，その歴史は変容と改革であった。その意味ではマゾワーが指摘するように「成功していない」のである（マゾワー 2015）。しかしそれは，国連を支える側に見識がないからではない。変転する現実に対し，理想の旗を降ろさず，なんとか強靭な国連を創ろうと試みる不断の営為こそが国連改革である。国連を通じたリベラル国際主義に翳りがみえているのは，事実である。制度が存在する以上，それに対抗したり否定したりする勢力は必ず存在する。総会での対ロシア非難決議に棄権票を投ずる諸国も巻き込み，それらの声を丁寧に拾いながらリベラル国際主義を再構成することで，制度を通じた国際平和の実現をめざし続けるしかないのである。

さらに読み進める人のために

　H. ニコルソン／斎藤眞・深谷満雄訳『外交』東京大学出版会，1968年。
　　　国家間関係の実務は外交を通じて行われる。その外交とはそもそも何かを歴史的・理論的に分析した古典的名著である。伝統的な2国間外交から国際連盟に始まる「制度」にもとづく多国間外交までを俯瞰している。

第 4 章　制度は平和をもたらすのか

西谷真規子・山田高敬編『新時代のグローバル・ガバナンス論——制度・過程・行
　為主体』ミネルヴァ書房，2021 年。
　　　近年の国際関係論においては，国際社会における規範が主権国家の間からだけ
　　ではなく，さまざまな行為主体の複雑な関係の中から形成されているととらえる，
　　グローバル・ガバナンス論が力を得ている。本書はそのようなグローバル・ガバ
　　ナンス論をさまざまな観点からとらえており，グローバル・ガバナンス論の論点
　　を幅広く扱っている。
山田哲也『国際機構論〔第 2 版〕』東京大学出版会，2023 年。
　　　国際連盟や国際連合を中心に 19 世紀後半や戦間期の動きにもふれた，国際機
　　構に関する概説的な体系書である。19 世紀以降，国際社会がどのように組織化
　　されたか，という点は国際社会における制度の存在意義と限界を知るうえで重要
　　である。

引用・参考文献 ────────────────

明石欽司 2014「『一八世紀』及び『一九世紀』における国際法観念（二）——『勢力均
　衡』を題材として」『法学研究』87 巻 7 号，1-35 頁。
カー，E. H./原彬久訳 2011『危機の二十年——理想と現実』岩波文庫（底本は 1945 年
　刊行の第 2 版の 1981 年刷り版）。
貝賀早希子 2018「遺産と新たな挑戦——第一次世界大戦前の国際連盟をめぐる平和思想
　とネットワーク」『国際武器移転史』5 号，107-126 頁。
カント／宇都宮芳明訳 1985『永遠平和のために』岩波文庫（底本は 1796 年刊行の増補版
　のドイツ語版）。
君塚直隆 2010『近代ヨーロッパ国際政治史』有斐閣。
高坂正堯 2017『国際政治〔改版〕』中公新書。
後藤春美 2022「世界大戦による国際秩序の変容と残存する帝国支配」荒川正晴ほか編
　『二つの大戦と帝国主義 I 20 世紀前半』（岩波講座 世界歴史 20）岩波書店。
サン-ピエール／本田裕志訳 2013『永久平和論 1・2』京都大学学術出版会（底本は 1986
　年刊行のフランス語版）。
スガナミ，H./臼杵英一訳 1994『国際社会論——国内類推と世界秩序構想』信山社出版
　（原著 1989 年）。
高橋力也 2023『国際法を編む——国際連盟の法典化事業と日本』名古屋大学出版会。
ニコルソン，H./斎藤眞・深谷満雄訳 1968『外交』東京大学出版会（底本は 1963 年刊行
　の第 3 版）。
西崎文子 2022『アメリカ外交史』東京大学出版会。
ヒンズリー，ハリー／佐藤恭三訳 2015『権力と平和の模索——国際関係史の理論と現実』
　勁草書房（原著 1963 年）。
細谷雄一 2012『国際秩序——18 世紀ヨーロッパから 21 世紀アジアへ』中公新書。

第Ⅱ部　グローバル・ガバナンス

ホッブズ，トマス／加藤節訳 2022『リヴァイアサン』上・下，ちくま学芸文庫（底本は1966 年刊行の英語版）。

マゾワー，マーク／池田年穂訳 2015『国連と帝国——世界秩序をめぐる攻防の 20 世紀』慶應義塾大学出版会（原著 2009 年）。

森聡 2023「リベラル覇権秩序の正統性の劣化：規範構造からみた国際秩序の変容」森聡編著『国際秩序が揺らぐとき——歴史・理論・国際法からみる変容』千倉書房。

ルソー，ジャン゠ジャック／ブレーズ・バコフェン゠セリーヌ・スペクトール監修／ブリュノ・ベルナルディ゠ガブリエッラ・シルヴェストリーニ編／永見文雄・三浦信孝訳 2020『ルソーの戦争／平和論——「戦争法の諸原理」と「永久平和論抜粋・批判」』勁草書房（原著 2008 年）。

Boutros-Ghali, Boutros 1992, An Agenda for Peace: Preventive Diplomacy, Peacemaking and Peace-keeping (Report of the Secretary General pursuant to the Statement adopted by the Summit Meeting of the Security Council on 31 January 1992): A/47/277-S/24111, 17 June 1992.

Boutros-Ghali, Boutros 1995, Supplement to An Agenda for Peace (Position Paper of the Secretary-General on the Occasion of the Fiftieth Anniversary of the United Nations): A/50/60-S/1995/1, 3 January 1995.

Egerton, George W. 1978, *Great Britain and the Creation of the League of Nations: Strategy, Politics and International Organization, 1914-1919*, The University of North Carolina Press.

Guterres, António 2023, The United Nations, A New Agenda for Peace (Our Common Agenda Policy Brief 9: A New Agenda for Peace, July 20, 2023).

Kaiga, Sakiko 2021, *Britain and the Intellectual Origins of the League of Nations, 1914-1919*, Cambridge University Press.

Mitrany, David 1943, *A Working Peace System: An Argument for the Functional Development of International Organization*, Oxford University Press.

Reinalda, Bob 2009, *Routledge History of International Organizations: From 1815 to the Present Day*, Routledge.

Yearwood, Peter J. 2009, *Guarantee of Peace, The League of Nations in British Policy 1914-1925*, Oxford University Press.

Zimmern, Alfred 1939, *The League of Nations and the Rule of Law 1918-1935*, 2nd edition, Macmillan.

第**5**章

統合は平和をもたらすのか

> 　統合は平和をもたらしうるのか。国家を超えた権威や価値は基本的に認められ
> ず，おのおのが戦争に訴える権利を留保する主権国家システムにあって，国と国
> を結んで統合させていくと，戦争のできない平和な世界になっていくのか，とい
> う問いである。本章では，ながらく統合と平和のモデルとみなされてきたヨーロ
> ッパの事例を取り上げて，平和が統合によってもたらされてきたのかを検討しよ
> う。結論としては，たとえそうであったとしても，せいぜい条件的にそうであっ
> たという控えめなものとなる。

1 問題の所在

　統合は平和をもたらすのか。直観的には，争うより合わさったほうが調和的
な世界になると想起されるかもしれない。しかし，見合い婚から世界政府まで，
もともと異なるものを結合させれば，逆に不満が高まり，不和に行きつきうる
ことも容易に想像できよう。

　したがって，統合と平和の関係を問うということは，自動的でも一方的でも
ない過程を解明し，どのような条件のもとで平和に行きつきうるのかを検討す
ることになる。その作業は，平和に関する理論との関係を考察することにつな

第Ⅱ部　グローバル・ガバナンス

がるだろう。なお，統合は広い意味では地球規模で，とりわけ経済・技術面における グローバル化という形で起きているともいえるが，本章では国際統合に的を絞ることとする。

　以下ではまず，言葉とイメージについて一定の了解を得たのち，統合のモデル事例と目されてきたヨーロッパ統合の歴史を振り返る。冷戦期，脱冷戦期，そして2022年のロシアによるウクライナ侵略開始後にまたがって統合史を検討し，平和との関連を分析する。そのうえで，平和的変動の理論との関連を検討し，統合と平和について考察することとしたい。

2 平和と統合 ── 言葉とイメージ

　平和は多義的な概念である。政治学者の中村研一によれば，それには①戦争の不在，②（人種主義や植民地支配などの不正の是正など）正義の実現，③地球環境の保全といった3つの次元がある（中村 1989: 297-341）。ここでは，国際（国家間）平和の実現に焦点を合わせる本書の趣旨に沿い，①の戦争の不在を念頭に，平和を考えていくことになる。

　他方，統合の原語である Integration は元来，数学用語の積分を意味した。19世紀末，イギリスの社会学者スペンサーが，小さな政治体が集合し，より大きな政治体へと改編される過程を指したことに端を発し，社会科学の術語となった（遠藤 2008: 史料 1-13）。ヨーロッパ統合という言い回しは，第二次世界大戦中，ドイツを世界経済およびヨーロッパに組み込む戦後構想としてアメリカで登場した。なおフランスでは，Integration の代わりに，ながらくヨーロッパ建設（Construction de l'Europe）ということばが使われた（遠藤 2024: 第1章）。

　このヨーロッパでの地域統合が国際統合の原像をなしてきた。事実として，1952年に欧州石炭鉄鋼共同体（ECSC）が設立されて以降，欧州経済共同体（EEC），欧州共同体（EC），欧州連合（EU）へと発展を続けた。それは，主権国家がその権能の一部を国際機構に預け，集合体を徐々に形成する政策事例として他地域に先行した。のみならず，国際政治学において，ハースなどの理論家が，（石炭や鉄鋼などの）政策セクターから出発し，それが次々と違う（たとえば原子力などの）セクターに波及（spill-over）することで主権国家システムを超

えて徐々に連邦国家に向かう統合過程を，新機能主義の理論のもとで体系化し*，他地域へのモデルとしたのが大きい（Haas 1958, 1961, 1964. これを比較地域主義に高めた古典として Nye 1971）。

> *　ハースの新機能主義は，後段に出てくるミトラニーの機能主義を部分的に継受し，乗り越えようとしたものである。後者の機能主義は，非政治的な（経済・社会）分野における協力を重視し，国境を超える相互依存を深めることで国家主権やナショナリズム（といった優れて政治的な要因）を相対化し，平和を確立するものだった。それに対して，前者の新機能主義は，非政治的な分野におけるセクターでの統合が他のセクターに波及していくことで，次第に政治的な統合——ひいては平和——に進む道筋を理論化した。

　このヨーロッパ統合は，何よりも平和的なプロジェクトとしてイメージされた。普仏戦争以来三度にわたり戦火を交えた独仏の骨肉の争いを止揚し，超国家的（supranational）な機構を創設することで，ヨーロッパの地に平和をもたらすとされたのである。抽象的にいえば，主権国家を飼いならし，永続的な平和を構築する構想であった。定義上，主権国家は上位権威や価値をもたず，それを土台とした主権国家システムは，平和とは相反する無政府状態と観念された。統合は，それを克服する途として意識されたのである。

　歴史的にみても，デュボア伯の国家連合案からペンの欧州議会構想に至るまで，ヨーロッパを統一して平和をもたらす企画には事欠かない。中でも，18世紀フランスの啓蒙思想家サン＝ピエール師の「永久平和論」は，ヨーロッパ連合を創設し，紛争の司法的仲裁を図ることで，まさに主権を克服し，恒久平和を打ち立てる作品だった。その系譜は，ルソーからカントへと引き継がれていったのはよく知られている（川出 2023）。つまり，ヨーロッパ統合は，理論・歴史・政策の三面から平和をもたらすものと広く考えられてきたのである。

　それは，現実にある程度裏づけされたイメージとも映る。戦後のヨーロッパは，高度な統合を果たす中で，独仏などの主要国が一度も戦火を交えることなく，平和裏に過ごした。2012 年に EU がノーベル平和賞を受賞したのは，そのイメージの証左でもあった。こうして，統合が平和と直結する前提ができあがった。

第Ⅱ部　グローバル・ガバナンス

3　冷戦，国益，統合 —— 初期ヨーロッパ統合と平和

　しかし，実際の歴史はより複雑で，統合が平和と直結するという前提は成立しない——少なくとも，「統合＝平和」という図式だけでイメージするのはまちがっている（本節および次節の記述について，詳しくは以下を参照されたい。遠藤 2013, 2016. 英語文献としては，さしあたり Milward 1993）。

● 統合の動機

　統合の動きが本格化したのは戦間期であり，第一次世界大戦がヨーロッパの没落をもたらした後のことだった。当時勃興していたアメリカや，共産主義の総本山であるソ連を意識し，独仏を中心に敵対をやめて統合し，平和を保ち，繁栄と力を維持しようとする動きが顕在化した。その最たる事例が，仏首相ブリアンによる欧州連邦案である。

　第二次世界大戦はその破綻を意味したが，米ソに対抗する第三極をつくろうとするヨーロッパの志向性は枯れなかった。つまり，平和は統合の動機の一要素として存在したものの，自らの繁栄や影響力を増進したいという意図もまた，そこには込められていた。

　統合が具体的なかたちで制度化していくのは，戦後，冷戦下でドイツが分断され，アメリカが西側の結束を後押しする中でのことであった。その過程は，国家が主導するものだった。背後に，レジスタンス時代からの欧州連邦運動が統合を後押しし，あるいは一大市場や利潤を求める経済界の働きかけがあったのは確かだが，制度化は，国家と国家が交渉して成立する条約のかたちをとった。その内実を埋め，制度を超える発展をもたらす動きの多くも，国家間の外交に依っていた（その結果，欧州統合史研究の7割がたは外交史研究のままだった〈遠藤 2011〉。この側面を理論的に政府間主義と括った体系的な書として，Moravcsik 1998）。

● 冷戦と統合

　1940年代後半，冷戦が始まった。起源はさまざまに遡りうるが，中でも

108

第 5 章　統合は平和をもたらすのか

1947 年のマーシャル・プランをきっかけに，アメリカによる支援対象から東側諸国が外れ，東西分断が進んだのが重要である。また，ソ連による介入でチェコスロヴァキアの民主勢力が潰えた 1948 年の事件も影響が大きかった。その結果として，欧州評議会（CE）が生まれ，西欧同盟（WEU）が発足した。ここに西欧統合の萌芽がみられる。

　1949 年には北大西洋条約が締結され，アメリカを盟主とする西側軍事同盟として，東側に対抗する北大西洋条約機構（NATO）が成立した。歴史的には，これを前提として，戦後の統合が制度化されていく。つまり，軍事安全保障はアメリカが中心となって担い，そこから解放されるかたちで，統合は機能的には経済・民生領域を中心に進んだ。また，地理的には西側にメンバーシップが限定されて進行し，それは事実上西欧統合となった。

● 統合＝平和ナラティヴの限界

　冷戦が激化するにつれて，アメリカはソ連（圏）と対抗する必要に迫られる。その中で，アメリカは工業力の大きい西ドイツをもはや敵視せず，逆に支援しようとする。当然フランスは，ドイツという仇敵の再興を怖れた。それに対して，フランスは当初英仏連携で乗り切ろうと試みたが，結局煮え切らないイギリスを切り捨て，逆に西ドイツを取り込んで，それを制御し，指導権を握る方向に動いた。それが，1950 年のシューマン・プラン，すなわち ECSC 創設につながった。つまり，冷戦要因，そしてフランスの対独恐怖，リーダーシップへの希求こそが，推進要因をなしたのである。またアメリカは，そのように西欧諸国が統合し，各国分断ではなく一大市場をなし，自らの援助が無駄に使われず，西欧諸国の民生が安定することを歓迎した。それにより，西側の共産主義を抑え込めるだけでなく，東側に対して効果的に対峙できるとして，一貫して西側統合を後押しした。これを「平和」の旗のもとだけで整理するのは難しい。

　いま一つの背景は，フランスの戦後経済再建である。のちに「ヨーロッパ統合の父」とも称されるモネは，戦後直後は企画庁長官の地位にあって，フランスの戦後復興に邁進していた。彼は，比較的競争力のある同国の鉄鋼業のためにエネルギー（石炭）を必要とし，それがライン河のドイツ側にあることを知

109

第Ⅱ部　グローバル・ガバナンス

っていた。そこで，独仏和解と域内平和の論理を持ち出し，その名目でドイツ産石炭を共同管理し，西ドイツの経済的覇権を制御しつつ，フランスの復興に寄与する構図を提示したのである。西ドイツは，主権国家として国際社会への復帰を優先する近道として，それを受け入れた（遠藤 2009: 152-170）。経済力をめぐる熾烈な争いと国益計算に端を発する統合の起源もまた，「平和」のナラティヴにしっくりこない。

　ヨーロッパ統合はその後，朝鮮戦争を契機に，欧州防衛共同体の建設に乗り出すが，1954 年夏，仏国民議会がそれを事実上葬り去り，結局，経済・民生面を中心に進んだ。冷戦下，アメリカの主導する NATO が軍事安全保障を担い，その枠の中で経済統合が進む分業体制は，「EC-NATO 体制」とも呼びうるものである（遠藤 1994: 注1）。これはちょうど，戦後の日本において，日米安保体制のもとで軍事安全保障をアメリカに頼ることで外部化し，それと並行して憲法 9 条による軽武装・経済成長路線を維持した「9 条＝安保体制」（酒井 1991）と類似する。

4　冷戦，脱冷戦，統合 —— 平和の条件と帰結

● 統合の進展

　1957 年には，ECSC と同じ西欧 6 カ国の間でローマ条約が結ばれ，翌年欧州経済共同体（EEC）と Euratom（欧州原子力共同体）が発足した——67 年には，諸共同体が合体し，EC となっている。そこでは，域内市場を共通化し，農業共同体を整備し，原子力関係の市場統一や共同研究を推進することが謳われ，1968 年までには関税同盟が完成した。

　1973 年にはイギリス等にメンバーが拡大し，75 年以降首脳会議が定例化され，79 年からは欧州議会に直接選挙が導入された。1980 年代半ばになると，市場統合の完成に向けて多数決を導入し，各国の拒否権に制約を加え始めた。以後多数決が他分野にも拡張され，権能も飛躍的に拡大し，執行予算も増加した。1980 年代末までには，EC はヨーロッパ政治における一つの中心になっていた。

110

第5章 統合は平和をもたらすのか

● 冷戦終結とEUの誕生

規定要因である冷戦が終焉したとき，戦後ヨーロッパ統合は根底から揺さぶられた。冷戦は，ドイツという最重要国が東西に分割され，その意味で弱体化されていたことを意味した。しかしチャーチルのいう「鉄のカーテン」が開いた暁には，同じ民族からなる両独の統一は不可避となる。したがって最重要だったのは，ドイツの強大化を押さえ込むことであった。その課題を前に，まずは渋るソ連を説得し，軍事的には統一ドイツをNATOの傘下にとどめた。さらに政治的には，マーストリヒト条約によってECをEUにアップグレードし，共通通貨（のちに2001年より流通するユーロ）によってドイツをつなぎとめた。統合は，そのような意味において，域内「平和」と結び付いた。

冷戦終結の影響はそこにとどまらない。すでにみたように，冷戦期のヨーロッパ統合は，地理的には西側に，機能的には経済に限定され，軍事安全保障は米主導のNATOに委ねてきた。しかし冷戦後，EU加盟国は東側（および北側，南側）に不可避的に拡大する（1995年旧中立国，2004，07年旧東側諸国など）。また，対米関係，軍事安全保障上の役割分担が変化した。領土防衛の面ではなおNATOが中心的な主体だが，そもそも主敵のソ連が消滅した後，それは後景に退いた。逆行して，アメリカが域外関与から手を引くに従い，外交・安全保障の領域にEUがせり出した。統合は外枠が変容する中で深化・拡大したのである。

他方，加盟国が広がった分，全会一致の決定は困難になり，遠心力が増す。それに対し，1997年のアムステルダム条約，2001年のニース条約で意思決定の簡素化・合理化を図った。さらに2004年，EUの権限と結束を強め，民主的正統性を高めようとEU憲法条約が締結されたが，翌年フランスとオランダでの国民投票で否決された。結局，憲法という意匠は取り下げられ，実質的な改正条項を残したリスボン条約が2009年に批准された。その後EUは，この条約までの諸規定にもとづいて運営されている。

こうして幾多もの挫折を経て高度に制度化が進行し，ヨーロッパ政治におけるEUの中心性は明らかとなり，域内における戦争は考えられない段階まできた。いまだ齟齬や対立はあるものの，政策決定者は，EUを前提に，その政治過程をあらかじめ織り込んで，決定していく。ここに，紛争を平和的に処理す

111

第Ⅱ部　グローバル・ガバナンス

る制度的なメカニズムができあがったとみてよい。国際政治理論家ドイッチュの言葉を借りれば，「大規模な物理的実力に訴えることなく，制度化された手続きによって社会的な問題を解決すること」，すなわち平和的変更が成立したといえよう（Deutsch 1957: 5）*。

> *　厳密にいうと，この平和的変更がもたらされる「安全保障共同体」の形成過程をドイッチュは「統合（integration）」と呼び，それを「多元型（pluralistic）」と「合成型（amalgamated）」の形成という2類型に分別した。前者は，統合される諸主体がそれぞれ自前の政府を保持し続けるもので，後者では，それが融合し，一つの政府を形成するものとされた（Deutsch 1957; Adler and Barnett 1998）。ここで取り上げたヨーロッパでの統合では，後者の型にはなりえず，強固な国民国家とその政府が存続し続けることから，本文ではとくに分別せず，前者でいう多元性を前提として議論している。
> 　仮にそれぞれに強固な国民・民族意識をもつ国同士を「合成」すると，平和・安全ではなく戦争・紛争の可能性を高めることもありえよう。「合成」された「共同体」での決定が，構造的に自前のものと思えず，押しつけられたと反発することも十分に考えうるからである。

● **域外パワーのアメリカとヨーロッパの境界**

　ただし，2点ほど留保が必要である。一つは，上記に関連し，NATOやアメリカの役割がなくなったわけではないことである。軍隊という最も暴力的な装置をみれば，それを備えているのは各国であり，あるいはNATOという軍事組織となる。EU軍創設の試みがないわけではないが，一番野心的な構想に沿っても，成立したところでNATOのせいぜい2%ほどの兵力にとどまる。イギリスが脱退した後のEUにおいて唯一の核保有国であるフランスは，ヨーロッパが軍事面でも自立すべきと考えているが，域内をまとめる力は十分ではない。逆にアメリカに軍事安全保障を依拠するEU加盟国は（とくに東側に）多い。そうした中，この分野でEU統合を進めようとすると，EU分裂に寄与することになる。実のところ，フランスですら，ドイツがNATOの枠でつなぎとめられ，暴走することがない点に，安全保障上の利益を見出している。そうした意味で，EUの基底にいまだNATO（とアメリカ）があるということもできよう。この点は，どこまで統合がヨーロッパの平和をもたらしているのかという問いと関連し，重要と思われる。

　もう一つは，冷戦後の拡大にかかわる。周知のように，EUもNATOも

第5章 統合は平和をもたらすのか

1990年代以降東方に拡大した。それが旧東欧諸国に平和をもたらした面があるのは否めない。戦間期に西側の大国が東欧諸国に安全を保証し損ねたことがその地域の戦乱に寄与したという歴史的事実に照らせば，これは軽視すべきことではない。とくに，ドイツを飼いならし，東欧諸国の間にある紛争をNATO（＋EU）の枠で抑え込んでいる点は評価すべきであろう。しかしながら同時に，その拡大は無限ではなく，ヨーロッパの境界がどこにあるのかという問題をも提起する。EUやNATOのメンバーの外に置かれた国々との関係は，この地域の平和に直結する問題である。これは，ロシアやウクライナとの間で先鋭化する。

5 ウクライナ侵攻開始後の統合と平和

● EU–NATO 体制の復権

2014年のクリミア危機で始まり，22年に本格化したロシアによるウクライナ侵攻は，ヨーロッパの地に平和ではなく戦争をもたらした（本節は，とくに言及のない限り，以下の近著にもとづく。遠藤 2024: 第10章）。これは，冷戦後の「太平の眠り」からの目覚めをヨーロッパに強いた。ロシアの脅威が再認識されたことに伴い，冷戦時代とは異なるかたちではあるものの，東西対立を再び呼び起こすものであった。

変化は如実だった。まず領土防衛の要としてNATOが復活した。侵攻開始後の2022年5月，フィンランドとスウェーデンはNATOに加盟申請をした。両国ともに自衛力への自負をもつ国だが，ロシアの赤裸々な侵略と度重なる核兵器使用の脅しに対して，同盟国の保護を求めたかたちだった。同年6月，マドリッドでの首脳会議で，NATOはロシアを「最も重要な直接的脅威」と名指した（Madrid Summit Declaration 2022: point 5）。冷戦後にロシアに対して使われた「パートナー」という位置づけは後景に退いた。いずれかのNATO加盟国への攻撃は，すべての加盟国への攻撃とみなされる中で，ロシアのさらなる攻撃を抑止する構図が明白になった。

他方，EUは非軍事分野を中心に，対ウクライナ支援，対ロシア制裁の一大主体となった。さらに経済やエネルギーの脱ロシア依存を推進していった。メ

113

第II部　グローバル・ガバナンス

ンバーシップの上でも，2024 年までには，フィンランドとスウェーデンの
NATO 加盟が実現し，EU と NATO の東方境界が再び収斂しつつあった。東
西対立の回帰を背景に，ここに，EU と NATO の調和的な分業体制（「EU-
NATO 体制」）が今一度前景にせり出し，域内についてはそのようにして平和
を保全していくことになった。

　ただし，統合と平和をめぐる物語はそこにとどまるものではない。というの
も，侵攻の開始によって，冷戦後のヨーロッパ地域秩序のあり方が議論の対象
となったのもまた事実だからである。

● **冷戦後のロシア・西側関係**

　1991 年末にソ連が消滅し，大幅に領土と勢力圏を削られたロシアがその後
継国家になってからも，その影響は長く続いた。ソ連のくびきの下にあった旧
東欧諸国は，「ヨーロッパへの回帰」と安全を希求し，こぞって NATO や EU
への加盟を申請した。結果は，1997 年と 2004 年に NATO が，04 年と 07 年
には EU が拡大し，それらの版図は東側に大きく拡張したものとなった。これ
らは，「鉄のカーテン」が消滅したのではなく，ただ東側に移動しただけでは
ないのかという疑念をもたらした。当然，ロシアは屈辱を覚え，反発した。す
でに 1994 年，当時のエリツィン露大統領は，「冷たい平和」として，拡大を進
める西側への不快感をあらわにした。21 世紀に入り，それがウクライナとい
う，ロシアにとっての精神的故郷のような国にも及ぶという展望が明らかにな
ると，西側に対する反感はさらに募ることになる（このあたりの経緯は，以下に
詳しい。Sarotte 2021: chaps. 5-6）。

● **東側諸国の包摂**

　ただし，西側諸国は並行して，ロシア敵視を抑え，さまざまな機関やフォー
ラムを通じてその包摂を図ってきた。チェチェン紛争の際に人権侵害が問題視
される中，ロシアの社会化を優先し，1994 年に欧州評議会（CE）へ加盟させ
たのは，その一例である。その翌年にはロシアが自らステークホルダーと感じ
る欧州安全保障協力機構（OSCE）を共同で創設し，まさに汎ヨーロッパ的に
安全保障を模索した。NATO もまた，拡大に先立って，1994 年に「平和のた

めのパートナーシップ」を推進し，2002年にはロシアに拒否権を与える「NATO＝ロシア評議会」を設立し，共通の安全保障を推進してもいた。さらにいえば，1997年以降，ロシアはG7の全セッションに参加し，翌年からはG8と称されるようになった。2014年には世界貿易機関（WTO）にも加盟した。

　しかし，EUが東側諸国を統合していく構図は，NATOという枠と並行して進んだ。これがどこまで平和的かという問いは残る。とりわけEUとNATOの調和的分業が明らかなとき，統合される国々は域内平和を達成しても，その枠外に置かれる国々との関係が冷却化，ひいては敵対化しうるからである。統合が平和をもたらすかどうかを検討するためには，このように域外との関係をも考慮する必要がある。

　これを理論的問題として早くから指摘していたのが，ミトラニーである。機能主義者として知られた彼は，ECSCのような政策セクターごとの統合によって，国と国との敵対的関係が平和的なものに置き換わることを期待した一方，統合が進んだ結果，その統合体が国家のようになり，域外に対しては従来の国家間関係のように振る舞うようになることを危惧したのである（Mitrany 1943, 1968: 52）。

　実践的にも，統合に課題は残る。ロシアによる侵攻開始後のウクライナをEUやNATOのメンバーに加えるべきかどうか，その帰結が平和的であるかどうか，西側諸国はまだ答えを出せずにいる。すでに2008年，NATOは将来におけるウクライナの加盟を支持し，22年にはEUがウクライナを加盟候補国としたのではあるが，その行方がどうなるのかは定かではない。その不確実性は，少なくとも部分的には，ウクライナを統合することで紛争を内に抱えることになるというリスク計算によっている。

6　平和的変更のプロジェクトだったのか

● ヨーロッパ統合と平和的変更

　こうした統合の来歴を指して「平和的変更」の一事例とする議論には事欠かない。たとえば，ポールは，平和的変更に関する巨大なプロジェクトに序文を寄せ，地域次元における最大限の平和的変更としてヨーロッパ統合を位置づけ

ている（Paul 2020: 9. ほかにも，典型的に地域統合と平和的変更を結び付ける作品として，Beeson 2020）。

　平和的変更の原像は，カーがつくったものである。力を増す現状変更勢力に対して，相対的に力を落とす現状維持勢力が歩み寄り，一定の認知を与えることで，平和を維持するという構図である（カー 2011）。

　ヨーロッパ統合の初期段階にあって，冷戦を背景にしたアメリカからの支援により力を取り戻しゆく西ドイツに対して，第二次大戦の「勝者」としてドイツ西部占領の一角を占めていたフランスが，平和裏に西ドイツを取り込み，ECSC に向かう過程を主導したのは，その一例とみなしうるかもしれない。ECSC を設立したパリ条約は，戦後西ドイツが平等な立場で参加し締結した最初の国際条約だった。これを第一次大戦後に締結された懲罰的なヴェルサイユ条約と対比することもできよう。

　あるいは立場は逆となるが，冷戦終結に伴って統一を果たし，押しも押されぬ域内大国としてベルリンの地位を含めて完全な主権を取り戻したドイツが，フランスなどに譲歩するかたちで自らヨーロッパ統合の深化に寄与した局面は，カーのシナリオとは同一ではないが，賢明な平和的変更の過程とみなしうるかもしれない。いうまでもなく，この局面で締結されたマーストリヒト条約は，戦後西ドイツの成功の象徴でもあったドイツ・マルクを単一通貨（のちのユーロ）に転換し，事実上の通貨主権をフランス等と分かち合うことを意味した。ほかにも，共通外交安全保障政策や共通市民権もまた，ドイツをヨーロッパの枠内につなぎとめておく手段とみなすことも不可能ではない。

　ハードな力の見極めと，その賢明な行使を契機としていたとしても，結果としてヨーロッパ統合は，高度な制度化を達成した。いまや4億5000万が住む27カ国の間で，共通の執行部として欧州委員会を，また民選の欧州議会をもち，年25兆円にのぼる共通予算を執行する。27のうちの20カ国が通貨までも共有し，統合の度合いでは類をみないものとなっている。そして平時でも危機でも，欧州理事会が開かれ，首脳の間で紛争処理をするメカニズムができあがっている。先に挙げたドイッチュのいう「制度化された過程による問題解決」を具現化していったともいえ，制度を重視するリベラルな立場からも，平和的変更のモデルと目される十分な理由があろう。さらにいえば，加盟国の政

治家，官僚，そして多くの市民・利益団体までもが，このEUという統治枠を前提とし，思考法を一国単位のものから多国間を含めた重層的なものへと変化させてきていることも重要であろう。その意味では，社会構成主義をとる立場からも，平和的な変更の事例とみなす余地がある。したがって，平和的変更の理論のさまざまな類型に沿って，ヨーロッパ統合を位置づける論者が後を絶たないのも頷ける（Wivel 2020: chaps. 31）。

● 平和的変更と暴力

しかしながら，これらの議論は，EUだけを単体として取り出し，その「平和」的機能を強調，あるいは誇張するもので，戦後史全体を見渡したとき疑問なしとしない。

第1に，その統合が戦後に可能となった際の軍事安全保障上の基盤を無視ないし軽視している。具体的には，ECSCの前年にNATO設立の合意がなされている事実や，ドイツが分割されていて力が削がれており，さらにその状況下で再建されたドイツ軍をNATOの枠で「統合」して抑え込んだという事実を，「平和」との関連でどうとらえるのかという視点が，上記の議論には欠けている。

第2に，冷戦という要因が抜け落ちている。その結果，戦後の統合が「西」側だけで行われ，「東」側を切り捨てた片面的なかたちで「平和」が成し遂げられたことが忘却される。その要因が冷戦終結とともに消失したのちに，統合「ヨーロッパ」の境界をどこまで延ばせるのか，「平和」の境界を片面から全面に押し広げられるのかという重大な問題に行きつくのだが，（実は片面的な）「域内」の平和ばかりみていた結果，その問題が後景に退く。その「域内」に首尾よく迎えられた旧東欧諸国にとっては僥倖であるが，「域外」に括り出された国々との関係は平和的であるかどうかという問題が残ることになる。

最後に，この第2点の問題と深く結び付いたかたちで，ロシアによるウクライナ侵攻が勃発し，その結果として東西対立と熱戦がヨーロッパの（辺境）地に戻ってきたことを，「平和」的変更との関係でどうとらえるのかという問題は避けられない。この東西対立の回帰に伴い，NATOは領域的防衛の組織として復活し，戦火の拡大を抑止するという役割を果たすことになった。さらに，

第Ⅱ部　グローバル・ガバナンス

EUにひきつけて考えると，NATOとの調和的分業体制が息を吹き返し，対露制裁，対宇支援，経済の脱ロシア化などの面で「統合」が進んでいる。この統合を「平和」とだけ直結させることは，裏側で進んでいる戦争を捨象し，その主戦場となっているウクライナを「統合」するかどうか，それが「平和」的かどうかという問題を捨象することになる。

こうして，統合が平和をもたらすかどうか，という問いには単純で一方向的な回答は許されない。その前提，境界，機能を具体的過程の中で包括的に検討することで，せいぜい条件的に平和に寄与しうるということがいいうるにすぎない。

さらに読み進める人のために ▰▰▰▰▰▰▰

遠藤乾編『ヨーロッパ統合史〔第2版〕』名古屋大学出版会，2024年。
　　ヨーロッパ統合に関する包括的な歴史書。統合と平和との関係も一筋縄ではいかないことがわかる。

L. フォーセット＝A. ハレル／菅英輝・栗栖薫子監訳『地域主義と国際秩序』九州大学出版会，1999年。
　　やや古いが，地域統合・地域主義の概念から歴史まで，比較の視座からまとめている書物。

大庭三枝『重層的地域としてのアジア——対立と共存の構造』有斐閣，2014年。
　　日本と東アジアを取りまく地域はどうなっているのか考えたい人向けの書物。

引用・参考文献 ▰▰▰▰▰▰▰▰▰▰▰▰▰▰▰▰

遠藤乾 1994「ヨーロッパ統合のリーダーシップ——ジャック・ドロールの権力と行動」佐々木隆生・中村研一編著『ヨーロッパ統合の脱神話化——ポスト・マーストリヒトの政治経済学』ミネルヴァ書房。

遠藤乾 2009「帝国を抱きしめて——「ヨーロッパ統合の父」＝ジャン・モネのアメリカン・コネクション」『思想』（特集 暴力・連帯・国際秩序）1020号。

遠藤乾 2011「ヨーロッパ統合史のフロンティア——EUヒストリオグラフィーの構築に向けて」遠藤乾・板橋拓己編『複数のヨーロッパ——欧州統合史のフロンティア』北海道大学出版会。

遠藤乾 2013『統合の終焉——EUの実像と論理』岩波書店。

遠藤乾 2016『欧州複合危機——苦悶するEU，揺れる世界』中公新書。

遠藤乾編 2008『原典ヨーロッパ統合史』名古屋大学出版会。

遠藤乾編 2024『ヨーロッパ統合史〔第2版〕』名古屋大学出版会。

カー，E. H.／原彬久訳 2011『危機の二十年——理想と現実』岩波文庫（底本は 1945 年刊行の第 2 版の 1981 年刷り版）。

川出良枝 2023『平和の追求——18 世紀フランスのコスモポリタニズム』東京大学出版会。

酒井哲哉 1991「『9 条＝安保体制』の終焉——戦後日本外交と政党政治」『国際問題』372号，32-45 頁。

中村研一 1989「平和は可能か？」宇沢弘文ほか編『岩波講座 転換期における人間 第 5巻 国家とは』岩波書店。

Adler, Emanuel and Michael Barnett eds. 1998, *Security Communities*, Cambridge University Press.

Beeson, Mark 2020, "The Regional Path to Peaceful Change: What the Asian and European Experiences Tell Us," *Ethics and International Affairs*, 34(4), pp. 535-545.

Deutsch, Karl et al. 1957, *Political Community and the North Atlantic Area: International Organization in the Light of Historical Experience*, Princeton University Press.

Haas, Ernst B. 1958, *The Uniting of Europe*: Political, *Social, and Economic Forces 1950-1957*, Stanford University Press.

Haas, Ernst B. 1961, "International Integration: The European and the Universal Process," *International Organization*, 15(3), pp. 366-392.

Haas, Ernst B. 1964, *Beyond the Nation-State*: *Functionalism and International Organization*, Stanford University Press.

Madrid Summit Declaration 2022, Issued by NATO Heads of State and Government participating in the meeting of the North Atlantic Council in Madrid, 29 June 2022 (https://www.nato.int/cps/en/natohq/official_texts_196951.htm).

Milward, Alan 1993, *The Frontier of National Sovereignty: History and Theory 1945-1992*, Routledge.

Mitrany, David 1943, *A Working Peace System*: *An Argument for the Functional Development of International Organization*, Oxford University Press.

Mitrany, David 1968, "The Prospect of Integration: Federation or Functional?" in Joseph S. Nye Jr. ed., *International Regionalism: Readings*, Little Brown and Company.

Moravcsik, Andrew 1998, *The Choice for Europe: Social Purpose and State Power from Messina to Maastricht*, Cornell University Press.

Nye, J. S. 1971, *Peace in Parts: Integration and Conflict in Regional Organization*, Little Brown.

Paul, T. V. 2020, "The Study of Peaceful Change in World Politics," in T. V. Paul, Deborah Welch Larson, Harold A. Trinkunas, Anders Wivel, and Ralf Emmers eds., *The Oxford Handbook of Peaceful Change in International Relations*, Oxford University Press.

Sarotte Mary E. 2021, *Not One Inch: America, Russia, and the Making of Post-Cold War Stalemate*, Yale University Press.

Wivel, Anders 2020, "Peaceful Change in Western Europe: From Balance of Power to Po-

第Ⅱ部　グローバル・ガバナンス

litical Community?" in T. V. Paul et al. eds., *The Oxford Handbook of Peaceful Change in International Relations*, Oxford University Press.

第**6**章

経済制裁は平和のために有効か

今日の経済制裁は，国家による制裁，国連による制裁，特定の組織による制裁，企業による制裁など多岐にわたる。その目的は法や組織のルールに違反した相手に行動や政策の変更を迫ることにあるが，懲罰や報復としての制裁も多く，対抗措置を招いて熾烈化する傾向がある。本章では古くから外交手段として用いられてきた経済制裁を理論と実践から考察することによって，経済制裁は国際の平和の回復・維持に有効なのかについて考える。

1 なぜ経済制裁を行うのか

● 経済制裁のさまざまな種類

　最も古い経済制裁は古代アテネのペリクレスが都市国家メガラに対して行った貿易禁止（「メガラ布令」，紀元前 432 年）とされている。その後も対外戦略の一環としての貿易制裁の実施は，イギリスがオランダ船とその船員の貿易からの締め出しを狙った「航海条例」（1651 年），ナポレオンによる「大陸封鎖令（ベルリン勅令）」（1806 年），南北戦争で北軍が実施した海上封鎖「アナコンダ計画」（1861-65 年）などに代表される。太平洋戦争前には，アメリカが日本の在米資産を凍結（1941 年 7 月）したことで日本は貿易決済が自由に行えなくなり，

121

第Ⅱ部　グローバル・ガバナンス

結局アメリカは対日石油禁輸を実行した。こうした一連の措置は，戦争と深く結び付いている。メガラ布令はペロポネソス戦争（紀元前 431-404 年）の遠因になり，航海条例は英蘭戦争（1652-54 年）を引き起こした。

　近年で最も有名な事例は，第 4 次中東戦争の際に石油輸出機構（OPEC）が実施した石油減産・禁輸措置（1973 年）だろう。これによって第 1 次石油危機が生じた。その後も，イランのアメリカ外交官人質事件，ソヴィエト連邦（ソ連）のアフガニスタン侵攻，大韓航空機追撃事件，中国の天安門事件，イラクのクウェート侵攻，朝鮮民主主義人民共和国（北朝鮮）のミサイルおよび核実験の際にも経済制裁が発動されており，事例は枚挙に暇がない。

　今日の経済制裁には，国家が国内法にもとづいて独自に実施する単独制裁，国際連合（国連）が国連憲章にもとづいて安全保障理事会（安保理）の決議を経て発動する国連制裁，世界貿易機関（WTO）や欧州連合（EU）やアフリカ連合（AU），米州機構（OAS）などの特定の組織による多国間制裁，企業が独自の判断で実施する制裁や企業が国家に働きかけて実施する民間主導の制裁などがある。また，国際サッカー連盟（FIFA）や国際パラリンピック委員会などの国際的なスポーツ団体や文化団体が，被制裁国の選手を追放したり，出場停止にしたりするケースや，被制裁国のアーティストのイベント参加を拒絶するなどして，特定の団体が国家主導の制裁に加わるケースもある。

　制裁の対象は国家のみならず，テロリストなどの特定の組織や，経済制裁の履行をせずに被制裁国を支援する団体や企業なども対象に実施されてきた。

　一般的に制裁を実施する側は制裁を受ける側より「優位」な立場にあり，制裁を受ける側の行為が社会のルールに反していたか否かを判断する立場にあることが多い。国際社会のルールとは，国際法，2 国間および多国間の国際的な約束，慣習国際法などの法的なルールもあれば政治的なルールもある。この政治的なルールというのが厄介で，組織のメンバーの間に何がルールなのかについての共通の認識（たとえば，国際の平和と安全の維持）が存在する場合もあれば，制裁する側（国家や企業など）がルールを決める場合もある。この場合は，懲罰や報復の色合いが濃いため，恣意性が高い。

　また，「非公式な」制裁もある。制裁発動のためには，国連の場合は安保理決議が必要であり，アメリカの場合は議会立法や大統領令が必要だが，非公式

な制裁は政府当局が公布することなく行う。これは主に中国が用いる手法である。他者のある行為を自国の価値や政策への挑戦と判断した場合に，中国政府はなんらかの合図（cue）を出し「「愛国心」のボタンを押すとも表現される〈Li 2019〉，それによって中国市場で特定の商品の不買・拒否・排斥運動が起きる（キュー制裁〈cued sanctions〉）。たとえば，中国の反体制派の劉暁波にノルウェー政府がノーベル平和賞を授与した直後にはノルウェー産サーモンの不買運動が起こり，韓国がアメリカから供与されたミサイル防衛システム（THAAD）の配備を検討し始めると，中国全土で活況を呈していたロッテマート（韓国資本の小売店）は閉鎖された。

　このように，制裁は必ずしも法的な根拠にもとづいて発動されるわけではなく，自らの利益に反する事態が起こった（起こる可能性がある）場合に，政治的な判断によって発動される（Jentleson 2022）。

● **経済制裁の多様な目的**

　経済制裁の目的はそれを実施する主体によって異なるが，主に，法，慣習といった社会の規律に反した者（国家に限らない）に戒めを与え，規律の遵守を強制し，彼らに行動変容や政策変更を迫ることにある。また，国連による南ローデシアに対する制裁（1968-79 年）や南アフリカへの制裁（1977-94 年）のように，自決権を無視した少数白人による支配や人種隔離政策（アパルトヘイト）など，人権や民主主義といった普遍的な価値を無視した政策に対しても制裁が科されてきた。

　今日では，国際社会の覇権争いの目的で制裁が発動されるケースが目立つ。トランプ政権以降の米中間の制裁の応酬にみられるように，自国の経済利益はもちろんのこと，国際社会での地位，安全保障や外交上の利益を脅かすと判断した場合には，ただちに制裁をかける傾向が強い。国家が国際政治上の利益を追求するために，あらゆる経済的手段を用いて行う「エコノミック・ステイトクラフト」（Baldwin 2020）のうち，最も明確に政治的意思を示す「攻め」の手段が経済制裁である。グローバル化した経済ネットワークを背景に，国家は，国家間の相互依存関係を武器化（weaponizing interdependence）して地政学的な目的を達成しようとする（Baldwin 2020; Farrell and Newman 2019）。

第Ⅱ部　グローバル・ガバナンス

他国に援助を与えることによって自国への経済的な依存度を高めたり，関係性の変化に応じて援助額を減らしたり，援助を中止したりすることによって相手を思う方向に動かす目的もある（Baldwin 2020）。国家は経済的な「アメとムチ」を巧みに使い分けて外交を展開してきた。

近年では，制裁発動国が自国の管轄外の第三者に対して，制裁への協力を強制する目的で科す「二次制裁」も目立つ。たとえば，アメリカは，アメリカ製の部品やアメリカがライセンス供与した技術を使用している外国企業，ドル建て取り引きを通じて制裁国と取り引きを続けている世界中の銀行や企業などに対して域外適用を主張する二次制裁を率先して発動している。イラン制裁やロシアの資源パイプラインをめぐっては，域外適用を主張するアメリカと，主権を擁護するヨーロッパとの衝突が緊張の火種になってきた。

2　戦争と経済制裁

● 戦争の違法化と経済制裁の組織化

古来より，国家間の紛争を解決する手段として戦争が用いられてきたのは，相手の違法な攻撃に対抗して行う正義のための戦争は肯定されるという考えに拠るものだった。18世紀には，国家間の紛争の決着のつけ方として戦争を用いることは主権国家の権利であるといった考え方が支配的になった。この考え方は，主権国家の独立・平等を強調する，いわゆる無差別戦争観と呼ばれる。この戦争観のもとでは，交戦国を平等に扱うことを中立国に要求することで経済制裁の可能性は排除されていた。つまり，中立国は交戦国の一方に肩入れして貿易を行うと共戦国とみなされたほか，交戦国の一方に貿易制裁を科せば公平の義務に対する違反になり，交戦の許可を与えることになった（Hathaway and Shapiro 2017）。戦争が合法である一方，経済制裁は違法というのは現代では理に合わないが，この中立のルールは18世紀末までは厳密に守られていた（Hufbauer et al. 2008）。

しかし，世界規模の惨禍を経験した国際社会は，戦争の開始手続きや戦闘方法にいくら縛りをかけても，戦争自体が合法とされたままでは国際社会の平和と安全は確保できないと考えた。そこで，第一次世界大戦後は無差別戦争観の

第6章 経済制裁は平和のために有効か

考えを改めて、戦争に訴える権利や武力行使の規制を試みた。

パリ講和会議（1919年）の後に設立された国際連盟（連盟）では、加盟国は戦争に訴えないという義務を受諾した。そして、国交断絶に至るおそれのある紛争が発生した場合には、加盟国は、仲裁裁判や連盟理事会の審議に付託しなければならず、そのような努力を経ずに戦争に訴えてはならないとした（戦争モラトリアム）。

連盟では、国家間の戦争を防ぐための勢力均衡（Balance of Power）に代わる方策として集団安全保障の概念が導入された。連盟規約に違反して戦争を行った国は、他のすべての加盟国に対して戦争を行ったものとみなし、他のすべての連盟国は即時の全面的な経済制裁を実施するよう義務づけた（連盟規約16条1項）。しかし、中小国を中心に、経済制裁を実施することは負担が重すぎるとの主張が有力になったことから、規約違反の戦争があったか否かは各加盟国が判断すること、また経済制裁は軽微なものから段階的に実施されうることとした。

連盟規約16条にもとづいて制裁が発動されたのは、1935年のイタリア－エチオピア戦争の際のみである。連盟理事会はイタリアのエチオピア侵攻を連盟規約違反とし、総会は武器弾薬や軍用機材などのイタリアへの輸出を禁止した。しかし、石油や石炭、鉄などの戦略物資の禁輸は最後まで行われなかった。また、禁輸を徹底するための陸上や海上における密輸防止措置も講じられることはなく、イタリアによるエチオピア併合を阻止できなかった。

このように規約上・運用上の欠陥はあったものの、連盟期の経済制裁は次の点で重要である。第1に、かつては戦争の補助的な手段だった経済的な措置が国際社会のルール違反を制止するための独立した手段になったことである。第2に、軍事的措置に比べて経済制裁が直接的な殺戮を伴わないという理由で（当時は）人道上望ましく、違法行為に対処するに際してまず経済制裁に訴えるべきであるという考え方が、これ以降定着したことが挙げられる。

連盟にできなかった戦争の違法化を達成したのが、1928年の不戦条約である。この条約は、その後の国際法における戦争の違法化、国際紛争の平和的処理の流れを作るうえで大きな意味をもったが、条約違反に関する制裁は規定されていなかった。また、侵略の定義がなされておらず、経済制裁（ボイコット、

125

第Ⅱ部　グローバル・ガバナンス

拿捕や敵性資産の没収など）が戦争に含まれるのか否かも明らかにされていなかった。加盟国は原則として自衛権を保持していることが交渉の過程で繰り返し確認されていたほか，戦争に至らない武力行使，国際的警察活動（海賊やテロリストの取り締まり，とくに他の締約国内での武力行使を伴うもの），中立国の権利義務など不明確な点も多く含んでいた。

● 国連による経済制裁

　周知の通り，不戦条約では第二次世界大戦の勃発を防ぐことはできなかった。その反省から，再びの戦争を防ぐために設立された国連では，国際紛争の平和的解決を義務づけ，武力による威嚇または武力の行使を一般的に禁止した。とはいえ，国際社会に紛争はつきものである。そこで国連は，武力行使の権限は，安保理が平和に対する脅威，平和の破壊または侵略行為に関する紛争の解決のためだけに行使しうるとした。すなわち，条件付きで国家の固有の権利としての自衛権を認めはするものの，安保理が必要な措置をとるまでの間に限る（国連憲章51条）としたのである。こうして，戦争行為は原則として違法とされ，きわめて例外的な場合にのみ許されるものとなった。

　第二次世界大戦後に設立された国連による集団安全保障制度は，連盟の経験を克服するかたちで作られており，主に以下の特徴をもつ。

　第1に，連盟の下で禁止されたのは，紛争が発生した際に連盟理事会などに付託せずに戦争に訴えることだったのに対して，国連では戦争だけでなく武力による威嚇や武力の行使をすべて禁止している。

　第2に，国連において集団安全保障体制が整備された。ここに，加盟国が自国の安全を国際機構に委ね，万一侵略を受けた場合には加盟国全体が被侵略国を援助し，侵略国に立ち向かうという集団安全保障体制のしくみが成立した。国際の平和と安全の維持を危うくするおそれのある紛争が発生した場合には，紛争当事国はまず交渉，仲介，調停，仲裁裁判，司法的解決など平和的手段による解決を求めなければならない。平和的手段が尽くされてもなお，平和に対する脅威，平和の破壊または侵略行為が存在すると認められるときは，安保理は適当な勧告または経済制裁措置や軍事的措置といった強制措置を決定することができる。

126

第6章　経済制裁は平和のために有効か

　第3に，国連では安保理中心の集権的な構造と手続きによって，安保理の決定が加盟国を法的に拘束する。連盟では，経済制裁に関する理事会の権限についての規定はなかった。また，連盟の加盟国は決定の一部を実施するだけでもよく，次第に強めるかたちで実施してもよかったのに対して，安保理が経済制裁の発動を決定した場合には，全加盟国がその決定に従う法的義務を負うことになった。安保理が採択した決議を加盟国が「受諾し且つ履行することに同意」（国連憲章25条）し，履行することによって国連の集団安全保障体制は維持されている。

　また，近年の特徴として第4に，非国家主体も国連の経済制裁の対象になっていることである。2001年のアメリカ同時多発テロ以降，国連憲章に従う義務を負っていない特定の組織（テロリスト，団体，企業など）による被制裁国の違法行為を支援する行為が平和に対する脅威，平和の破壊または侵略行為に該当する場合が増えた。国連による経済制裁は厳密に違反行為のみに対してだけでなく，より広く実施される強制措置になっている。

　今日，国連が国際の平和と安全を維持または回復するためにもちうる強制措置は，非軍事的措置，いわゆる経済制裁（国連憲章41条）から軍事的措置（国連憲章42条）まで多岐にわたる。軍事的措置をとる場合として，経済制裁では不十分であろうと認識した場合を挙げているが，必ずしも経済制裁をとった後でないと武力を行使できないというわけではない。経済制裁と武力行使の関係には，実際には曖昧さが存在する。

　安保理決議による非軍事的措置は，兵力の使用を伴わないあらゆる措置を指す。国連憲章41条は，「安全保障理事会は，その決定を実施するために，兵力の使用を伴わないいかなる措置を使用すべきかを決定することができ，且つ，この措置を適用するように国際連合加盟国に要請することができる」としている。具体的な措置には，経済制裁（財政・金融上の措置，貿易・通商上の措置，渡航の制限および禁止措置，武器禁輸措置）に加えて，鉄道，航海，航空，郵便，電信，無線通信その他の運輸通信の手段の全部または一部の中断，外交上の制限（外交および領事関係の制限や断絶，国外退去処分，自国大使・公使の召還など），不承認主義，非難・抗議（非難声明や決議，名指し非難など），内部的制裁（組織の権利・特権の停止，投票権などの便益の剝奪など）などが含まれる。

127

第Ⅱ部　グローバル・ガバナンス

Column ③　**経済制裁データベース**　◇•◇•◇•◇•◇•◇•◇•◇•◇•◇•◇•◇•◇•

　　国連，地域機関，個々の国家が，国際の平和と安全に対する課題に対処したり，外交政策の目標を推進したりするために経済制裁を利用するケースが増えている。

　　国連経済制裁についての情報は安保理のウェブサイト（https://www.un.org/securitycouncil/sanctions/information）から入手できる。スイスにあるジュネーヴ国際・開発高等研究所／国際・開発研究大学院（Geneva Graduate Institute）は国連制裁に関する学術的・政策的研究の拠点である。国際政治学者のビアステッカーが進めている "Targeted Sanctions Initiative" は国連制裁の質的・量的分析，制裁政策のマニュアルや書籍の発表，セミナーの開催のほか，制裁分析のソフトウェアの開発を行っており，制裁アプリ *UNSanctionsApp*（https://unsanctionsapp.com）は毎年更新されてており，現在は，第7版である（2024年10月時点）。また，単独国家として最も頻繁に制裁を実施してきたアメリカでは，商務省，国務省，財務省が，それぞれの権限で制裁を発動している。商務省国際貿易局の「統合スクリーニングリスト（CSL）」（https://www.trade.gov/consolidated-screening-list）では，それらの主要制裁リストを一括で検索できる。EUによる制裁の情報は「EUSANCTデータベース」（https://sanctionsplatform.ohchr.org/record/20861）や「EU Sanctions Map」（https://sanctionsmap.eu/#/main）から入手できる。解除，改訂，追加される制裁を把握するのに便利である。

◇•

　　冷戦後の国際社会では経済的な相互依存関係が増したこともあり，経済制裁が頻繁に用いられるにつれて，それに伴う一般市民への影響を問題視する声が大きくなった（Weiss et al. 1997）。とくに，対イラク制裁（1990-2003年），対旧ユーゴスラヴィア制裁（1991-96年，1998-2001年），対ハイチ制裁（1993-94年）でみられたような当該国の無辜の人民への人道的な影響は議論を呼び，とくに集団安全保障体制の下で実施される国連制裁への批判が高まった。

　　そこで，経済制裁にもルールが必要と訴えたのが研究者である。経済制裁の運用の際に，かつて戦争の惨禍を制限することをめざした「正戦論（Just-War Theory）」の規範を当てはめて制裁に規制をかける議論がもたれた（Christiansen and Powers 1995）。経済制裁の倫理性を配慮した政策が，いわゆる「ターゲット（スマート）・サンクション」である（Cortright and Lopez, 2002; 本多 2013）。

128

第 6 章　経済制裁は平和のために有効か

本来制裁を受けるべき対象（たとえば，為政者など）に措置を絞り，一般人への
影響を回避する政策である。

3　経済制裁の今日的展開

● スマート・サンクションへ

　今日の制裁は包括的なものはなく，すべてが部分的な措置の戦略的な組み合
わせである（Cortright and Lopez 2000; Biersteker et al. 2016）。過去の 26 の事例
のうち 62％ は国連平和維持活動（PKO）との併用，58％ は地域機構による法
の執行や国際刑事裁判所（ICC）との連携，50％ は元戦闘員の武装解除・動員
解除・社会復帰（DDR），46％ は武力による威嚇とともに実施されている（UN
SanctionsAPP 2020）。また，制裁対象を絞って一般市民への影響を回避し，か
つ，制裁期間を短く設定して履行と影響の監視などを行うスマート・サンクシ
ョンが科されている（Cortright and Lopez 2002; Biersteker et al. 2016）。

　スマート・サンクションは欧米の研究者主導で進められてきた政策であり，
対イラク制裁の終盤からようやく安保理内で議論が始まった（Cortright and Lo-
pez 2002）。当時の国連は，包括的制裁によるイラク国民の人道状況悪化への
手当てとして，イラクの石油を売却することで得た収入の一部を人道物資の購
入に充てる「石油と食糧交換プログラム（Oil-for-Food Program）」を実行してい
たが，人道状況は思うように改善せずにいた（本多 2013）。そのような状況下
で，一般市民への影響の回避は国連にとって解決すべき重要な問題となってい
た。

　スマート・サンクション具体化への大きな流れをつくったのが，スイス政府
によって開催された会議，「インターラーケン・プロセス I，II」（1998-99 年）
と，ドイツ政府と研究機関，そして国連の共催による会議「ボン‐ベルリン・
プロセス」（2000 年）である。これらの会議では，スマート・サンクションの
理念に沿った措置として，金融制裁，武器禁輸と渡航措置について議論がもた
れた。その後，スウェーデン政府がウプサラ大学と共催した「ストックホル
ム・プロセス」（2001-02 年）では一連の会議を総括するとともに，制裁の履行
と監視の実効性を高める方策に重点が置かれ，安保理，制裁委員会，加盟国，

129

地域機構，国際機構，研究機関，企業，非政府組織（NGO）の代表者が参加した。制裁措置別に提言と行動指針が作成されたほか，とくに制裁委員会には制裁の履行状況の把握と任務の透明性が要請された。加えて，履行の実効性を高めるためには各国の国内法の整備が必要であることから，加盟国と国連機構との連携，地域機構と国際機構との協力関係の構築，研究機関や NGO からの情報提供と協力の重要性が強調された。会議の成果は 2003 年に安保理に提出された。

　安保理は各国の制裁の履行状況を監視するために，また人道上の理由による例外を認めるために，補助機関として制裁委員会を設置する。スマート・サンクションの主な措置として，個人や団体の在外資産の凍結，海外渡航禁止などが科される。措置が決定された場合には，制裁委員会が制裁対象となる人物や団体のリストを作成する。制裁の実効性を上げるためには過不足なく迅速にリストをつくること，個人名や団体名称の変更，偽装団体に対応することが肝要である。

　しかし近年，個人や団体が誤ってリストに掲載されるケースがみられる。制裁リストは安保理理事国によって作成されることから，リストへの掲載あるいは削除，人道的免除条項の適用（たとえば，資産の凍結でリストに掲載された者が食糧や医療品を購入するために財産が必要な場合には，一定の条件の下で制裁を免除すること）を決定する際の政治性が誤掲載の原因とされる。そこで，2006 年の安保理決議 1730（S/RES/1730）以降は誤情報によってリストに掲載された場合や，対象者が掲載対象の企業や団体と関係を断った場合に，リストからの削除の要請を直接受け付ける窓口（フォーカルポイント）が設置された。そのほか，リストから外す際に請願者と対話して審議するオンブズパーソン制度も導入された。冷戦後の制裁件数の増加に伴って制裁にかかわる専門的な組織が設立され，業務内容と役割が徐々に整備されている。

● 主な手段としての金融制裁

　現在の経済制裁は，実施する主体が異なっても，すべてがスマート・サンクションであり，相手を過度に追い詰めずに交渉の余地を残しつつ制裁解除への道を模索するように設計されている。とりわけ金融上の措置は資産の凍結や金

融取引の禁止など資本取引に制約を加える方法であり，一般人への被害を抑え
つつ，被制裁国の為政者や側近の官僚とその家族に負荷をかけることができる
ことから積極的に活用されている。具体的には，制裁国内の対象者の借り入れ，
信用供与，株式などの発行，対象者資産の被制裁国への移送の禁止などの措置
が含まれる。たとえば，資金を凍結する前提として真の口座保有者を有責者と
判断することが必要だが，制裁対象者は匿名や偽名で預金や送金を行うことが
多く，口座の特定は難しい。口座所在地国の協力なしには困難なのだが口座の
機密性保持は金融取引の前提であることから，金融機関や口座所在地の協力が
得られない場合は多い。だからといって，金融機関が用途の明らかでない送金
元に資産凍結を幅広く行うと，一般市民の経済活動に支障をきたすことになり
かねない。そのため，金融制裁を正確かつ効果的に科すためには，制裁の担い
手（政府や金融機関）による十分な調査と，地域機構や国際機構との情報共有が
必要である。

　金融制裁特有の難しい点として，まず金融資産は物品の輸出入とは異なり，
国際的な移動や隠蔽（いんぺい）が容易であることが挙げられる。また，制裁の対象者がオ
フショア金融センター（規制や税制面などで優遇されている国際金融市場）やタッ
クス・ヘイヴン（租税回避地）と呼ばれる顧客の口座情報の開示に非協力的な
国家や地域の銀行に資産を移動する可能性があることや，仮想通貨などへの対
応も十分でないことから，抜け道が多いことが指摘できる。さらに，制裁対象
者と関係のある企業や団体が名称を変えたり，別会社を設立したりして活動を
引き続き助けることによって，制裁対象者の追跡が困難になることなども挙げ
られる。

　近年実施されている金融上の措置は経済協力開発機構（OECD）による多国
間枠組みなどと連携しており，履行状況に不備のある国家名を公表するなどの
遵守メカニズムが整備された結果，一定の実効性を確保しつつある。

● **安保理の機能不全と協働制裁への展開**

　金融制裁は，2022年2月末にウクライナに侵攻したロシアへの主な制裁措
置として科されている。ロシアの行為は明らかな国際法違反であるにもかかわ
らず，ロシアによる拒否権の行使によって，安保理では非難はおろか経済制裁

第Ⅱ部　グローバル・ガバナンス

すら決議できない状況にあることから，制裁の実施主体は EU や G7 を中心とする西側の国々である。

とくに EU や G7 による金融上の措置，武器禁輸，渡航関連の措置はかつてないほど厳しく，それぞれの措置が戦略的に組み合わされて迅速に実施されている（ここでは協働制裁と呼ぶ）。今回のロシアへの制裁は，安保理の決議なしでも実質的な多国間制裁ができることを示したケースである。

ロシアへの貿易規制，金融上の規制，渡航規制などの一方的な制裁が国際法上合法なのかについては議論がある。2 国間条約との整合性は常に問題になるが，それは個別の事例ごとに異なるので，ここでは多国間条約の WTO 協定との関係についてふれておく。ロシアは自国への貿易規制が WTO 協定，中でも関税及び貿易に関する一般協定（GATT）とサービスの貿易に関する一般協定（GATS）に違反するとして何度も反発している。たしかに，ロシアへの最恵国待遇の停止と物品の輸出入禁止は GATT の条項（1 条 1 項，11 条 1 項）にそれぞれ抵触する。しかし，日本を含む 14 の WTO 加盟国は，「我々それぞれが『自国の安全保障上の重大な利益の保護のために必要である』と認める」（2022 年 3 月の GATT 21 条の適用）と反論し，GATT 上の義務と抵触しても同条項に該当する措置は合法としている。

ここで対ロシア制裁の特徴を挙げておきたい。第 1 に，ロシアが世界のエネルギーの主要な供給国で大きな経済規模をもつことから，ロシアによる対抗措置と長引く戦争は燃料，肥料，食糧の値上がりによって世界の金融市場，工業生産，物流に複合的な影響をもたらしている。第 2 に，主要国の中央銀行がロシアの大手・中堅の銀行の国際銀行間通信協会（SWIFT）からの排除が挙げられる。第 3 に，大規模な民間企業による経済活動のボイコットが挙げられる。贅沢品からファストフードに至るまで 1000 以上の外国企業がロシア市場から撤退した（2023 年末時点）。また，近年では民間企業が政府を動かす官民共同制裁も目立つ（宮脇 2017）。第 4 に，広範囲で多様な主体による制裁がロシアの報復制裁（たとえば，EU や NATO に接近する旧ソ連諸国に対する燃料輸出や農業品の輸入停止）を激化させている点がある。第 5 に，今回の対ロシア制裁が EU にとっての制裁政策の大きな転換点になった点が挙げられる。EU はこれまで 20 年以上にわたってアメリカによる威圧的な制裁を批判してきたが，このた

びの EU 制裁はアメリカの科し方に近い。

そして最後に第 6 の特徴として，協働制裁の調整の早さが挙げられる。たとえば，EU と G7 はタスクフォースをただちに組織して，ロシアの新興財閥（オリガルヒ）の財産を凍結した。そして，EU は，EU 域内で凍結されているオリガルヒの財産とロシア中央銀行の資産から生じる利子や配当など（25-30億ユーロ）をウクライナ支援に充てる案を承認した（2024 年 6 月）。日本もロシアに対する制裁を強化し，米欧の制裁措置と足並みを揃えている。

このように，厳しい制裁にもかかわらず，ロシア経済は持ち堪えている（2024 年 10 月時点）。ロシアのような権威主義国は政権幹部，国民，メディアへの統制が効きやすく，一丸となって外部からの圧力に対抗する傾向をもつ。また，豊富なエネルギー資源，大量破壊兵器やサイバー攻撃の使用で脅す外交戦略，安保理常任理事国という立場もロシアの経済を下支えしている。経済のグローバル化によってモノやサービスを供給するさまざまな経路ができたことから「抜け穴」の実態を把握することはさらに困難になり，制裁が効きにくい状況を作り出している。

4 経済制裁は平和のために有効か

● 経済制裁の実効性を左右する要因

経済制裁をめぐって盛んに議論されるのが「制裁に効果はあるのか」という実効性の問題である。これは国際政治学での中心的な問題であり，他方で，国際法学からは「制裁は合法か」が問われる（合法性の問題）。誰が誰に対してどのような目的でどのような種類の制裁措置を科すのかは，その時々の国際環境や関与国の政治に左右されるし，どのような指標で効果を測るのか，倫理的配慮をどのように考慮するのかについては，研究者の間でも意見が分かれる。本節では，成功と失敗の二分法から抜け出すためにも，制裁の効果を左右する要因について検討する。

経済制裁は，外交的な圧力よりは強いが武力行使ほど直接的なダメージを与えない中間的な措置，あるいは，使い勝手のよい政策手段とする認識が一般的である。研究者の中には，経済制裁は「軽い叱責のような効果しかもたず政策

133

第Ⅱ部　グローバル・ガバナンス

を変換させるような大きな変化は期待できない」（Elliott 1998; Pape 1997）と評価する者もいる。しかし，効果がないのであれば，さまざまな主体が自らの経済にも負荷がかかる政策をこうも頻繁に実施してきた理由が説明できない。そこで本節では，国家，国際機構，特定の組織が制裁の実効性を高めるために考慮に入れる諸要因と諸条件について，可能な限り例を挙げながら整理する。以下は過去の事例から明らかになった制裁の実効性を左右する要因や条件であり，国家，地域および国際機構による経済制裁のいずれにも共通するものである。

　第1に，制裁実施国への被制裁国による貿易依存度が挙げられる。被制裁国の経済が実施国との貿易に依存する度合いが高いほど制裁による影響は大きい。

　第2に，被制裁国の貿易代替手段，第三国（者）からの支援，闇市などの抜け穴の存在の有無が挙げられる。安保理は北朝鮮に対して，2006年以降20回近く制裁決議を採択してきた。決議には，核開発やミサイル発射にかかわった団体・個人の資産凍結，北朝鮮による石炭，鉄，鉄鉱石，海産物の輸出の全面禁止，石油精製品の北朝鮮への輸出の制限，北朝鮮への運搬車両や産業機械の輸出の全面的禁止が含まれている。しかし，安保理決議の曖昧さから加盟国には解釈の余地があり，「合法的な抜け穴」が存在している。中国と中国を拠点とする北朝鮮の企業（団体）は，禁輸された製品の公海上での船舶間の積み替え（瀬取り），北朝鮮労働者の中国残留と本国への送金，北朝鮮ハッカーの保護，技術インフラとインターネット接続の提供などを通じて「制裁潰し」に関与しているとみられている（Jentleson 2022）。また，2009年の設置以来15年にわたって，北朝鮮の制裁破りを調査してきた専門家パネルは，2024年4月末で活動を停止した。ロシアの拒否権によって任期の延長が阻まれたからである。これによって国連の監視が弱まることが懸念される。

　第3に，被制裁国の経済の規模が挙げられる。被制裁国の国民所得が小さいほど経済制裁は実効性を発揮するが，経済の規模が大きい国への制裁は効きにくい。たとえ外貨が少なくても金や資源などの決済手段を大量に保有する国は輸出ができなくなっても輸入が止められない限り必要物資を購入できる。そのような決済手段はやがて枯渇していくが，その間に被制裁国は代替取引国を探したり，代替輸出品を開発するための時間を稼いだりすることができる。

　第4に，被制裁国の政治体制がある。すでに述べたように，権威主義国や共

産主義国に制裁は効きにくい。

第5に，被制裁国の対抗措置の有無がある。被制裁国による対抗措置は制裁の応酬を生む。経済制裁が相手への多大な圧力となった結果，戦争にまで発展する可能性がある。

その他に制裁の実効性に影響する要素として，不測の事態の発生を挙げておきたい。経済制裁が科されている最中に自然災害が発生したり，被制裁国内で反政府やゲリラによる活動が活発化したり，隣国との武力衝突が勃発したりした場合には，被制裁国はそうした非常事態に対処するために手持ちの外貨や金を消費しなければならなくなり，経済制裁の効果を相乗させる場合がある。

● 国連制裁の実効性における特有の要因

国連による経済制裁の場合には先に述べた要因に加えて，集団安全保障体制下で実施される制裁ならではの実効性を左右する要因がある。

第1に，安保理理事国（とくに常任理事国）と被制裁国との関係は制裁の行方を左右する。理事国間で意見の一致があれば決議に含まれる制裁内容は厳しいものになる。たとえば，常任理事国の国益が絡まないアフリカ諸国への制裁，テロなどの理事国にとって共通の脅威への制裁，第三国を牽制（けんせい）するような見せしめとしての制裁は，厳しい内容になる傾向がある。他方，常任理事国に被制裁国と親密な政治関係，経済関係がある場合の決議は容易に採択されないか，採択されても弱い内容の制裁（対北朝鮮，対シリアなど）になる。

第2に，国連加盟国の履行の程度が挙げられる。国連による経済制裁は，当事者を除いたすべての加盟国による決議の履行が義務づけられていることから，即効性があると思われがちだが，決議を忠実に履行する国は多くない。加盟国の中には自国の経済が脆弱（ぜいじゃく）で制裁に加わる能力が低い国もあれば，自国の経済的・政治的利益を優先して履行を怠る国もいる。いかに緻密に策定された制裁でも履行が不十分であれば実効性は低下する。経済制裁は，実は「おつきあい」の側面が強い（中谷 2022）ともいわれる。制裁の実効性は，「おつきあい」で制裁に加わっている国がどの程度決議を履行するかに委ねられているが，何ら措置をとらないことが当事者に誤ったメッセージを伝えることにもなる。

第3に，国連以外が実施する制裁措置との兼ね合いがある。過去26件の国

連制裁のうち，81％は単独の国家（圧倒的にアメリカ，次にイギリス）による制裁とともに科され，77％は地域的機構（圧倒的にEU）による制裁とともに実施されている（UNSanctionsApp）。国連制裁とあわせて実施される国連外の制裁との相乗効果を見込める場合もあれば，逆の場合もある。

　第4に，被制裁国や隣国，関連諸国（実施国も含む）の一般市民への影響に対する配慮が実効性を左右する。被制裁国の多くは制裁実施前から脆弱な経済状況にあるため，制裁をかけることによって飢餓や貧困の状況がさらに悪化する場合がある。実施国数が多い国連制裁はなおさら人道面への配慮が求められる。国連が経済制裁を実施する際には一般市民向けの医療品や病院用品，宗教上の行事に必要な物品，15歳未満の児童や妊産婦に不可欠な食糧品や被服などを制裁品目から外すことが求められている（「戦時における文民の保護に関する1949年8月12日のジュネーヴ条約〈第4条約〉」23条）ほか，すべての人々に医療品などのサービスを提供すること，差別を理由にサービスを蔑ろにしてはいけないことも求められる（「経済的，社会的及び文化的権利に関する国際規約」12条）。国連経済制裁の難しさについて，かつての国連事務総長アナンは「平和の維持と人権の保護の任務を負う国連に対してジレンマを突きつけた」（Annan 1998）と発言している。

● 経済制裁の評価をめぐる議論

　制裁の成否は，社会科学一般に共通することだが，計量分析だけで決定しうるものではない。成否を左右する要因は，関与する国（者）の意思と能力と関係がある。すなわち，経済的困窮に耐える力，自国が正当であると確認する度合い，国民の結束力の程度などによって差が出る。さらに，関連国（者）が政治的経済的利害損失をどの程度広く，かつ長期的に計算に入れて行動するかによっても影響を受ける。そのため，多くの国々を動員して経済制裁を実施し，被制裁国の対外経済活動のほとんどを停止したにもかかわらず，被制裁国が抵抗を続ける場合は多い。

　すでに挙げたような実効性を左右する諸要因を操作して実効性を上げる環境を作り出せれば，経済制裁の目的を達成できる可能性は高くなる。好環境によって被制裁国の違法行為の停止・変更を引き出した事例として，イギリスによ

第6章 経済制裁は平和のために有効か

る対イラン制裁 (1951-52 年), ソ連の対フィンランド制裁 (1958 年), OAS に
よる対ドミニカ制裁 (1960-61 年), アメリカによる対イラン制裁 (1979 年), ア
メリカ・EC などによる対ポーランド制裁 (1981 年) などがある (Elliott 1998;
Pape 1997)。他方, 効果を上げる要件が揃っても成功しなかった事例として,
米英などによる対日本制裁 (1938-41 年), コミンフォルムの対ユーゴスラヴィ
ア制裁 (1947-53 年), アメリカの対キューバ制裁 (1960 年以降) などが挙げられ
る (宮川 1992; Rosenberg 2016)。

　ここで挙げた, いわゆる成功例の中には, これまで最も多くの経済制裁を実
施してきたアメリカによる事例が目立ち, その成功率は高い。2001 年 9 月 11
日に起きた同時多発テロ以降のアメリカによる事例を評価したデータによると,
22 件のうち 9 件すなわち 40.9% が成功として評価されている (Rosenberg et
al. 2016)。アメリカによる経済制裁をまったく評価せずに成功率を低く評価す
る研究 (Pape 1997) もあるが, むしろこれは例外である。多くの研究者は, そ
の成功率は 33% 程度あるとみなしている (Hufbauer et al. 2008)。野球にたとえ
るなら 3 割の打率になり, 素晴らしいシーズンとなるが, この数字をどう評価
するかは国家による。

　他方, 国連による経済制裁の実証研究は, 過去 26 件 (1991-2020 年) の制裁
事例のうち 39% は実効性があったとみなしている (UNSanctionsApp)。これは
単独国家による制裁の成功率と比べて高い数字だが, 国連による経済制裁の場
合は間接的な効果も含めて評価されている点に留意しなければならない。間接
的な効果とは, たとえば, 被制裁国 (者) の行動のエスカレーションを抑制し
たり, 国際社会から団結した強い非難のメッセージを伝えたり, 違法行為に対
して団結するよう求めたり, 国際社会に対して違反行為を知らしめたり, 第三
国が類似行為を繰り返さないよう自制を促したりするなどの限定的な効果が含
まれる。国連による経済制裁は, 相手の行動を強制的に止めたり, 変えたりと
いった大きな目的を達成するというよりは, 国際秩序を維持するための抑止的
な目的として使用されている。その目的に照らせば, 実効性はまずまずという
評価である (Cortright and Lopez 2002)。

　国連による経済制裁として一定の評価を受けている事例として, 対南ローデ
シア, 対南アフリカ, 対アンゴラ (アンゴラ全面独立民族同盟〈UNITA〉, 1993-

137

第Ⅱ部　グローバル・ガバナンス

2002年）制裁などがある。ただし，経済制裁単独ではなく，その他の措置と外交努力が組み合わされた結果，一定の効果を上げたとみなされている。たとえば，対南ローデシア制裁のように人種差別的入植少数派による政権（スミス政権）を終わらせた場合でも，経済制裁よりも武力解放闘争が重要な役割を果たしたことが指摘されている（Wallensteen and Nincic 1983; 中谷 1987-88）。また，対南アフリカ制裁でも，武器禁輸措置に加えて，安保理以外の機能，たとえば国連憲章の原則に照らしてアパルトヘイト政策を放棄するよう南アフリカ政府に繰り返し訴えた総会，事務総長による外交，国際司法裁判所（ICJ）による勧告，加えて，アパルトヘイトの非人道性に国際社会の関心を向けさせた各国政府やメディアを含む世論の形成や，市民社会による反アパルトヘイト活動などが功を奏したとされている。

　他の手段との組み合わせとはいえ，経済制裁は一定の成果を上げてきたにもかかわらず，国連による経済制裁への世論の評価は厳しい。その理由の一つとして国連の集団安全保障体制への過度の期待が挙げられよう。国連は何でも解決してくれる組織のように期待されがちだが，安保理で採決された決議は加盟国の受諾と履行がなければ効果が見込めないし，国連の集団安全保障体制は機能しない。経済制裁は，集団安全保障体制そのものがもつ限界との関係において本質的な問題を孕む。連盟から国連へと変わり，集団安全保障体制がはるかに整えられた現在でも，国連が抱える問題は変わらない。

● 経済制裁の有効性を問う

　本章では，経済制裁は国際平和の回復・維持のために有効なのかという問いの答えをみつけるために議論をしてきた。経済制裁は平和のための万能薬ではない。しかし，すでに検討したように，経済制裁の多用は，国際社会において武力行使および威嚇という手段が禁止されているからという消極的な理由からではない。経済制裁は，国家間の相互依存関係が深化した現在において，一定の効果が期待できる強制措置である。たとえ発動する側が意図したような政権転覆や政策変更をもたらさないとしても，違反国（者）の行動や政策を是正あるいは抑止する効果や政権を不安定化させる効果はもつ（Marinov 2005）。また，制裁の実効性を上げるために単独ではなく，他の外交手段と組み合わせて戦略

的に科したり，措置の実効性を上げるための諸要因を操作したりするなどして好環境を作り出すことはできる。

ただし，経済制裁は効果を追求するあまり，被制裁国の態度を硬直化させたり，対抗制裁を招いたり，対抗措置が制裁の応酬に発展したりという可能性は多分にある。古代アテネによる経済封鎖がスパルタとのペロポネソス戦争につながったように，あるいは，アメリカによる対日制裁が日本の真珠湾攻撃と対米開戦を引き起こしたように，戦争に発展する可能性は否めない。厳しい経済制裁はまた，対象国を罰するのと同時に，その国の人々を貧困に陥れ，飢餓の苦しみから暴動さえ誘発して暴力的である。

多くの国が実施または協力してこそ経済制裁の効果が出る。しかし，制裁を実施できるのは，経済力のあるアメリカや一部のヨーロッパの国などに限られる。多くの途上国は，欧米が発動する一方的な制裁に協力どころか警戒心を抱く傾向もある。これは，現在の国際社会ではどうしても克服できず，現状を打開する効果的な処方箋も今のところ存在しない。

現在，経済制裁の実施に関与する国連の諸機関，加盟国，地域機構，企業などが参加して，多国間制裁が有効に機能するための「ガバナンス」をつくるべく議論している。グローバル・ガバナンスの形成は先行き不透明だが，経済制裁が国際の安全と平和のためどころか危険な武器とならないように，制裁を制限するための新しい国際ルールを策定するときがきている。

さらに読み進める人のために

デヴィッド・A・ボールドウィン／佐藤丙午監修，国際経済連携推進センター訳『エコノミック・ステイトクラフト──国家戦略と経済的手段』産経新聞出版，2023年。

　　経済的手段で相手を思う方向に動かす外交戦略を「エコノミック・ステイトクラフト」と定義し，学術的に議論したボールドウィンによって1985年に出版された本の新版。現代の国家による「相互依存の武器化」を理解するのに役立つ。

ブルース・W・ジェントルソン／本多美樹訳『制裁──国家による外交戦略の謎』白水社，2024年。

　　アメリカ，中国，ソ連／ロシアによる制裁，国連やEUによる多国間制裁など，さまざまな制裁を理論と実践から分析している。著者は，天安門事件後の中国に

第Ⅱ部　グローバル・ガバナンス

制裁を行ったクリントン政権やイラン制裁を行ったオバマ政権で，米政府の政策に関与した。

臼井実稲子・奥迫元・山本武彦編『経済制裁の研究──経済制裁の政治経済学的位置づけ』志學社，2017年。

　　国際法，国際関係論，地域研究など多様な視点から現代の経済制裁を理論と方法からひもといた著書。北朝鮮制裁の専門家パネル委員を務めた山本武彦やジュネーヴ高等国際開発院のピアスティカーも執筆している。

引用・参考文献

篠原初枝 2010『国際連盟──世界平和への夢と挫折』中公新書。

瀬岡直 2023「国際連合における拒否権の本質的制約──ウクライナ情勢におけるロシアの拒否権行使をめぐって」日本国際連合学会編『地域安全保障と国連』（国連研究　24号）国際書院，103-130頁。

中谷和弘 1987-88「経済制裁の国際法上の機能とその合法性──国際違法行為の法的結果に関する一考察」1～6『国家学会雑誌』100巻5・6号，7・8号，11・12号，101巻1・2号，3・4号，5・6号。

中谷和弘 2022「経済制裁の国際法構造」日本国際問題研究所『経済・安全保障リンケージ研究会中間報告書』41-50頁。

本多美樹 2013『国連による経済制裁と人道上の諸問題──「スマート・サンクション」の模索』国際書院。

宮川眞喜雄 1992『経済制裁──日本はそれに耐えられるか』中公新書。

宮脇昇 2017「『民』の経済制裁」臼井実稲子・奥迫元・山本武彦編『経済制裁の研究──経済制裁の政治経済学的位置づけ』志學社。

山田卓平 2021「経済制裁の法的規律──対ロシア制裁の検討」『龍谷法学』53巻4号，129-157頁；54巻1号，167-201頁。

山田哲也 2023『国際機構論入門〔第2版〕』東京大学出版会。

Annan, Kofi 1998, The Causes of Conflict and the Promotion of Durable Peace and Sustainable Development in Africa, *Report of Secretary General to the United Nations Security Council*, p. 25.

Baldwin, David A. 2020, *Economic Statecraft*, New edition, Princeton University Press（佐藤丙午監修，国際経済連携推進センター訳 2023『エコノミック・ステイトクラフト──国家戦略と経済的手段』産経新聞出版）.

Biersteker, Thomas J., Sue E. Eckert, and Marcos Tourinho eds. 2016, *Targeted Sanctions: The Impacts and Effectiveness of United Nations Action*, Cambridge University Press.

Christiansen, Drew S. J. and Gerard F. Powers 1995, "Economic Sanctions and the Just-War Doctrine," in David Cortright and George A. Lopez eds., *Economic Sanctions: Panacea and Peacebuilding in a Post-Cold War World?* Westview Press.

第 6 章　経済制裁は平和のために有効か

Cortright, D. and G. A. Lopez eds. 2000, *The Sanctions Decade: Assessing UN Strategies in the 1990s*, Lynne Rienner.

Cortright, D. and G. A. Lopez eds. 2002, *Smart Sanctions: Targeting Economic Statecraft*, Rowman & Littlefield.

Elliott, Kimberly Ann. 1998, "The Sanctions Glass: Half Full or Completely Empty?" *International Security*, 23(1), pp. 50-65.

Farrell, Henry and Abraham L. Newman 2019, "Weaponized Interdependence: How Global Economic Networks Shape State Coercion," *International Security*, 44(1), pp. 42-79.

Hathaway, Oona and Scott Shapiro 2017, *The Internationalists: And Their Plan to Outlaw War*, Penguin（野中香方子訳 2018『逆転の大戦争史』文藝春秋）.

Hirschman, Albert O. 1981, *National Power and the Structure of Foreign Trade*, Expanded edition, University of California Press（飯田敬輔監訳 2011『国力と外国貿易の構造』〈ポリティカル・サイエンス・クラシックス 8〉勁草書房）.

Hufbauer, Gary Clyde, Jeffrey J. Schott, Kimberly Ann Elliott and Barbara Oegg 2008, *Economic Sanctions Reconsidered*, 3rd edition, Peterson Institute for International Economics.

Jentleson, Bruce W. 2022, *Sanctions: What Everyone Needs to Know*, Oxford University Press（本多美樹訳 2024『制裁——国家による外交戦略の謎』白水社）.

Li Yuan 2019, "China's Political Correctness: One Country, No Arguments," New York Times, October 11.

Marinov, Nikolay 2005, "Do Economic Sanctions Destabilize Country Leaders?" *American Journal of Political Science*, 49(3), pp. 564-576.

Mudler, Nicholas 2022, *The Economic Weapon: The Rise of Sanctions as a Tool of Modern war*, Tale University Press.

Pape, Robert A. 1997, "Why Economic Sanctions Do Not Work," *International Security*, 22(2), pp. 90-136.

Rosenberg, Elizabeth, Zachary K. Goldman, Daniel Drezner and Julia Solomon-Strauss 2016, *The New Tools of Economic Warfare: Effects and Effectiveness of Contemporary U.S. Financial Sanctions*, The Center for a New American Security.

UNSanctionsApp https://unsanctionsapp.com/

Wallensteen, Peter and Miroslav Nincic 1983, *Dilemmas of Economic Coercion: Sanctions in World Politics*, Abbey.

Weiss, Thomas G., D. Cortright, G. A. Lopez and Larry Minear eds. 1997, *Political Gain and Civilian Pain: Humanitarian Impacts of Economic Sanctions*, Rowman & Littlefield.

第**7**章

国連は効果的に
軍事力を伴う強制措置をとれるのか

前章は，国際連合（国連）ならびに国家による経済制裁について議論し，それが効果的に機能しているかについて，疑問を呈した。本章は，もう一つの制裁の手段であり，第二次世界大戦後の展望として国際の平和を乱す国家への主要な制裁手段であった，軍事的な制裁措置について議論する。とくにこの章では，国連による，軍事力を伴う制裁措置について論じる。第二次世界大戦後も形態を変え，大小さまざまな規模で生じ続けている紛争に対し，国連は効果的に軍事力を伴う強制措置を行えるのか。この問いに対し，法的・制度的な面と，その執行の現実という両面から検証していきたい。

1 国連憲章に組み込まれた強制力

● 国連憲章の中の強制措置

国際連合（国連）は，前身の国際連盟（連盟）に強制力が足りず，第二次世界大戦を防げなかったという反省をもとに，国際の平和を乱す国家に対する制裁についての規定が盛り込まれた憲章をもつ。この制裁を決定する中心に設定されたのが，第二次世界大戦終戦時の大国5カ国を常任理事国とし，ほか10カ国を非常任理事国（設立当初は6カ国）とする安全保障理事会（安保理）であ

143

第Ⅱ部　グローバル・ガバナンス

る。

　制裁は，介入される国家の同意を必要としない強制措置であり，国連憲章第
7 章に規定がある。まず憲章 39 条の下，安保理が「平和に対する脅威」，また
は「平和の破壊又は侵略行為」の存在を決定するところから始まる。同じ 39
条により，事態を処理するために必要な勧告をすることができる。さらに，こ
の 39 条の認定によって 40 条以下の措置をとることができ，多国籍軍を派遣し
たり平和活動を展開させたりすることができるので，39 条は強制措置の入り
口であり，要であるといえる（山本 2008: 78）。

　それにもとづき，40 条の暫定措置の要請や，41 条の経済措置を含む兵力を
伴わない措置をとることができる。厳密にいえば，40 条の暫定措置は，安保
理が強制措置の適用についての決定を下すまでの間に事態が悪化することを防
ぐための緊急的・一時的な措置として，「平和に対する脅威」や「平和の破壊
又は侵略行為」の認定以前に適用することを認めるものである。これはあくま
で暫定的な措置であり，国連としては加盟国に措置をとるように要請はできて
も強制措置とはいえない。

　ただし，暫定措置をとるよう要請された関係者がそれを拒否した場合，国連
は拒否したという事実を考慮することになっており，それが強制措置の内容に
かかわる可能性はある。この措置は，強制措置について合意できない加盟国も
事態の認定なしで使用できる条項として，かなり融通を利かせて使用された。

　たとえば，1948 年のパレスチナの情勢に関する安保理決議 54 では，40 条に
言及したうえで，関係する諸国にさらなる軍事行動の停止と停戦を命じた。
1960 年のコンゴ動乱に際して第 15 回国連総会で議論が行われた際には，40 条
の解釈と適用の妥当性についての短い議論が行われ，安保理決議 143 では法的
根拠にはふれずに平和維持軍が送られた。この他に，チュニジア，キプロス，
インド・パキスタンについての安保理や総会の議論においても，40 条に言及
したものがある（UN 1967: 215-222）。

　40 条は，時に強制措置の機能に近いかたちで明示的・黙示的に使用される
こともあった。とくに冷戦期に強制措置より融通の利く条項として使用された。
平和維持活動に始まる平和活動の少なくとも一部について，憲章 40 条の黙示
的使用であるという説を唱える学者もいるが，そもそも平和維持活動が 40 条

第 7 章　国連は効果的に軍事力を伴う強制措置をとれるのか

を法的根拠とするかどうかという議論自体に実質的な意味がないとする学者もいる（尾崎 2009）。

● 2種の強制措置

ある事態が一度「平和に対する脅威」や「平和の破壊又は侵略行為」であると認定されると，大きく分けて2種類の強制措置をとることができるようになっている。まず経済措置を含め，兵力を伴わない措置が先に検討されるべきであり，これが41条の措置である（→第6章）。41条の措置で不十分であろうと認めた場合，またはそう判明した場合には，42条が適用できる。

42条の兵力を伴う強制措置，すなわち軍事的措置を可能にするために，43条の国連の常設軍の構想があった。安保理と加盟国または加盟国群との間で特別協定を締結し，加盟国のもつ兵力，援助および便益を安保理に提供し，これを国連が利用して軍事的強制措置を行うというものであった。さらに，45条，46条，47条では，安保理常任理事国の参謀総長またはその代表者で構成される軍事参謀委員会が，特別協定にもとづいて提供された各国の兵力の使用に関して安保理に助言や援助を与え，安保理がその使用計画を作成すると規定されている。また，兵力の指揮については，47条3項で，「後に解決する」ということのみが規定にある。

これらの条項からみられるように，国連創設時の構想としては，国連の集団安全保障体制の要は，特別協定にもとづいて加盟国から提供された憲章上の国連の常設軍を組織して，国連自らが42条にもとづく軍事的措置をとるということにあった。これは，連盟時代の集団安全保障体制が軍事的制裁を義務的なものとせず，連盟理事会の権限は各国に武力行使を勧告できるのみであった教訓から，国連では憲章第7章を基盤として武力行使の決定と執行に関する権限を安保理に集約し，個別国家による武力行使を違法化するとともに，集団安全保障体制の実効性を確保しようとしたものである（山本 2008）。

しかし，この国連の常設軍を実現するための交渉は冷戦下ではうまくいかず，43条の特別協定も現在まで締結されていない。そもそも米ソ2つの大国が対立する冷戦下では，常設軍というのは実現可能性の限りなく低い構想であったといわざるをえない（佐藤 2011: 2）国連は，その集団安全保障の中核となる常

第Ⅱ部　グローバル・ガバナンス

設軍の創設というところで最初から躓（つまず）くこととなった。このような中で，国連は43条に頼らない強制力のかたちを模索していった。

2　軍事的強制措置と安保理授権による多国籍軍

● 軍事的強制措置の事例(1) —— 朝鮮戦争

この一つの形態が，軍事的強制措置（enforcement）であり，変則的・例外的に2つの事例がある。1950年の朝鮮戦争と1990年のイラクのクウェート侵攻の際の事例である。

朝鮮戦争の事例では，1950年6月に，第二次世界大戦後に定められていた38度線を越えて朝鮮民主主義人民共和国（北朝鮮）が大韓民国（韓国）に侵攻したことをきっかけに，朝鮮戦争が勃発（ぼっぱつ）した。この事態に対し，安保理は決議82で北朝鮮による韓国への武力攻撃に深刻な懸念を示したうえで，当該攻撃が「平和の破壊」を構成すると認定した。また，敵対行為の即時停止を求め，北朝鮮当局に対しただちに軍隊を撤退させることを要求した。同年の安保理決議83では，北朝鮮による武力攻撃が「平和の破壊」を構成すると再認定したうえで，加盟国に対して武力攻撃を撃退し，朝鮮半島における国際の平和と安全を回復するために，韓国を援助するよう勧告した。さらに同年，安保理決議84においては，加盟国が提供する軍事力などの援助をアメリカの下にある統合司令部の指揮下に置くことを勧告し，アメリカに当該軍隊の司令官を任命することを要請した。この決議は，この統合司令部に対して国連旗の使用を許可し，安保理への報告書の提出を求めた。

この一連の安保理決議の採択，そしてそれにもとづく軍事的強制措置は，きわめて例外的なものであった。というのも，これらの安保理決議の採択にあたっては，ソヴィエト連邦（ソ連）が中国代表権問題で欠席している中で行われたのである。1950年8月にソ連が安保理議長国として復帰すると，審議の場は安保理の外に移され，総会決議の下で関連の勧告が行われるようになった。総会会議376（Ⅴ）では朝鮮全土にわたって安定した状態を確保するためにあらゆる適切な措置をとることを勧告し，のちの「平和のための結集決議」が採択されることとなった。

146

第 7 章　国連は効果的に軍事力を伴う強制措置をとれるのか

　この「平和のための結集決議」は，拒否権行使によって安保理が国際の平和と安全を維持するための措置をとれず，膠着状態に陥った場合，総会が安保理に代わって国際の平和と安全の維持のための措置をとれるということを確認した総会決議である。安保理の動きが拒否権によって封じられた場合でも，国連や加盟国が国際の平和と安全の維持に関して負っている義務は変わらないとしている。この決議によって，緊急の場合には総会が迅速に行動できるように，緊急特別総会を招集することができ，安保理の機能不全によって国連が完全に国際の平和と安全を維持するために何もできないという状態を防ぎ，総会における合意で軍事的強制措置もとれるような枠組みがつくられた点は重要である（山本 2015: 115）。この「平和のための結集決議」の実践についてはのちに述べる。

● 軍事的強制措置の事例（2）── 湾岸危機

　もう一つの軍事的強制措置の事例が，1990 年にイラクがクウェートに侵攻したことから始まった湾岸危機の事例である。1990 年の安保理決議 660 では，国連憲章 39 条と 40 条に言及して「平和の破壊」を認定し，それらにもとづいて行動することを明らかにした。また，イラクの即時かつ無条件の撤退を要求し，イラク・クウェート両国に対して即時に交渉することを要求した。安保理決議 661 では，自衛権と強制措置とを併用している。つまり，前文で憲章 51 条にふれ，個別的または集団的自衛権について確認をしたうえで，主文で第 7 章に言及し，イラクの安保理決議 660 の違反を認定し，その制裁として経済措置を科したのである。

　その後，イラクの度重なる決議違反に対して，安保理は決議 670 を採択し，第 7 章に再びふれて決議 661 の内容を確認し，強化した。それでもイラクは決議 660 以降の安保理決議を無視し続けたので，安保理決議 678 では，再度第 7 章に言及し，一連の安保理決議に従う最後の機会をイラクに与えることを決定した。同時に，クウェート政府に協力している国連加盟国に対し，もしイラクが決議を無視し続ける場合には，決議の履行と，当該地域における国際の平和と安全を回復するために必要な，軍事力の行使を含む「あらゆる手段」を行使することを許可した。これを法的根拠として，アメリカを中心とした湾岸多国

147

籍軍が形成され，イラクをクウェートから撃退するために軍事的な強制措置が発動されたのである。

この一連の動きを，集団的自衛権の行使とみるか，強制措置とみるかについては，意見が分かれるところもあった（山本 2015: 118-119）。しかし，「平和の破壊」を認定し，第7章に明確にふれながら多国籍軍の軍事的措置を安保理が許可したという点で，軍事的強制措置の限られた一例として挙げられることが多い。43条にもとづく国連常設軍がない中で，「平和の破壊」を認定し，第7章に言及して軍事的強制措置を多国籍軍に授権する，というかたちは，国連創設当初の集団安全保障構想とは異なる。これは，個別的または集団的自衛以外の国家による武力行使を禁止する2条4項と7項を維持しつつ，国連設立の目的である集団安全保障体制を何とか維持する（Freudenschuß 1994），妥協の産物といえる。あるいは，柔軟性が産んだ創造性豊かな対応の結果ともいえるだろう。

強制措置は，この2例以外に実行例がなく，類似の事態はそれ以降も多く起きたが，強制措置はとられなかった。たとえば2011年から続くシリアにおける紛争についても，安保理では強制措置どころか後述の平和活動にも合意できず，国連としての軍事的な措置は全くとれないままである。

● 紛争の変化への対応

国際の平和と安全の維持の必要性とそれに有効な手段は，国際情勢，そして世界で勃発する紛争の種類によって異なってくる。冷戦中はアメリカ・ソ連とその陣営に世界の国々が大きく二分されており，加えてその米ソ陣営に入らないアフリカやアジアの新興諸国といわれる国々という構図があり，冷戦の間に散発した紛争は，パレスチナ，インド・パキスタン，朝鮮半島，コンゴなど，植民地からの独立に関連する紛争と，国家間の国境をめぐる紛争が主であった。これは，米ソの対立を中心とした緊張が，一種の紛争を抑制する効果をもたらしていたということもできよう。

ところが，冷戦が終結すると紛争の態様は変容し，各地で紛争が起こるようになった。その要因の一つとしては，冷戦終結とソ連の崩壊によって，それまで資本主義と対抗する社会主義という構図で括られていたソ連に抑圧されてき

第7章　国連は効果的に軍事力を伴う強制措置をとれるのか

た，民族対立，宗教対立が表面化したことがある。ソ連は解体され，バルト三国が1991年に独立し，それ以外の共和国は同年，独立国家共同体（CIS）を発足させた。チトー大統領の没後，紛争を経て解体したのが，後述の国連平和活動でもふれるユーゴスラヴィア（ユーゴスラヴィア社会主義連邦共和国）である。「ヨーロッパの火薬庫」で第一次世界大戦勃発の発端ともなったバルカン半島は，宗教的・民族的対立が顕在化し，紛争を経て1991年にスロヴェニアとクロアチアが独立宣言をし，続いてマケドニア，ボスニア・ヘルツェゴヴィナが独立を宣言した。1992年には，ユーゴスラヴィアに残っていたセルビアとモンテネグロが国家を継承するかたちで，ユーゴスラヴィア連邦共和国を結成した。

　冷戦後に紛争が変容したもう一つの要因は，冷戦の終結とともにアメリカ・ソ連が世界における勢力を維持・拡大するために行っていた発展途上国への支援から手を引いたことである。これにより，大国の支援を失った国家の中で内戦が勃発するようになった。スリランカ，ルワンダ，コンゴ，フィリピンのミンダナオ，ソマリア，シエラレオネ，イエメン，カンボジア，ネパールなど，1990年代に起きた紛争のほとんどは，国家間の紛争ではなく内戦である。

　国連は，これらの内戦に対し，憲章39条の「平和の破壊」ではなく，「平和に対する脅威」を認定して対処してきた。この「平和に対する脅威」の概念はさらに，紛争の形態の変化とニーズに迫られて拡大していった。また，国内紛争に対処する方法として，「平和に対する脅威」に言及せず，安保理が第7章にもとづいて多国籍軍や地域機構に兵力を伴う措置を授権したりした。また，それと重なる部分があるが，憲章第6章でも第7章でもない，ハマーショルド元国連事務総長が「6章半」と呼んだ，平和維持活動に始まる一連の平和活動が生まれた。

　第7章にもとづいて派遣された多国籍軍で，平和活動のかたちをとらないものの例として，1999年9月に，安保理決議1264による授権の後派遣された東ティモール国際軍（INTERFET）がある。INTERFETは，1999年8月にインドネシアから東ティモールに広範な自治を付与する案の受け入れを問う住民投票が国連主導で行われ，その結果発表の後の政治的混乱と急激な治安の悪化に対応して派遣された多国籍軍である。この安保理決議では，東ティモールの平

149

第Ⅱ部　グローバル・ガバナンス

和と安全の回復，国連のミッションの保護・支援と人道支援活動の促進を任務
（マンデート）とし，その後により包括的な平和活動が設立されるまでの間，オ
ーストラリア主導の多国籍軍に兵力を伴う措置を授権した。

3　平和活動

● 冷戦終結以前の平和活動

　このような安保理による授権にもとづく多国籍軍の派遣とは別の形態の兵力
を伴う活動として，一連の平和活動が生まれ，進化してきた。「平和活動」と
は，主に 2010 年代半ばから使われている，平和維持活動，強力な平和維持活
動や包括的な平和維持活動，平和強制活動（以前はこれらを平和支援活動〈PSO〉
という概念でとらえていた）と安定化ミッションを指す用語である。軍事的な要
素をもたない特別政治ミッション（Special Political Mission）は入らない。

　冷戦終結以前の国連の平和維持活動は，中立で武器をもたない軍人が国家間
の国境紛争で停戦合意のあるところに入って停戦監視をするというのが当初の
かたちであり，1948 年に 2 つの平和維持活動が開始された。中東に設立され
た国連休戦監視機構（UNTSO）と国連インド・パキスタン軍事監視団（UNMO-
GIP）である。その後設立された国連キプロス平和維持軍（UNFICYP），国連兵
力引き離し監視隊（UNDOF）などとともに，これらは伝統的な平和維持活動
とされる。当初の平和維持活動 3 原則は，受け入れ国の同意（consent），中立
（neutrality），自衛以外の武力の不行使（non-use of force except for self defense）
である。紛争に加担しない中立的な立場を利用して紛争当事者の信頼を得て，
停戦合意が破られないように監視し，破られた場合はそれを記録して報告する
というのが基本的なマンデートであった。

　伝統的な平和維持活動は，平和維持活動が送られる国や地域において，紛争
がすでに停戦に至っており，受け入れ国の同意もあって外部から国連の名のも
とに送られてくる軍事要員が紛争に巻き込まれることもなく，すでにある平和
を維持するという意味で成功したのである。ただし，あくまで停戦を監視する
ことが任務で，紛争を解決することはその目的ではなく，それは紛争当事者同
士に任されていた。そのため，膠着状態が続くということがあり，UNTSO，

UNMOGIP, UNDOF, UNFICYP などの国連平和維持活動は, 現在でも現地
での活動が継続している。

　冷戦中でも武力を用いることが認められていた平和活動もある。まず, 1960
年, コンゴ動乱に際し, 国連がコンゴ民主共和国にヨーロッパやアフリカの加
盟国から供出された軍隊を送り, ベルギー軍を撤退させて軍事組織などを退け
て同国を内戦から守った, 国連コンゴ活動 (ONUC) がある。この際に送られ
た加盟国からなる多国籍軍は, コンゴ国連軍と呼ばれることもある。国連は
ONUC を伝統的な平和維持活動に分類しているが, 実際には平和維持活動の
中立, 武力の不行使という原則に厳密に則った活動ではなかった。

　1956 年に, 第 2 次中東戦争に対処した第 1 次国連緊急軍 (UNEF I) におい
ては, 軍事的なバランス, 紛争解決の方向性や政治的なバランスに影響を与え
ずに, 即停戦を確保し監視することを目的に多国籍軍が結成され, 派遣された。
UNEF I は, 安保理決議ではなく総会の緊急集会において採択された「平和の
ための結集決議」によって設立された, 唯一の国連平和活動である点でも注目
に値する。

● 民主化ミッション

　冷戦で安保理の機能が停滞する中, 1980 年代後半には, 国連は中米におい
て大規模な民主化ミッションを成功裏に展開している。反政府武装勢力と内戦
状態にあった, コスタリカ, エルサルヴァドル, グアテマラ, ニカラグア, ホ
ンジュラスの 5 カ国において 1989 年から 92 年に展開した, 国連中米監視団
(ONUCA) である。この 5 カ国の反政府武装勢力への支援を止めさせ, 互いに
反政府武装勢力の自国領土内での活動を阻止することなどを含む各国の同意に
もとづき, 内戦の終結から, ニカラグアの自主的な武装解除の支援を含むより
包括的な平和構築のマンデートを成功させた。

　1992 年にはエルサルヴァドルで内戦の停戦合意を監視し, 軍の改革, 警察
の創設, 立法・司法・人権・土地・選挙の改革など幅広いマンデートをもつ国
連エルサルヴァドル監視団 (ONUSAL) が設立され, 冷戦終結後の平和活動へ
とつながった。

第Ⅱ部　グローバル・ガバナンス

● 冷戦終結後の平和活動

　冷戦終結後は国連の集団安全保障体制に対する明るく楽天的な展望の中，より多くの平和維持活動が設立され，すでに停戦状態にある国だけでなく，停戦合意が脆弱なところや，まだ紛争中のところにも活動が展開されるようになった。マンデートも伝統的な停戦監視だけではなく，持続可能な統治機構を構築する支援から，人権状況の監視，治安部門改革，元戦闘員の武装解除・動員解除・社会復帰（DDR）など，多分野に拡大した。それに伴い，要員も非武装の軍事要員が中心ではなく，1992年に設立された国連保護軍（UNPROFOR）以来，警察も軍隊から独立した部門として派遣されるようになり，文民要員の分野の規模も拡大した。行政，司法，選挙運営や監視，地雷撤去，人権監視，経済復興支援，民政とガバナンス，人道支援，コミュニケーションや広報など，多岐にわたる分野の専門家が文民要員として参加するようになったのである。この頃の平和活動は，初期の平和維持活動と比較し，「拡大した平和維持活動」や「強力な平和維持活動」と呼ばれる。これらの平和維持活動は第7章に言及して設立されたが，第7章にふれずに平和維持活動を設立した国連ルワンダ支援団（UNAMIR）などの例もある。

　冷戦終結後の国連の活動の拡大への期待は，ガリ事務総長の「平和への課題」（1992年）の内容にも反映されている。この文書の中で，ガリ事務総長は，国連の平和活動を5つの種類に分け，その中で「平和強制（peace enforcement）」という，必ずしも受け入れ国の同意を必要としない国連の武力をもった介入という，野心的な展望を提案した（Boutros-Ghali 1992）。

　しかし，1990年代半ば，国連の平和活動は大きな壁にぶつかる。戦闘が続く国や受け入れ国の政府の合意だけでは実質的には意味がなく，他の紛争当事者の合意が必要な状態や，破綻国家でどの主体が国家として合意するべき相手なのかが明らかではない状態において展開する平和活動も多くなった。そのような状態の場合には，受け入れ国の同意・中立・自衛以外の武力の不行使という平和維持活動の3原則に忠実に従って活動することができない事態が頻発した。

　たとえば，1992年に内戦の続くカンボジアに入った国連カンボジア暫定統治機構（UNTAC）においては，要員も軍事要員，警察要員，文民を合わせて

第 7 章　国連は効果的に軍事力を伴う強制措置をとれるのか

総勢 2 万 2000 人の規模で，マンデートも選挙の組織・管理をはじめ，停戦の
監視，治安の維持，武装勢力の武装解除，難民・避難民の帰還促進など，暫定
的な統治に近いかたちに拡大していた。しかし，過激派の政治勢力クメール・
ルージュの非協力的な姿勢と治安の悪化などに直面し，時に国連自体が攻撃の
対象となった。そうした中，当初国連の警察に逮捕・勾留の権利が与えられて
いなかったり，多国籍軍が自衛以外に武力を使えなかったりしたことから，悪
化する平和の収束に苦慮し，出口戦略として民主的な選挙を運営し，1993 年
に終了した。

　他方，ソマリアでは，内戦を終結させるためには強制力が必要になったこと
から，多国籍の統合任務部隊（UNITAF）の設立とともに先に展開していた第
1 次国連ソマリア活動（UNOSOM I）のマンデートを拡大して 1993 年に第 2 次
ソマリア活動（UNOSOM II）が設立された。UNOSOM II は，武装解除や現地
警察など統治機構の再建，再定住支援や市民社会の構築など，広いマンデート
を付与された。しかし，ソマリアの各勢力の協力を得られず，要員派遣国から
の反発にもあった。1993 年 6 月に，アイディード将軍派による襲撃を受けて
25 名のパキスタンからの軍事要員を失い，その後アイディード将軍の逮捕も
試みたが，失敗に終わった。ミッションはそれ以降民兵の攻撃の対象となるこ
とも多くなり，総勢 154 名の死者を出した。UNOSOM II は，拡大されたマン
デートを達成することなく，事務総長報告書によって任務と規模を縮小させ，
1995 年に撤退することとなった。

● 2 つの虐殺

　1990 年代の国連平和活動における失敗例として挙げられるのは，国連平和
活動が展開する中で虐殺が起こった 2 つの例である。

　一つは，旧ユーゴスラヴィアにおける虐殺である。ボスニア・ヘルツェゴヴ
ィナが 1991 年に独立した後，セルビア人，クロアチア人，ムスリム人（ボシ
ュニャク）などの民族間で激しい衝突が起こり，1992 年に国連保護軍（UNPRO-
FOR）が派遣された。この UNPROFOR が管理する中，非武装の「安全地帯」
とされていたスレブレニツァにおいて，セルビア人のムラディッチに率いられ
たスルプスカ共和国軍によって約 8000 人のムスリム人が殺害されたという事

153

第Ⅱ部　グローバル・ガバナンス

件である。これは，国連の目の前で虐殺が起こってしまったということで，
後々まで国連平和活動の汚点として語り継がれることとなった。

　もう一つの例は，1994年のルワンダにおける虐殺である。フトゥ族中心の
ルワンダ政府とトゥチ族の反対勢力ルワンダ愛国戦線（RPF）がアフリカ統一
機構（OAU）の働きかけで1993年にアルーシャ和平協定に合意した。その後，
その平和の維持，和平プロセス支援と人道支援を含むマンデートでUNAMIR
が派遣された。しかし，そもそもの和平合意の脆弱さもあり，UNAMIRは軍
事要員の大幅な削減にもあって急速に悪化する人権侵害や治安状況に対応でき
ず，多数派民族のフトゥ族グループによる，約80万人の少数派民族トゥチ族
と穏健派のフトゥ族の虐殺を止めることができなかった。

　1990年代半ばの旧ユーゴスラヴィアとルワンダのこの2つの経験は，国連
の正統性と有効性に大きな傷跡を残した。国連安保理はこの2つの地で犯され
た国際犯罪を裁くために，1993年に旧ユーゴスラヴィア国際刑事裁判所
（ICTY），94年にルワンダ国際刑事裁判所（ICTR）を設立している。

●「平和への課題：追補」以後

　このような中，1995年に出された事務総長の報告書「平和への課題：追補」
（Boutros-Ghali 1995）では，1992年の報告書「平和への課題」（Boutros-Gha-
li 1992）の野心的な展望が影を潜め，平和維持活動は伝統的な3原則に回帰し
ている。他方，2000年に国連平和維持活動を振り返った報告書（報告書をとり
まとめたパネルの座長の名前にちなんで，一般に，「ブラヒミ報告書」と呼ばれる）で
は，不遍性を原則の一つとして挙げている（Report of the Panel on United Na-
tions Peace Operations〈A55/305-S/2000/809, 21 August 2000, Annex〉）。これは，従
来の武力の不行使という側面が強調された中立性（neutrality）という原則と区
別されたもので，紛争当事者のどちらかに加担しないが，不遍性または公平性
（impartiality）という原則がより平和維持活動の現状に適していることを示した
ものである。また，広範で強力な武器使用基準（robust rules of engagement）を
伴う平和維持活動のドクトリンも提唱されている。

　国連は，先に述べた旧ユーゴスラヴィアやルワンダの経験を経て，和平合意
が脆弱な場合や治安の維持の困難が見込まれる国に国連が介入する場合には，

第7章　国連は効果的に軍事力を伴う強制措置をとれるのか

より包括的なマンデートと多数の要員，長期的な関与が必要であるという認識を強めた。1999年に設立された2つの平和活動は特筆に値する。国連コソヴォ暫定行政ミッション（UNMIK）と国連東ティモール暫定行政機構（UN-TAET）である。マンデートの拡大という意味では，この2つが最大であった。これらの平和活動においては，国連自体が暫定統治機構としての役割を務め，領域を管理し，行政・司法・立法のすべてを国連が行った。

　このモデルは1990年代の国連の失敗の反省もあり，国連のマンデートが最も拡大し，国連が行政自体を行いながら紛争で壊滅的な被害を受けた現地の政府の能力開発を並行して行うという，大規模で多岐にわたる，長期的な介入となった。UNMIKは北大西洋条約機構（NATO）主導のコソヴォ治安維持部隊（KFOR）や欧州安全保障協力機構（OSCE），2008年からはコソヴォ欧州法治ミッション（EULEX）などとの協力体制のもとに展開してきており，現在も活動を続けている（2024年10月時点）。UNTAETの要員は最大で1万3000人を超えており，UNTAET終了後も縮小したマンデートをもつ平和活動が続き，国連東ティモール統合ミッション（UNMIT）が終了する2012年末までの間，東ティモールに継続してかかわった。

　国連の平和活動には，このようにこれら2つの暫定統治のような大規模な国連平和活動のコミットメントがある。他方，1990年代のソマリアやスレブレニツァ，ルワンダなどの失敗の後，平和維持活動の原則を適用する限界を認識し，和平合意が脆弱な国においては，武力の不行使の原則も，自衛だけでなく任務（mission）の防衛のためにも武力を使える，という理解に拡大した。また，中立性（neutrality）では和平を乱すことを目的とするアクター（スポイラー）の存在には対応できないことから，不偏性（公平性，impartiality）を掲げるようになった。拡大した，または強力な平和維持活動，平和強制とは異なるので，強制的な手段は使えないが，戦術レベルでの武力行使は可能であることが確認されたのである。あわせて，同意の原則は受け入れ国の同意だけでなく，現実的には紛争当事者すべての同意が必要であることは認識されていたが，これは必ずしも現地で実際に戦いに参加するすべてのアクターの同意を意味するものではない，ということが確認された。

　これらは2008年に国連が出したキャップストーン・ドクトリンにおいて明

155

第Ⅱ部　グローバル・ガバナンス

示されている（UNDPKO／DFS 2008: 32-34）また，国連は，1990年代の経験を経て，平和維持活動は伝統的なものに限定し，軍事的な強制力の必要な事態に対しては，「意思と能力のある多国籍軍（coalition of the willing and able）」に任せるという役割分担になっていったともいえる（佐藤 2011: 2）。

　21世紀に入ると，国連の平和活動の目的として，法の支配の確立に重点を置くようになった。国家機関の整備・能力開発をして持続的な平和を構築することをその目的とし，平和活動の出口戦略としても法の支配が使われるようになったのである。法の支配とは，国家そのものを含め，国家・非国家を問わず，すべての個人，組織，団体が，法に対して平等にアカウンタビリティをもつということである。そして，その法は公布され，平等に適用され，独立して裁かれること，国際的な人権規範の基準に合致していること，という条件を満たすことが求められる（UN 2004, 2023）。平和活動においては，法の支配を国連が受け入れ国とともに初めて確立しなければならない場合もあれば，国連が紛争で壊れた法の支配に関係する国家機関の再建を支援をする場合もある。いずれにしても，法の支配の確立が平和と安全保障につながるという認識が根本にある。国連ハイチ支援団（UNMIH）のように，法の支配をそのマンデートの一部としたミッションや，国連ハイチ文民警察ミッション（MINUPOH）や先に述べたUNMITのように，法の支配の中でも警察の能力開発や改革にとくに焦点を当てたミッションもある。

● **武力行使の拡大**

　1990年代末から2000年代前半にかけて，国連平和活動はより戦略的に使用できる武力を拡大し，国連のミッションや要員だけでなく，現地の人々を差し迫る物理的な暴力から守ろうとする動きの中にあった。これは，国際社会において「保護する責任（Responsibility to Protect: R2P）」の概念が提唱され，国連でもその概念と権限の境界線が明確化されていった（→第10章）のと同時進行で，国連平和活動における現場レベルでの任務として，「文民の保護（Protection of Civilians: POC）」が確立されていった。

　文民の保護はのちに受け入れ国の責任を再確認して３つの階層（対話と関与，物理的保護，保護環境の確立），４つの段階・時期（予防，先制，対応，強化）に分

156

けて運用されるようになった。また，国連平和活動自体が受け入れ国の人々（主に文民）を守るために，ミッションの目標を達成するための行動計画として戦略レベルで武力を行使できることになった。さらに，平和活動が展開している地域内においてできる範囲での義務ということになったので，物理的にこの任務を遂行できる要員が必要となった。警察要員は，もともと軍事要員と区別して武器をもたない文民警察だったが，1999年に開始した国連シエラレオネ派遣団（UNAMSIL）では初めて武装した部隊警察（Formed Police Unit: FPU）が派遣された。それ以後，FPUは拡大の一途をたどって，派遣される警察要員の7割ほどを占めるようになっている。

　2001年9月11日は，国際社会の安全保障への対応に大きな変化をもたらした。この日，アメリカでテロ組織として認定されているアルカイーダが，同時多発テロ事件を起こしたのである。この事件は，アメリカの首都で，全世界に報道される中，世界貿易センターなどへの4つのテロ攻撃で3000人近い死者と2万5000人以上の負傷者を出し，世界に大きな衝撃を与えた。この後，アメリカ主導でキッシンジャー曰く「地球規模のテロ組織の破壊」をめざす「対テロ戦争」が展開される中，国連が対応する暴力の種類も，国家対反政府組織の内戦だけでなく，テロリズムが関係する暴力も無視できなくなってきた。2010年以降，紛争の起こる地域とテロ行為が起こる地域は完全に重なっている（篠田 2017）。国連は2015年の「平和活動に関するハイレベル独立パネル（HIPPO）報告書」において，対テロ戦は平和活動のめざすものではなく，テロリズムが横行する場所に国連平和活動を展開するのは不適切であると明言した（UN 2015）。しかし，平和活動が展開する国でも，テロ行為や組織的犯罪，「情勢を不安定化させる犯罪」が頻発するところも多い。

● **安定化ミッション**

　このような世界の現状の中，和平合意が脆弱であったり，治安が不安定な国に派遣される国連の平和活動は，安定化ミッションという形態をとるようになってきた。安定化ミッションは，それまでの強力な平和維持活動や包括的な平和維持活動と少々性質が異なる。この種のミッションでは，紛争が続く中で展開し，和平合意を破ることに利益を見出すアクターを特定し，そのアクターか

第Ⅱ部　グローバル・ガバナンス

ら政府とその国民を保護することによって，秩序の回復と維持に貢献する。また，その中で不偏性の原則を逸脱し，政府を支援する活動を行うという点も，従来の平和維持活動とは異なる。めざすところは，平和維持では紛争そのものを解決することであるのに対し，安定化においては紛争の封じ込めに限定される。

　このような安定化ミッションには，2004年に設立された国連ハイチ安定化ミッション（MINUSTAH），13年に設立された国連マリ多元的統合安定化ミッション（MINUSMA），14年に設立された国連中央アフリカ多元的統合安定化ミッション（MINUSCA）などがある。国連コンゴ民主共和国安定化ミッション（MONUSCO）で同国東部に派遣された強制介入旅団（FIB）に対して安保理は，特定の不安定化分子に対し，FIB側から攻撃をすることを例外的に許可した（de Coning 2015）。

4　地域的取極・機関

　国連自身が加盟国の軍事要員，警察要員，文民を集めて国連の名のもとに平和活動を展開するのとは別に，国際の平和と安全の維持に関連して国連がとりうる方法の一つとして，地域的取極または地域的機関との関係を定める，憲章第8章の「地域的取極」もある。これは，国連の目的と原則に一致する場合に限り，地域的取極または機関が国際の平和と安全に関する事項に対応し，その活動内容を安保理に報告することを課す（54条）ものである。そもそも地域的な紛争は地域的な解決の努力が先行すべきである（52条）。しかし，地域的な取極または機関が強制措置をとる場合には，憲章53条によると，安保理の許可が必要である。逆にいえば，安保理の授権を通じて地域的機関が軍隊を送ることができる。この条項は当初は，地域的な紛争に地域的機関が軍隊を派遣する場合でも，安保理に権限が集約されている，という状態をめざしていた。しかし，実際には，この53条を使わずに集団的自衛権として地域的機関が独自に自らの権限で兵力を伴う強制措置をとるようになっている（山本 2008: 80）。

　この地域的取極または機関との協力については，1992年の「平和への課題」において，すでに国連憲章の目的と原則に従って実施されるのであれば偉大な

第 7 章　国連は効果的に軍事力を伴う強制措置をとれるのか

貢献であると認識されていた。そして，1995年の「平和への課題・追補」では，その協力体系につき，協議，外交支援，活動支援（operational support），並行展開（parallel deployment），共同活動（joint operation）の5つがあるとしている。紛争の増加とその様態の変化，不安定な地域への介入の限界，安保理の機能不全と総会での暫定的な措置の限界などに直面し，国連は徐々に地域的取極や機関との協力体制を強化してきた。

2007年には，スーダン西部のダルフールにおける政府と反政府軍の戦闘をおさめる前年のダルフール和平協定の実行を支援するアフリカ連合スーダン・ミッション（AMIS）の失敗を経て，国連は初めてアフリカ連合と合同で展開する大規模な国連アフリカ連合ダルフール派遣団（AU - UN Mission in Darfur: UNAMID）を設立した。そして，2020年までに住民の保護，人道支援活動の安全確保，関係協定の履行監視，民主的プロセスの確立支援，人権擁護および法の支配の促進，隣国との国境の監視などのマンデートを遂行した。

この間，2016年にグテレスが国連事務総長になると，地域的取極・機関とのより強力な協力体制を全面的に目標として掲げた。国連が国際の平和と安全の維持を，地域的取極または地域的機関や，先に述べた通り有志国連合に委託することが増えた。そうした中，国連は，2011年に，国連以外の機関や治安部隊などに支援をする場合に，人権侵害や蹂躙にかかわらないために守るべき方針として，人権デュー・ディリジェンスに関する方針（Human Rights Due Diligence Policy）も設定している。

さらに，2023年には，安保理決議2719により，アフリカ連合（AU）主導の平和支援活動（PSO）に国連が財政支援をすることができるようになった。

5　課題と展望

● フレキシブルな対応

このように，国連はその創設以後，国連憲章にもとづきながら，目まぐるしく変わる国際情勢に柔軟に対処して，国際の平和の破壊や平和への脅威に対処してきた。国連の集団安全保障体制の課題を中心に指摘する見解もある中，国連平和活動の適応力を高く評価する専門家もいる。とくにデ・コニンは平和活

第Ⅱ部　グローバル・ガバナンス

動が「過去75年間，新たな課題に継続的に適応する驚くべき回復力を示してきた」と評価し，それが今後も続くであろうと予測している（de Coning 2021: 220-221）。しかし，すでに安定化ミッションが展開している国において，事態の安定化に失敗して，現地のアクターの不満が募っている例もある。たとえばマリでは，MINUSMA が展開しているにもかかわらず，2020年8月と21年5月に続けて軍事クーデタを経験しており，23年6月には現地の暫定軍事政権が MINUSMA に撤退を要求した。これを受けて MINUSMA は7月から撤退を開始し，同年12月末に撤退が完了した。

　さらに，主に中国の台頭に伴う米中関係の緊張から，2010年代後半以降に唱えられるようになった「新冷戦」の構造や（藤原 2023），ロシアによるクリミア半島併合やウクライナへの侵略など，国連憲章に露骨に違反する大国の行動，アメリカの国際刑事裁判所（ICC）や国連人権理事会への圧力や国連の人権規範や枠組みに対する中国独自の概念の提唱など，普遍的な価値に対してよりオープンに疑問を呈する大国の出現によって，国連で作り上げてきた集団安全保障体制は，現在危機に瀕している。

　安保理が機能不全になった場合に暫定的に機能するはずである，総会の「平和のための結集決議」の実践も，うまくいっているとはいえない。冷戦期に招集されて現在でも閉会していないものもある。朝鮮戦争以後，同決議にもとづいて兵力を伴う軍事的措置がとられたことはない。ロシアのウクライナ侵略に際し，2023年2月に，40年ぶりに緊急会議が招集され，「平和のための結集決議」が採択されたが，軍事的措置にはつながらなかった。核保有国でもあるロシアを牽制（けんせい）し，主に西側諸国がウクライナに武器を含む支援を行うが，安保理を含む国連の場ではロシアは議席も発言権も保っている。ロシアがウクライナに侵略したことによって国連の中で失った議席は，国連人権理事会くらいである。集団的な意思，正統性と軍事的な能力を前提にした国連による集団安全保障体制（星野 2000: 28）は，今まさに岐路に立っているといえるのかもしれない。

● 国連平和活動の限界

　ツィマーマンは，この国連の限界の理由について，国連がその適応力を発揮

第 7 章　国連は効果的に軍事力を伴う強制措置をとれるのか

して作り出したツールである平和活動の中には，さまざまな特性をもつ活動が
あるのに，その特性を活かすことなく，平和維持活動と安定化活動を混同して
扱っているところに問題があると指摘している（Zimmerman 2023）。国連は伝
統的な平和維持活動も，包括的な平和維持活動や強力な平和維持活動も，安定
化ミッションも，軍事部門をもつ国連の活動をすべて平和活動の一部であると
再確認した。しかし，平和維持と安定化では目的も異なるので，どちらの活動
の特性も十分に活かせないことになってしまったというのである。安定化ミッ
ションは，不十分なマンデートと，未だ平和維持の原則を引きずる部隊体制を
もって紛争中の国に投入されており，要員や現地の文民を守り切れず，安定化
の成果を上げられていない。強力な部隊体制を必要とする安定化ミッションは
2018 年以来の事務総長の平和維持に関するアジェンダで掲げる予防重視と文
民中心の平和構築の方向性とは相容れない内容となっており，この齟齬こそが
問題である（Zimmerman 2023: 102-106）。

● 展　　望

　このようにみてくると，国連がとれる兵力を伴う強制力のある措置というの
は，国連設立時から，その時々の紛争の性質や形態，国連が利用できる，兵力
を含む資源や，世界の平和と安全の維持の課題に合わせて，大いなる適応力を
もって発展してきたといえるのではないだろうか。平和維持活動から安定化ミ
ッションまでの一連の平和活動の発展の歴史は，まさにそれを物語っている。
異なる種類の平和活動を，平和維持活動なら平和維持活動，安定化ミッション
なら安定化ミッションの，それぞれの特性を活かしてミッションを展開するこ
とが重要である。国連はまた，国連の名の下で加盟国の兵力を招集して派遣す
ることに限界があるところには，安保理の授権によって多国籍軍を展開したり，
地域的取極や機関に頼ったりしながら，なんとかその正統性（legitimacy）と妥
当性（relevance）を保ってきた。現在は，新しい冷戦とも戦国時代ともいわれ
る，軍事力や経済力により集団的な安全保障体制の中心にある大国が責任を忘
却しつつあるようにみえる時代である。国連が引き続きグローバル・ガバナン
スの中心的な位置を保っていくためには，時代に応じてフレキシブルに適応さ
せて使ってきた平和活動の概念を見直し，新しい危機に対応する新しいアクタ

161

第Ⅱ部　グローバル・ガバナンス

一や，新しい協力体制を築いていくことが重要なのかもしれない。

さらに読み進める人のために

香西茂『国連の平和維持活動』有斐閣，1991 年。

　　一連の国連の平和活動は，どのような権限をもっていて，何にもとづいてどのように設立されるのか，現在までどのような活動を行ってきたかについて，より詳しく知りたい人にお勧めの一冊。

篠田英朗『平和構築と法の支配——国際平和活動の理論的・機能的分析』創文社，2003 年。

　　平和構築の最重要課題として，「法の支配」にもとづく社会作りと，暴力に頼らない紛争解決のメカニズムの確立を挙げ，司法と平和の関係性を議論する興味深い書籍。

山田哲也 2010『国連が創る秩序——領域管理と国際組織法』東京大学出版会，2010 年。

　　国連の平和活動として領域の管理をした 4 件の例から，領域管理に派生する問題を国際組織法学的に分析した，挑戦的な著書。

引用・参考文献

尾崎重義 2009「国連憲章第 40 条の注解」『国際政経論集』（二松學舍大学）15 号，2009 年 3 月号，1-59 頁。

佐藤哲夫 2011「見果てぬ夢，国連常設軍——国際公共目的に向けた軍事的強制の現代的諸相」『世界法年報』30 号。

篠田英朗 2017「平和構築と日本の PKO 活動の課題」https://ippjapan.org/archives/2459（2023 年 9 月 30 日最終アクセス）。

藤原帰一 2023「新冷戦，固定化した分断 結束弱き二極，招く不安定」『朝日新聞』2023 年 9 月 20 日付夕刊。

星野俊也 2000「国連の集団的安全保障制度の意義と問題点」日本国際連合学会編『21 世紀における国連システムの役割と展望』（国連研究　1 号）国際書院，25-40 頁。

山本慎一 2008「多国籍軍型軍事活動の展開にみる集団安全保障体制の潮流」日本国際連合学会編『国連憲章体制への挑戦』（国連研究　第 9 号）国際書院，75-95 頁。

山本慎一 2015「国連憲章第 7 章の法的性格——安保理決議の検討を通して」神余隆博・星野俊也・戸崎洋史・佐渡紀子編『安全保障論——平和で公正な国際社会の構築に向けて』（黒澤満先生古稀記念）信山社，105-130 頁。

Boutros-Ghali, Boutros 1992, An Agenda for Peace: Preventive Diplomacy, Peacemaking and Peace-keeping (Report of the Secretary General pursuant to the Statement adopted by the Summit Meeting of the Security Council on 31 January 1992):

第 7 章　国連は効果的に軍事力を伴う強制措置をとれるのか

A/47/277-S/24111, 17 June 1992.

Boutoros-Ghali, Boutros 1995, Supplement to An Agenda for Peace (Position Paper of the Secretary-General on the Occasion of the Fiftieth Anniversary of the United Nations): A/50/60-S/1995/1, 3 January 1995.

Chinkin, Christine and Mary Kalder 2017, *International Law and New Wars*, Cambridge University Press.

de Coning, Cedric 2015, "What does 'stabilisation' mean in a UN Peacekeeping context?" https://cedricdeconing.net/2015/01/19/what-does-stabilisation-mean-in-a-un-peacekeeping-context/ (accessed 30 September 2023).

de Coning, Cedric 2021, "The Future of UN Peace Operations: Principled Adaptation Through Phases of Contraction, Moderation, and Renewal," *Contemporary Security Policy*, 42(2), pp. 211–224.

Freudenschuß, Helmut 1994, "Between Unilateralism and Collective Security: Authorizations of the Use of Force by the UN Security Council," *European Journal of International Law*, vol. 5, pp. 492–531.

Howard, Lise Morjé 2019, *Power in Peacekeeping*, Cambridge University Press.

Hunt, Charles 2023, "International Policing and/as the Future of UN Peace Operations," in A. Gilder et al., *Multidisciplinary Futures of UN Peace Operations*, Palgrave Macmillan.

Kihara-Hunt, Ai 2017, *Holding UNPOL to Account: Individual Criminal Accountability of United Nations Police Personnel*, Brill Nijhoff.

UN (United Nations) 1967, *Repertory of Practice of United Nations Organs, in the form of individual studies for each Article of the Charter of the United Nations*, Suppl. 3, vol. II (1959–1966).

UN (United Nations) 2004, "The rule of law and transitional justice in conflict and post-conflict societies: report of the Secretary-General," 23 August 2004, UN Doc. S/2004/616.

UN (United Nations) 2015, "Report of the High-level Independent Panel on Peace Operations on Uniting out Strengths for Peace: Politics, Partnership and Peace," UN Doc. A/70/95-S/2015/446.

UN (United Nations) 2023, 'New Vision of the Secretary-General for the Rule of Law', 23 July 2023.

UNDPKO (United Nations, Department of Peacekeeping Operations)／DFS (Department of Field Support, United Nations) 2008, Peacekeeping Operations Principles and Guidelines.

Zimmerman, Shannon 2023, "The Future Dynamics Between UN Stabilization and UN Peace Operations: Conflict Management Versus Conflict Resolution," in A. Gilder et al., *Multidisciplinary Futures of UN Peace Operations*, Palgrave Macmillan.

第**8**章

武力の行使に国際的基準はあるのか

国連憲章や国際人道法は，国際社会における武力行使に関する国際的規範であり，国家間戦争への対処を想定して形成された。これらの規範は，武装集団やテロ組織が国境を越えて活動するグローバリゼーションの時代においても武力の行使を制約する一定の役割を果たしている。一方，国家の統治における意思や能力の欠落に応じて，自衛権の行使や集団安全保障にもとづく軍事的強制措置が許容される新たな基準が提唱されている。

1 武力行使の法的・制度的な枠組み

　現代の国際社会において，武力の行使に関する国際的基準はあるのであろうか。これを考えるのが，この章の目的である。国際連合（国連）憲章（1945年）は，武力による威嚇または武力の行使を原則として禁止している。国家間戦争は，武力による威嚇や武力の行使を一般に伴うので，当然禁止される。このことは，現代の国際平和と安全を維持するための重要な原則である。それでは，その原則に例外はないのであろうか。そうではない。その例外とは，集団安全保障や自衛権を理由とした武力の行使である。集団安全保障とは，すべての国連加盟国が武力不行使義務に同意したうえで，それに違反する国家に対して制

165

第Ⅱ部　グローバル・ガバナンス

裁を科し，国際の平和と安全を維持する制度のことである。集団安全保障にもとづく武力の行使とは，国連安全保障理事会（安保理）が決議した場合に行使される軍事的強制措置，いわゆる軍事制裁のことである。

また，自衛権にもとづく武力の行使とは，急迫不正な攻撃を排除するために，必要最小限度の実力を行使する権利である。それでは自衛権や集団安全保障にもとづく措置は，どのような場合でも無制限に行使することが法的に許容されるのであろうか。そうではない。このような場合においても，必要性の原則や均衡性の原則によって制限され，さらに，国際人道法（1949年ジュネーヴ4条約と1977年の2つの追加議定書など）が，その行使に一定の制限を加えている。

本章では，国連憲章と国際人道法の原則について確認し，例外的に武力が行使できる条件に関して論じ，冷戦期に構築されたこれらの武力不行使規範が，現在の国際社会における安全保障の環境にどのように対応し，どのような課題に直面しているのかを考える。

2 武力不行使義務とその例外

● 武力不行使義務の原則

はじめに，武力の行使を禁止する国際法の規定を確認しておこう。国連憲章2条4項は，武力不行使義務を以下のように規定している。

> すべての加盟国は，その国際関係において，武力による威嚇又は武力の行使を，いかなる国の領土保全又は政治的独立に対するものも，また，国際連合の目的と両立しない他のいかなる方法によるものも慎まなければならない。

現在，国連加盟国はほぼすべての国家であるので，武力不行使義務は現在の国際社会に通底する原則になっていると考えてよい。

● 武力不行使義務の例外

このように武力不行使義務はその行為を規制の対象とするが，これには少なくとも2つの例外がある。一つは，安保理による強制行動である。国連憲章39条は，安保理が平和に対する脅威や平和の侵害，侵略行為の存在を判断し，

166

第8章　武力の行使に国際的基準はあるのか

国連憲章41条や42条に従って，国際の平和と安全を維持または回復するために必要な措置を勧告または決定できることを定めている。これらの条文は，集団安全保障制度の基礎となるもので，安保理に強力な権限を与えるとともに，その行使に一定の制約を課す。ただし，安保理が平和に対する脅威や平和の侵害，侵略行為の存在を判断する際には，具体的な基準や定義がないため，状況に応じた政治的な判断に委ねられることが多い。

　41条が規定する非軍事的強制措置には，経済制裁や外交関係の断絶，人的・物的資源の供給停止，航空機の離着陸禁止などが含まれる。これらの措置は，国連安保理の決定に従わない国や組織に対して圧力をかけることで，その行動を変えさせることを目的とする。42条は，国連安保理が軍事的強制措置を決定し，その実施を国連加盟国に求めている。この条文によれば，41条で定められた非軍事的強制措置が不十分であると判明した場合に，空軍，海軍または陸軍の部隊による必要な行動をとることができる。武力行使を伴う強制措置とは，国連憲章が設置を予定していた国連軍による介入などを意味する。この措置は，国際の平和と安全を維持または回復するために必要であると国連安保理が判断した場合にのみ行われるものである。

　しかし，国連安保理は，加盟国との間で兵力の提供に関する特別協定（46条）を締結しておらず，国連憲章が予定していた国連軍は存在しない。その代わりに，国連安保理は国連平和維持活動に武力行使の権限を付与し，多国籍軍には武力行使の権限を授権することで武力を行使している。たとえば，1991年の湾岸戦争では，イラクのクウェート侵攻に対して，国連安保理決議678が加盟国に必要なあらゆる手段を行使することを認めた。必要なあらゆる手段には，当然のことながら武力の行使が含まれる。

　もう一つは，自衛権である。国連憲章51条にもとづいて，武力攻撃を受けた場合に自国の防衛のために必要な最小限度の武力を行使できる。ここでいう武力攻撃とは，ある国家の正規軍による他国に対する軍事行動，ならびに，ある国家が不正規軍や武装集団を他国に派遣することに直接関与し，その集団の攻撃が，正規軍による侵略に相当する重大性のある結果をもたらす軍事行動である（ニカラグア事件本案判決→**Column ④**）。

　この自衛権は，一般に個別的自衛権と集団的自衛権に分けられる。個別的自

167

第Ⅱ部　グローバル・ガバナンス

Column④　ニカラグア事件（国際司法裁判所本案判決）　◇•◇•◇•◇•◇•◇•◇•◇•◇•

　　アメリカはニカラグア政府に敵対する反政府勢力コントラに訓練，装備，資金，補給等を与えており，ニカラグア政府はこのアメリカの行為を武力不行使義務などの国際法違反であると国際司法裁判所（ICJ）に訴えた。この判決は，武力紛争と自衛権の関係を考えるうえで重要な判例である。

　　ICJは，以下の点について判決の中で言明している。第1に，自衛権は慣習国際法である。第2に，自衛権の行使には武力攻撃を受ける必要がある。武力攻撃とは，武力行使の中でも最も重大な形態である攻撃を指し，正規軍やそれと同程度の規模や効果をもたらす軍事行動である。第3に，武力行使の中でも最も重大な形態ではない行為については，均衡性ある対抗措置のみ認められる。第4に，自衛権の行使の一般的な要件は，必要性と均衡性の原則である。第5に，集団的自衛権を行使するための要件には，被害国が武力攻撃を受けたことを宣言し，他国に支援を要請することが含まれる。

◇•

衛権は，自国が直接武力攻撃された場合に行使できる権利である。また，集団的自衛権は他国が武力攻撃を受けた場合に，被害国が武力攻撃を受けたことを表明し，被害国の要請にもとづいて武力行使を行うことができる権利である。たとえば，2001年のアメリカ同時多発テロ事件後のアメリカによるアフガニスタン戦争において，アメリカは自衛権の行使を主張し，北大西洋条約機構（NATO）は北大西洋条約5条の共同防衛によって集団的自衛権を発動した。

　自衛権を行使するための要件は，自衛権が国際法上認められる例外的な状況であることを示すために必要なものである。この要件として，以下の3つを挙げる。第1は，武力攻撃の発生である。これは，国家の正規軍が他国やその領土，国民などに対して行う最も重大な形態の攻撃を意味する。ただし，不正規軍や武装集団による武力行使は，これに国家の正規軍による武力攻撃に相当する重大性があり，国家がこれを派遣するなど実質的な関与がある場合に，自衛権を行使できる要件となる。

　第2は，必要性の原則である。この原則によれば，武力行使に訴える以外に自衛の手段がない場合に，国家には自衛権の行使が認められる。言い換えれば，武力行使は最後の手段である必要がある。国家は国連憲章第6章にもとづいて紛争の平和的解決義務を負っており，外交的な交渉や国際機構による仲裁など

168

第 8 章　武力の行使に国際的基準はあるのか

が可能な場合は，それらを優先する必要がある。このような必要性の原則に違反した場合には，武力行使は不当なものとみなされるおそれがある。

第 3 は，均衡性の原則である。この原則によれば，敵国からの武力攻撃の程度に見合った範囲内でのみ，国家には自衛権の行使が認められる。言い換えれば，敵国に対する過剰な武力行使は許容されない。国家が自衛権を行使する際には，侵害の性質や規模，被害の程度，防衛目的や手段などを考慮して，必要最小限度の実力行使にとどめる必要がある。均衡性の原則に違反した場合には，武力行使は過度であるとみなされるおそれがある。

なお，自衛権の行使の期間については，国連憲章 52 条の規定により，安保理が国際の平和および安全の維持に必要な措置をとるまでの間のみ認められる。しかし，この条文は，自衛権の行使が安保理の承認を必要とするかどうか，また，安保理が必要な措置をとるまでの間とはどのような期間を指すのかなど，明確に定めていない。

3 冷戦期の武力不行使義務と軍事介入

これまで武力不行使義務とその例外について論じてきたが，これに関しては冷戦期にさまざまな論争が繰り広げられてきた。とくに議論の対象となってきたのは，在外自国民保護と人道的介入の 2 つである。在外自国民保護とは，自国の国民を保護するために他国の領土で展開する軍事行動のことである。たとえば，イスラエルは，1976 年にウガンダのエンテベ空港を襲撃し，ハイジャックされた航空機から乗員と乗客を救出した。イスラエルは，その作戦がテロリストの攻撃に対する自衛権の発動であったと主張し，自国民を救出するための軍事作戦の一例として知られた。ただし，イスラエルの行動は，ウガンダ政府の了解を得たものではなかったので，ウガンダの領域的な主権を侵害したとしてウガンダを含めた諸外国から非難された。学説においては，自衛権として正当化できるという主張がある一方，慣習国際法上の権利であるという立場もある（岩沢 2023: 697-698）。

他方，人道的介入とは，人道危機において他国の国民を保護するために他国の領土で展開する軍事行動のことである。たとえば，インドは，1971 年に東

169

第Ⅱ部　グローバル・ガバナンス

パキスタン（現在のバングラデシュ）に侵攻し，東パキスタンの市民を弾圧していた西パキスタンの軍隊を排除した。インドは，東パキスタンからインドへの難民の流入が侵略にあたり，それに対抗するために自衛権を行使したと主張した。さらに重要なことは，インドが東パキスタンへの侵攻を民間人を保護するための介入として正当化した点にある。しかし，このようなインドによる人道的介入の主張は国連加盟国の大半から支持されるものではなかった。

　また，ベトナムは，1978年から79年までにかけてカンボジアに軍事侵攻した。ベトナムの軍事行動は，カンボジアからの攻撃に対する自衛権の行使のほか，カンボジア人民の革命を支援する目的によって正当化された。ベトナムの軍事行動は，カンボジアのポル=ポト政権による人権抑圧と大量殺害を阻止したこともあって人道的介入の事例として知られている。しかし，ベトナムの軍事行動に対しては，その領域の侵犯を理由にしてアメリカや中国が強力に批判した。

　人道的介入は，在外自国民保護のように他国に滞在する自国民の保護を目的とした介入を正当化する根拠として用いられることがあるが，今日注目されるのは，人道危機における他国民の保護を目的とした軍事介入である。そのため，インドやベトナムは，隣国からの侵略や攻撃といった理由を挙げて自衛権の枠組みの中で軍事行動を正当化しようとしたのであろう。それでは，人道的介入は自衛権を根拠にすることなく，武力不行使義務の例外として許容されるのであろうか。

　人道的介入の正当性については，多数の国家が否定的な立場をとっている。また，学説においては，肯定説と否定説に分かれている。肯定説は，人道的介入が国連憲章以前に慣習国際法として確立し，国家の領土保全や政治的独立を侵犯せずに文民などの戦争犠牲者を保護するものであり，国連憲章に反する行為ではないと論じる。一方，反対説は，人道的介入は慣習国際法として成立しておらず，国家の領土保全や政治的独立を侵犯しなければ武力行使が容認されると解釈すべきではないと反論する（岩沢 2023: 699-700）。人道的介入は，民間人の保護を理由としているとはいえ，単独の国家による恣意的な判断にもとづく軍事行動を安易に正当化するおそれがあり，そのことが，国際の平和と安全に対する脅威となる。武力不行使義務とその例外との境界では，国家主権と国

際規範が鋭く対立している。

4 冷戦終結後の集団安全保障にもとづいた人道的介入

● 1990年代以後の人道的介入と「脅威」の拡大

国際社会は，冷戦終結後に国境を越えて影響を及ぼす新たな安全保障上の課題に直面するようになった。その中でも，人権侵害や大量虐殺などの人道危機や，民族紛争や内戦などの国内問題が，国際の平和と安全に対する重大な脅威として注目されるようになった。これらの問題に対処するために，安保理が人道的介入を強制措置として承認することも増えてきた。

国連憲章2条7項は，国連がその加盟国の国内管轄事項に介入することを禁止している。したがって，国連が主導する人道的介入に対しては，他国の主権を侵害する違法行為であるという批判がありうる。ただし，国連憲章2条7項の但し書きによれば，安保理が加盟国の国内管轄事項に関連する強制措置を発動する場合には，その行動は適法とされる。

それでは，そのような強制措置の一環として実行された人道的介入には，どのようなものがあるだろうか。1991年の湾岸戦争後，イラク政府軍がクルド人に対して化学兵器を使用したり迫害したりしたことから，クルド人難民が大量に発生した。これに対して，安保理は決議688を採択し，イラク政府に対してクルド人の保護を要求した。アメリカやイギリスなどは，この決議を根拠にしてイラク北部上空で飛行禁止空域を設定し，イラク政府軍からクルド人を保護した。

ソマリアでは，政府の崩壊に伴って内戦が勃発し，飢餓や感染症が蔓延した。これに対して，安保理は決議794を採択し，人道支援のために武力行使を含む強制措置を承認した。アメリカを中心とする多国籍軍がソマリアに派遣され，第2次国連ソマリア活動（UNOSOM II）が展開された。しかし，多国籍軍とソマリアの武装勢力との間で激しい戦闘が起こり，多数の犠牲者が出た。1993年10月3日に起こったモガディシュでの戦闘後，アメリカはソマリアから撤退することを決定し，国連平和維持活動も95年に終了した。

ルワンダでは，フトゥ人とトゥチ人との間で民族対立が激化し，1994年4

第Ⅱ部　グローバル・ガバナンス

月6日にハビャリマナ大統領の機体が撃墜されたことをきっかけに，大量虐殺が始まった。これに対して，安保理は治安の悪化を理由にして，国連ルワンダ支援団（UNAMIR）の規模を縮小したために人員や装備が不足し，虐殺を阻止することができなかった。約100日間で80万人以上のトゥチ人や穏健派フトゥ人が殺害されたと推定される。国連はこの虐殺に対する対応の遅れや無力さを批判された。

　ユーゴスラヴィア連邦の一部であったコソヴォは，アルバニア系住民が多数派を占めており，セルビア系住民との間で紛争が起こっていた。ユーゴスラヴィア政府はアルバニア系住民に対して弾圧や迫害を行い，多くの難民や死傷者を出した。これに対して，NATOは，ユーゴスラヴィア政府に対して停戦などの条件を提示したが拒否された。そこで，NATOは安保理による武力行使容認決議を得ずにユーゴスラヴィアに対して空爆を開始した。この空爆は，人道的介入の名の下に行われたものであったが，安保理の承認を得なかったことや，ユーゴスラヴィアの主権を侵害したことなどから，ロシアや中国などから非難を浴びた。

　冷戦終結後の人道的介入は，安保理にもとづく強制措置の一環として正当化されることが多く，冷戦期の人道的介入とは異なり，その正当性は国連憲章の規定に裏打ちされている。一方，コソヴォ危機に対する人道的介入は，安保理決議を経ずに実行されたので，その正当性に疑問符が打たれた。しかし，安保理決議があれば，いかなる軍事介入も許容されるのであろうか。どのような状況で人道的介入が必要になるのか，どのような組織が人道的介入を実施できるのか，どのような手段や規模で人道的介入を行うのか。どのような責任や義務が人道的介入に伴うのであろうか。安保理の強制措置は武力不行使義務の例外として許容されるものであり，制限的に解釈されるべきであろう。そこで必要なことは，どのような場合に国家主権の原則に対して，国際社会の規範が優越するのかという観点である。

● 破綻国家論の登場

　人道的介入の対象となったのは，人道危機や大規模な人権侵害に対処する意思や能力に欠ける国家であった。このような国家は，内戦や反乱，統治機構の

第8章　武力の行使に国際的基準はあるのか

崩壊，経済的な困窮といった要因によって，国際社会の一員である国家としての体裁を維持できていない。このような国家のことを破綻国家ということもある（Helman and Ratner 1992: 3）。破綻国家とは，政府が機能せずに社会秩序が崩壊し，住民の安全や福祉が確保されない国家のことである。破綻国家は，人道危機，難民危機，テロリズムなどの原因や温床となり，国際社会にも影響を及ぼすと考えられている。そのため，破綻国家に対する軍事介入が必要であるという主張がなされた。破綻国家論は，冷戦終結後に出現した新しい安全保障の課題として注目され，従来の国家中心的な安全保障観から人間中心的な安全保障観へと転換することを促した。破綻国家の代表的な例としては，1990年代以降のソマリアやアフガニスタンなどが挙げられる。

● 保護する責任論の登場／主権概念の転換

　このような破綻国家に対する人道的介入の正当化の根拠として登場した考え方の一つに，保護する責任（Responsibility to Protect: R2P）が挙げられる。これは，2001年に発表された介入と国家主権に関する国際委員会報告書（ICISS 2001）で提唱された概念であり，2005年に国連首脳会合成果文書で採択された（UNGA 2005, paras. 138-140）。各国は自国民を大量虐殺や民族浄化などの重大な人道危機から保護する責任を負うとともに，その責任を果たす意思や能力がない場合には，その責任を果たすために国際社会が支援するというものである。保護する責任は，人道的介入の正当化基準や手続きを明確化し，国際法や国連憲章との整合性を高めることをめざした。さらに，保護する責任は，主権という概念にも変革をもたらした。従来の主権概念は，国家が国内管轄事項に対して絶対的な支配権をもつものとして認識されてきたが，保護する責任の考えによれば，主権は国家が特定の残虐行為から国民を保護する責任を果たすことを意味する。

　保護する責任は，以下の3つの要素からなる。第1に，各国家には自国内の人々をジェノサイド（大量殺害），戦争犯罪，民族浄化，人道に対する罪から保護する責任がある。第2に，国際社会は，第1の責任を履行するために必要な意思や能力をもたない国家に対して協力と支援を提供する責任を有する。第3に，国際社会は，第1の責任を履行する意思や能力がない国家に対して，外交

173

第Ⅱ部　グローバル・ガバナンス

的，人道的，その他の平和的手段を通じて適切な対応を行う責任を有する。平和的手段に効果がない場合には，安保理の承認の下で武力行使も含めた強制措置を行うことができる。

　保護する責任の理念にもとづいて行使された武力介入の一つとして，リビアへの空爆が挙げられる。リビア内戦は，2011年に起きたアラブの春の一環として，カダフィ政権に対する反政府デモから始まった。カダフィ政権は，デモ隊に対して強硬な弾圧を行ったが，これが国際社会の非難を招いた。安保理は，2011年3月17日に決議1973を採択し，リビア上空に飛行禁止空域を設定し，カダフィ政権の軍事力に対して必要なあらゆる手段を行使することを加盟国に認めた。空爆の結果によって反政府勢力に有利な軍事的均衡を作り出し，カダフィ政権の崩壊につながった。リビア空爆にみられたように保護する責任に関する国連決議は，民間人の人権や尊厳を守るために重要な役割を果たすが，同時に主権国家の領土保全と政治的独立への侵害などの問題も引き起こした。

5　対テロリズム戦争におけるアメリカによる自衛権の行使

　国連憲章における武力不行使義務の例外のもう一つは，自衛権の行使であった。冷戦終結後に自衛権の行使で注目されたのが，2001年9月11日に起こったテロ組織アルカイーダによるアメリカ同時多発テロリズム事件であった。

　アルカイーダは，アメリカのニューヨークやワシントンで，世界貿易センタービルや国防総省ペンタゴンに旅客機を衝突させ，約3000人を死亡させた。アメリカは，同時多発テロ事件に対する報復として，アフガニスタンに武力行使を開始した。この報復攻撃の目的は，アルカイーダの活動拠点の破壊とアルカイーダを庇護していたタリバーン政権の転覆にあった。アメリカは，自国の安全を守るためにアフガニスタン攻撃を自衛権の行使の一環として正当化した。アメリカに加えて，イギリスなどの国々もアメリカの安全を守るために集団的自衛権を行使して参戦した。テロ事件の翌日，NATOは発足以来初めてとなる北大西洋条約5条（共同防衛）の発動を決定した。この条項は，加盟国が武力攻撃を受けた場合に，他の加盟国もそれに対して自衛権を行使することを定めている。なお，6条において，その共同防衛の範囲は条約地域に限定されて

いる。

2011 年 5 月 2 日，アメリカはアルカイーダの指導者であるビン・ラーディンをパキスタン領内で殺害した。アメリカは，この作戦が自衛権を行使したものであり，国際法に適合していると主張した。しかし，パキスタン政府は事前にこの作戦について知らされておらず，主権侵害であると抗議した（Deeks 2011: 485）。このようなテロ集団の掃討は，自衛権にもとづいて正当化されるが，他の国家の領土保全と政治的独立を侵犯するおそれもある。

6 国家の統治と武力不行使義務

冷戦終結後の武力不行使義務とその例外に関して説明してきたが，これには重要な観点が抜け落ちている。それは，国家の統治という観点である。武力不行使義務は国家間関係を念頭に構想された国際規範であるが，今日，武力行使の正当性を考えるうえで重要な要素が，国家の統治における意思と能力の欠如である。

● 意思または能力を欠く国家基準

現在の国際法では，武装集団やテロ組織が潜伏している領域国であっても主権の尊重と領土の保全は不可侵である。したがって，領域国が，武装集団やテロ組織になんらかの措置をとる意思や能力をもたない場合であっても，被害国は自衛権を行使できない。しかし，被害国による自衛権の行使を禁止することは，その被害国の自衛権を抑制することになり，不公平で不合理である。また，このことは，武装集団やテロ組織に対する抑止力や制裁力を失わせることになり，安全保障上のリスクを高めることになる。

国際法学者ディークスは，この問題を解決するために，意思または能力を欠く国家基準を提案した（Deeks 2012）。この基準は，領域国が武装集団やテロ組織になんらかの措置をとる意思や能力がない場合に，被害国による自衛権の行使を正当化できるというものである。たとえば，アフガニスタンやパキスタンがアルカイーダの殲滅やビン・ラーディンの引き渡しに有効な手立てを講ずることができない場合，アメリカはこれらの領域であろうとも自衛権を行使で

第Ⅱ部　グローバル・ガバナンス

きることになる（Deeks 2012: 549-550）。

　ディークスは，意思または能力を欠く国家基準に影響を与える実質的および手続き的な要件を提案している。それには，以下の5つの要件がある（Deeks 2012: 490）。

　　⑴　被害国は，一方的な武力行使よりも領域国の同意や協力を優先すること
　　⑵　被害国は，領域国に脅威への対処を求め，領域国が対応するのに十分な時間を与えること
　　⑶　被害国は，領域国の関連地域における支配力と能力を合理的に評価すること
　　⑷　被害国は，領域国が提案した脅威を抑制する手段を合理的に評価すること
　　⑸　被害国は，これまでの領域国との相互関係について判断すること

● **意思または能力を欠く国家基準に対する批判**

　このように武力不行使義務の例外として認められる自衛権の行使を広く認める意思または能力を欠く国家基準に対しては，いくつかの批判もみられる。ウィリアムズ，コルテン，クレシなどの国際法学者が，この基準を批判している（Williams 2013; Corten 2016; Qureshi 2018）。整理すると，以下の4点に集約される。第1は，法的な根拠の欠如である。これは，国際法で明確に定義されておらず，慣習国際法や条約にも規定されていない。第2は，自衛権の行使に関する原則の形骸化である。自衛権を行使する場合には，武力行使の目的と範囲を限定するために必要性や均衡性に従う必要があるが，意思または能力を欠く国家基準はこれらの原則を蔑ろにするおそれがある。第3は，恣意的な判断による基準の運用である。この基準は，個々の国家の見解や主張によるので，その適用範囲や要件は一貫性や合意に欠けている。そのため，基準が濫用されるおそれがある。第4は，国際秩序に対する不安定な影響である。この基準は紛争の平和的解決や協調的な対応を妨げるほか，他国の領土保全や政治的独立を侵害することで国際法の原則や目的に反することがある。

　これらの批判はいずれも妥当であるが，重要な点を見逃している。それは，ディークスが述べているように，領域国が武装勢力やテロ組織に対してなんらかの措置をとる意思や能力に欠けているときでさえ，被害国は自衛権を行使できないので，被害国の主権を尊重し領土を保全することが困難になる点である。

第 8 章　武力の行使に国際的基準はあるのか

この場合に，自衛権の行使を許容しないことは，国際秩序の安定と正義の実現という観点を考慮に入れると疑問が残る。しかし，被害国が意思または能力を欠く国家基準を恣意的に用いて武力行使を正当化するおそれもあり，それ自体が国際秩序の安定と正義の実現を損なう結果ともなりうる。このディレンマを解くカギはないが，これからの国際社会がこの基準を受容し，あるいは拒絶するのか，それが慣習国際法として法的な根拠を得られるのか，自衛権の行使の新たな基準を構築できるのか，構築できたとしても，それが遵守されるのかという点に，この基準の行く末がかかっている。

● 自衛権と意思または能力を欠く国家基準

　このような，国際法学者の理論や論争を踏まえて，国際社会における実行を簡単にみておきたい。冷戦期においても，すでに国家の意思または能力を欠く国際基準と同様の内容が言及されてきた。前述したエンテベ空港事件については，アメリカがイスラエルの立場を擁護するために，ウガンダにはテロリストを排除する意思や能力が欠落しているとし，それを理由にして，イスラエルの自衛権の行使を正当化できると以下のように述べている（UNSC 1976, para 77）。

　　　人質を救出したイスラエルの行動は，必然的にウガンダの領土保全を一時的に侵害することになった。通常，このような侵害は国連憲章のもとでは許されない。しかし，人質がいた領域国が彼らを保護する意思や能力もない状況において，被害国が自国民を傷害または死の差し迫った脅威から保護するために限定的な武力を行使する権利は十分に確立されている。この権利は自衛権に由来するものであり，自国民を傷害から守るために必要かつ適切な武力の行使に限定される。

　冷戦終結後もアメリカは意思または能力を欠く基準にもとづいて自衛権を行使できると主張している。2014 年 9 月，アメリカは IS が拠点とするシリアを空爆し，パワー国連大使が潘 基文国連事務総長に対して書簡を提出している（UNSC 2014a）。

　　　脅威が存在する国家の政府が，自国の領土においてそのような攻撃〔イラクの領土や国民に対する攻撃〕に使われるのを防ぐ意思または能力がない場合，国家は，国連憲章 51 条に示されているように個別的・集団的自衛の固有の権利にしたがって，自国を守ることができなければならない。

177

第Ⅱ部　グローバル・ガバナンス

ただし，自衛権の行使を根拠づける意思または能力を欠く国家基準を主張しているのは，アメリカなどの一部の国家に限られており，どれほどまでにそれが国際的規範として定着しているのかは疑問が残る。

● **集団安全保障と意思または能力を欠く国家基準**

　集団安全保障にもとづく軍事的強制措置に関しては，破綻国家に国民を保護する意思と能力が欠落している場合が問題となる。介入と国家主権に関する国際委員会は，保護する責任の基本的原則について，このように述べている（ICISS 2001: XI）。

> 　内戦，反乱，抑圧，国家の失敗の結果，住民が深刻な被害を被っており，当該国家がそれを阻止する意思や能力もない場合，不干渉の原則は国際的な保護する責任にとってかわられる。

　このように国家の意思や能力の欠落が，保護する責任にもとづく軍事的強制措置を発動する重要な要件と考えられている。安保理では，国際の平和と安全の維持に関する会合において，国連人権高等弁務官ピレイが，以下のように明快に述べている（UNSC 2014b: 7）。

> 　人権侵害への対応は第一に，関連する国家の義務であった。しかし，政府が自国民を保護する意思または能力に欠く場合，国際社会，とりわけ国連安保理が介入し，その裁量を用いて調停，支援，勧誘，強制の手段を駆使して紛争のきっかけを取り除く責任がある。

　ただし，その武力行使の基準や方法などをめぐって論争が残されている。軍事的強制措置に関しては，その発動要件を広く認めることで集団安全保障の制度が形骸化するのではないかという疑問が生じる。安保理や大国が恣意的に破綻国家に介入してもよいのか，介入した場合には，なんらかの基準を受容し，あるいは拒絶するのか，それが新たな基準を構築するのか，構築できたとしてもそれが遵守されるのかという問題が立ちはだかっている。

7　武力行使と国際人道法

　国連憲章は，原則として武力による威嚇または武力の行使を禁止し，その例

第 8 章　武力の行使に国際的基準はあるのか

外として，自衛権の行使と集団安全保障にもとづく軍事的強制措置の発動を許容している。この原則を侵害して戦争や侵略をした国家であっても無制限に武力が認められるわけではない。また，その例外として自衛権の行使や強制措置の活動においても，国家は国際人道法（ジュネーヴ条約など）を遵守する義務を負うからである。

● 国際人道法の内容

　1949 年のジュネーヴ条約には，傷病兵の状態改善に関する条約，海上傷病難船兵の状態改善に関する条約，捕虜の待遇に関する条約，文民（非戦闘員）の保護に関する条約がある。この条約を批准したり加入したりした国家は 196 カ国にのぼり，国際社会における基本的原則を構成しているといえよう。

　国連憲章による武力不行使義務は，武力行使の条件に関する国際法である一方，国際人道法は，武力紛争における紛争当事国の相互関係を規律する国際法であり，2 つは別々の法体系を構成している。前者に関しては，*jus ad bellum* の国際法，後者に関しては，*jus in bello* の国際法であると一般に称される。

　Jus ad bellum とは，国家が武力行使に訴えることができる条件を定めた法理論である。現代の国際社会では，武力の行使は原則として禁止されている。しかし，前述したように，例外的に自衛権にもとづく武力の行使や国連安保理の決議にもとづく強制措置の発動が認められている。*Jus ad bellum* は，これらの例外的な条件を明確化し，正当化するための基準を提供している。

　Jus in bello とは，武力紛争時に紛争当事者が従わなければならない規則のことである。これらの規則は，戦闘員や非戦闘員の尊厳を尊重し，不必要な苦痛や苦難を防止することを目的としている。*Jus in bello* は，戦闘員の資格や待遇，戦闘手段や方法の制限，文民や負傷者などの戦争犠牲者の保護などを規定する。戦闘員の資格とは，武力紛争に参加することが許される者の条件である。戦闘員は，敵対行為を行う権限をもつので，当然のことながら武力攻撃の対象となる。しかし，戦闘員が捕虜として捕らえられた場合には一定の保護が受けられる。なお，戦闘員ではない者が敵対行為を行った場合には，戦争犯罪やテロリズムなどの罪に問われる可能性がある。戦闘手段や方法の制限とは，兵器やその使用方法に関する制約のことである。過度の傷害や無用の苦痛を与

179

第Ⅱ部　グローバル・ガバナンス

Column⑤　核兵器使用・威嚇の合法性事件（国際司法裁判所勧告的意見） ◇·◇·◇·

　国連総会は，ICJ に対して核兵器による威嚇または使用の合法性に関して勧告的
意見を求めた。これに対して，ICJ は，国際人道法の原則は文民を標的とせず，戦
闘員に無用の苦痛を与えないことにあり，核兵器による威嚇または使用は武力紛争
法，とくに国際人道法の原則や規則に一般的には反すると結論づけた。しかし，自
衛の究極的状況において，核兵器による威嚇または使用が合法か違法かを判断する
ことはできないと言明した。

◇·

えるものは使用できないという原則である。たとえば，生物兵器や化学兵器な
どの大量破壊兵器の使用は禁止されている。なお，これらの兵器に関しては，
その使用などの禁止に関する条約が存在する。文民や負傷者などに対しては，
国家が敵対行為から免除されるべき人や物を区別して尊重し，救助し，保護す
る義務を負う。これらの保護される人々が敵対行為に参加しない限り，武力攻
撃の対象にならず，人道的な待遇や医療的な援助を受けられる。

　しかし，1949 年のジュネーヴ条約は国家間戦争を念頭に置いて規定された
条約であり，国際的武力紛争における国際人道法の適用については十分に規定
を置いていない。4 つのジュネーヴ条約は共通の規定（3 条）を置き，内戦や
植民地解放闘争に適用される最低限度の義務を国家に課している。しかし，非
国際的武力紛争に関する規定は 3 条のみであり，1977 年にジュネーヴ条約第 2
追加議定書が採択されて，非国際的武力紛争に適用される議定書が定められた。
現在，169 カ国が締約国になっており，この議定書は非国際的武力紛争の *jus
in bello* の国際的基準である。

● 国際人道法と意思または能力を欠く国家基準

　国際人道法と意思または能力を欠く国家基準も自衛権や集団安全保障にもと
づく軍事的強制措置と同様に一部関連がある。前述したように，国家は国際人
道法にもとづいて文民を保護する義務を負うが，その義務を履行する意思や能
力が欠如していることがある。破綻国家は，国際人道法を適用する意思や能力
を欠き，ジェノサイド，戦争犯罪，民族浄化，人道に対する罪を放任し，ある
いは加担し，大規模な人道危機を引き起こした。安保理は，このような事態を

180

受けて 2006 年に決議 1674 を採択し，国連平和維持活動の任務（マンデート）において，適切な場合に個別に，文民の保護に関する規定を含む慣行を再確認した。しかし，国連平和維持活動の任務に文民の保護が掲げられ，国家が国民を保護する意思や能力に欠き，国際人道法の侵害を構成した場合であっても，国連平和維持活動の正当化の根拠になるとまではいえない。言い換えれば，国際人道法の侵害は，国連憲章第 7 章にもとづく強制措置の発動を正当化するものでは必ずしもない。ただ，国家が国民を保護する意思と責任を果たさない場合には，国連平和維持活動の任務の一つとして文民の保護が含まれることがあり，その限られた意味において，国際人道法と意思または能力を欠く国家基準は関連するといえよう。

8 武力不行使規範とその新たな課題

　冷戦期に構築された武力不行使規範が提供する国際的基準は，依然として武力の行使に対する一定の制約を課している。その意味においては，武力の行使に関する国際的基準は「ある」といえよう。また，冷戦終結後のグローバリゼーションの時代において，集団安全保障制度を柔軟に運用し，テロリズムに対する自衛権の行使を容認し，例外的措置としての武力を行使してきた。また，国際人道法に違反して大規模な人道危機を発生させた破綻国家に対する軍事介入にも一定の役割を果たしてきた。

　しかし，このような国際的規範は，一般に国家間紛争を想定した規範であり，国内の統治における意思や能力の欠落という視点は十分に取り入れられてこなかった。そのために，意思または能力を欠く国家基準が提唱されてきた。この新しい基準に関しては，一部の国家や研究者から批判を受けており，その適用範囲や具体的な基準については依然として議論の余地がある。

　その批判や疑問は，以下の 4 点に集約される。法的な根拠の欠如，武力行使に関する原則の形骸化，恣意的な判断による基準の運用，国際秩序に対する不安定な影響である。そのため，この新たな基準が「ある」といえるためには，これからこの基準が定着するのか，定着したとしても遵守されるのかは，国際社会がその基準をどれほど受容するのかにかかっている。

第Ⅱ部　グローバル・ガバナンス

さらに読み進める人のために

最上敏樹『人道的介入』岩波新書，2001 年。

　　人道的介入の正当性，歴史的事例，法的枠組みについて論じている。とくに，国連憲章や国際法にもとづく人道的介入の合法性と限界を探求し，コソヴォ紛争やユーゴスラヴィア空爆などの具体例を通じて議論を深めている。また，国連の役割とその介入の正当性に対する国際社会の見解を検討している。

藤田久一『国連法』東京大学出版会，1998 年。

　　国連の法的側面を詳細に論じ，とくに，国連憲章にもとづく国連の法的枠組み，国連の組織と機能，そして国連による法の適用と解釈について深く掘り下げている。全体として，法律にもとづいた国連の運営とその現代国際法における位置づけを総合的に理解するための重要な概説書となっている。

小松志朗『人道的介入──秩序と正義，武力と外交』早稲田大学出版部，2014 年。

　　人道的介入の歴史，法的枠組みに関する事例研究を通じて，人道的介入の実効性や限界，外交と武力行使の関係性を探求している。さらに，人道的介入の正当性や国際社会におけるその役割についての深い洞察を提供し，多角的な視点からこの複雑なテーマにアプローチしている。

引用・参考文献

岩沢雄司 2023『国際法〔第 2 版〕』東京大学出版会。

志村真弓 2024「対リビア武力行使の国際法的根拠の変化と多重化──「住民保護」から「テロ掃討」へ」『平和研究』61 号，81-105 頁。

田中佐代子 2019「非国家行為体に対する越境軍事行動の法的正当化をめぐる一考察──「領域国の意思・能力の欠如」理論（'unwilling or unable, doctrine）の位置づけ」『法学志林』116 巻 2・3 号，271-314 頁。

本吉祐樹 2017「'Unwilling or Unable' 理論をめぐる議論の現状──その起源，歴史的展開を中心に」『横浜法学』26 巻 1 号，153-197 頁。

Corten, Olivier 2016, "The 'Unwilling or Unable' Test: Has it Been, and Could it be, Accepted?," *Leiden Journal of International Law*, 29(3), pp. 777-799.

Deeks, Ashley S. 2011, "Pakistan's Sovereignty and the Killing of Osama Bin Laden," *American Society of International Law*, 15(11). https://www.asil.org/insights/volume/15/issue/11/pakistans-sovereignty-and-killing-osama-bin-laden（2023 年 9 月 30 日閲覧）

Deeks, Ashley S. 2012, ""Unwilling or Unable": Toward a Normative Framework for Extrat-Territorial Self-Defence," *Virginia Journal of International Law*, 53(3), pp. 483-550.

Helman, Gerald B. and Steven R. Ratner 1992, "Saving Failed States," *Foreign Policy*, No. 89, pp. 3-20.

ICISS 2001, The Responsibility to Protect: Report of the International Commission on Intervention and State Sovereignty.

Motoyoshi, Yuki 2021, "The Legal Framework of the 'unwilling or unable' Theory and the Right of Self-Defence against Non-State Actors," *Comparative Law* (Nihon University), Vol. 37, pp. 25-45.

Qureshi, Waseem Ahmad 2018, "International Law and the Application of the Unwilling or Unable Test in the Syrian Conflict," *Drexel Law Review*, 11(1), pp. 61-100.

Trapp, Kimberley N. 2015, "Actor-pluralism, the 'turn to responsibility' and the jus ad bellum: 'unwilling or unable' in context," *Journal on the Use of Force and International Law*, 2(2), pp. 199-222.

UNGA (United Nations General Assembly) 2005, A/RES/60/1, 24 October 2005.

UNSC (United Nations Security Council) 1976, S/PV.1941, 12 July 1976.

UNSC (United Nations Security Council) 2014a, S/2014/695, 23 September 2014.

UNSC (United Nations Security Council) 2014b, S/PV.7247, 21 August 2014.

Williams, Gareth D. 2013, "Piercing the Shield of Sovereignty: An Assessment of the Legal Status of the 'Unwilling or Unable' Test," *University of New South Wales Law Journal*, 36(2), pp. 619-641.

第 III 部

グローバル・エシックス

第9章　国際法による法の支配は平和をもたらすのか

第10章　国際社会は誰をいかに保護すべきなのか

第11章　国際刑事裁判は平和を生み出すか

第**9**章

国際法による法の支配は平和をもたらすのか

　本章では，現代世界における国際法秩序とは，誰のいかなる平和を維持しよう
としているのかという問いを立て，時代ごとに異なる主体がどのような状態を国
際法規範を使って「平和」として正当化してきたのかを探っていく。この作業を
通して，国際法が現状を維持する機能を有すると同時に，現状を変革する機能を
も果たしうること，そして現代世界においては，国家だけでなく人々が希求する
平和を実現するために役割を果たしていることを明らかにしていく。

1　国際法による法の支配と平和をめぐる難問

● 国際法は誰のいかなる平和を維持しているのか

　国際法は，国際平和を実現するうえでいかなる役割を果たすことができるの
だろうか。この問いへの答えとして，全く異なる2種類の認識が示されてきた。
　一方で，国際法は国際平和の実現にとって欠かすことのできない制度である
とする，国際法の役割を肯定的にとらえる認識がある。国際条約の数が増大し，
国家を超えた司法システムが広く普及した21世紀の世界において，国家間の
紛争を解決し，グローバルな課題の解決に取り組むうえで，国際法は不可欠な
手段となっているという説明は説得力をもつだろう。

187

もっとも，国際法がすべての問題を解決できるわけではない。武力行使やジェノサイドの禁止など，その遵守がとくに重視されている強行規範（*jus cogens*）でさえ，しばしば著しく損なわれてきた。しかしそうした重大な違反が発生したときこそ，各国は国際法の原則に言及し，その遵守の必要性を強調してきたこともまた事実である。国際社会における「法の支配」を実現する手段である国際法は，一部の大国による「力の支配」がもたらす階層性と暴力性を克服し，予測可能性の高い秩序の構築に貢献するという意味で，国際平和の実現に寄与することが期待されてきた。

しかし他方で，国際法が維持しようとする国際平和とは，現状維持を望む支配的な国々の利益を守るイデオロギーにすぎないという，国際法の役割を批判的にとらえる認識もまた，多様な論者によって繰り返し主張されてきた。強者の利益を表現するものとして国際法をとらえるならば，現状に不満をもつ国々と支配国間の紛争を，既存の国際法規範は解決できないことになる。さらには，不満をもつ国々による既存の国際法秩序への挑戦を招く可能性があることから，むしろ国際法が作り出す秩序自体が紛争の原因となる可能性さえ指摘されてきた。すなわち，国際法は国際平和の実現に貢献しているようにみせかけて，実際には国際関係を支配する国々にとって有利な状況である現状を防衛するための装置にすぎない，というのである。これらの指摘は，国際法の「政治性」に対する批判として認識されてきた。

本章では，現代世界における国際法秩序とは，誰のいかなる平和を維持しようとしているのだろうかという問いを立て，次の順番で考察を展開していく。この第1節では，国際法の政治性に対する批判を展開した代表的な論者であるカーとモーゲンソーによる主張を概観することで，なぜ彼らが国際法による国際平和の実現に否定的な見解をもっていたのかを検討する。続く第2節では，カーやモーゲンソーによる批判の対象であった伝統的国際法が，欧米諸国による「力の支配」を支える手段となってきた歴史を振り返る。そのうえで第3節では，第二次世界大戦後に国際法秩序の「構造転換」がみられ，現状変革的な傾向が強くなっていった点に着目する。そして第4節において，戦後世界において積み上げられてきた自由主義的な国際法秩序が，その秩序のあり方に問題を見出す国々や人々から再び批判に晒されている要因を検討したうえで，第5

第9章　国際法による法の支配は平和をもたらすのか

節においてあらためて「国際社会における法の支配は誰のいかなる平和をめざすのか」という問いについて考えることにしたい。

これらの考察において重要となるのは，過去100年の間に発生した国際法の形成にかかわる主体の増加と多様化である。「国際社会」を構成する主権国家の数は，1920年に発足した国際連盟（連盟）の原加盟国数が42カ国であった時代から，2024年現在の国際連合（国連）加盟国数である193カ国へと大幅に増加した。また，地域的な機構も含めて国際機構の数もまた飛躍的に増大し，これらの国際機構や関連機関に加えて，非政府組織（NGO），多国籍企業など，非国家主体が国際法づくりのための過程にかかわるようになった。

このように，国際的な規範形成過程に参加する主体が増加し多様化したことは，国際法と国際平和の関係に，いかなる変化をもたらしたのだろうか。国際法とは究極的には言葉の集合にすぎないが，その言葉によってある行為を正当化し，または非正当化する機能を果たす。国際法が誰のいかなる平和を維持しようとしているのかを考察することは，時代ごとに異なる主体がいかなる状態を「平和」として正当化してきたのかを探る作業でもあるといえるだろう。

● カー『危機の二十年』における国際法秩序への批判

国際法がもつ政治性への批判が出現した背景には，世界で初めての普遍的国際機構である連盟の成立があった。多大な犠牲を出した第一次世界大戦を受けて，連盟の設立条約である国際連盟規約は，国家間紛争の平和的な解決手段として仲裁裁判，司法的解決，または連盟理事会による審査を制度化すると同時に，加盟国に「戦争ニ訴ヘサルコト」（12条1項）を約束させることで，戦争を違法化した。さらに世界大戦勃発の要因とされる同盟にもとづく勢力均衡政策に代わる戦争防止策として，初めて集団安全保障体制が採用された連盟では，加盟国間の「約束ヲ無視シテ戦争ニ訴ヘタル聯盟国ハ，当然他ノ総テノ聯盟国ニ対シ戦争行為ヲ為シタルモノト看做ス」ことが規定された（16条1項）。すなわち，戦後の国際秩序に挑戦する国家に対して，連盟加盟国は連盟の名の下で，挑戦国に対して集団的に制裁を課すことが，連盟規約という国際条約にもとづいて可能となったのである。こうした集団安全保障に関する規定をもつ連盟規約は，ドイツをはじめとする敗戦国に対する巨額の賠償や領土の割譲を定

第Ⅲ部　グローバル・エシックス

めたヴェルサイユ講和条約の第 1 篇に位置づけられていた。この点を踏まえる
ならば，それはイギリス，フランス，イタリア，アメリカをはじめとする「戦
勝国にとっての平和」が「国際的な平和」と同一視され，国際法や国際機構に
よって制度化され，正当化されたと評価することは可能である。

　よく知られているように，連盟における世界初の集団安全保障体制は，中小
国の紛争解決には一定程度の成果をおさめたものの，日本やドイツ，イタリア
などの大国による連盟規約に対する違反行為を抑止できず，世界は再び大戦を
経験することになった。連盟による平和の実現が 1930 年代に行き詰まりをみ
せる中で，その「失敗」の要因を分析した代表的な論者が，国際政治学の古典
的な論客として知られるカーであった。19 世紀末のイギリスに生まれ，戦勝
国の外交官として第一次世界大戦後に連盟に関するヴェルサイユ講和条約の起
草作業に参加した経験をもつカーは，研究者に転身した後に執筆した，代表的
な著作『危機の二十年』(1939 年) の中で，「国際平和は支配的強国の既得権」
となっているとして，以下のような批判的な分析を展開した (カー 2011)。

　　　法は抽象的なものではない。われわれは，法自体が依拠する政治的基盤や，それ
　　が仕える政治的利益とかかわりのないところで理解することはできないのである
　　(343 頁)。

　　　「国際的秩序」と「国際的結合」はつねに，これらを他国に押しつけるほどの強
　　国であるとみずから実感する国々のスローガンになるのである (178 頁)。

　これらのカーの分析によれば，国際法は国際関係において支配的な国家群の
政治的利益を反映するものであり，連盟も同様に，戦勝国にとって有利な現状
を維持する装置にすぎないとみなされることになる。

● モーゲンソー『国際政治』におけるイデオロギーとしての国際法批判

　カーと同じく世界大戦の時代を生きたモーゲンソーは，20 世紀初頭のドイ
ツに生まれた。その博士論文のタイトル「国際司法――その本質と限界」(1928
年) が示すように，当初は国際法の専門家としてドイツやスイスの大学で教鞭
をとっていたが，ユダヤ系ドイツ人であったために，1933 年にナチ・ドイツ
が政権をとったことを受けて 37 年にアメリカに亡命する。第二次世界大戦後

190

にアメリカで執筆されたのが，リアリズム国際政治学の古典といわれる『国際政治』（1948年）であった。

　同書の中でモーゲンソーは，国際政治の基本的パターンを，現状維持政策，帝国主義政策，力の維持または増大するための威信政策の3つに分類しているが，国際法は現状維持政策を正当化するイデオロギーとして機能していることを指摘した。ここでいう「現状」とは，「戦争前の現状 (*status quo ante bellum*)」の語に由来し，現状維持政策とは，歴史のある時点に存在している力の配分を維持することを目的としているという（モーゲンソー 2013〈上〉: 231-233）。

> 平和と国際法は，現状維持政策のためのイデオロギーとして非常に役立つ。……現状維持政策の目標を平和主義的な言葉で表明することによって，政治家は，帝国主義的な敵対国に戦争屋という烙印を押したり，また自己および自国民の良心から道義的ためらいを取り除いてみせる。また彼は，現状の維持に利害関係をもつすべての国からその支持を得ることを望むこともできるのである。
> 国際法も，現状維持政策のために同様のイデオロギー的機能を果たす。……それゆえ，特定の対外政策を支持するために，「法の下での秩序」，「通常の法的手続き」といった国際法の呪文を唱えることは，つねに現状維持政策のイデオロギー的偽装を意味することになるのである。もっと具体的にいえば，国際連盟のような国際組織が，ある一定の現状を維持するために設立された場合，この組織を支持することはその特定の現状を支持するのに等しい。

　以上でみてきたように，カーとモーゲンソーによる批判に共通する前提として，国際法を含めた法秩序は，その時代の支配的な勢力の利益を反映したものにすぎないとする認識がある。実際に，両者が観察の対象としていた20世紀前半までの国際法の作られ方や規範の内容，さらにその執行方法はいずれも，当時支配的であった欧米諸国の利害を色濃く反映したものであった。

　続く第2節では，カーやモーゲンソーが批判の対象とした伝統的な国際法が維持しようとした国際秩序とは，いかなるものであったのかについて考察する。

第Ⅲ部　グローバル・エシックス

2 力の支配を支える法の支配 —— 伝統的国際法が抱えた課題

● 戦争の制限手段としての国際法 —— グロチウスからカントへ

　伝統的国際法の時代とは，17世紀以降のヨーロッパにおいて主権国家が出現し始めた時期から始まったとされる。各地域の君主や封建領主がそれぞれに権力をもっていた中世までの分権的な社会から，立法権や課税権，また宣戦や講和の権限を含む主権的権力をもつ政治共同体が出現し始めたのが，まさにこの時代である。この主権国家という新たな主体が登場した国際社会において，なぜ，いかなる目的で国際法は必要とされたのだろうか。

　この時代に国際法が体系的に議論される契機となったのは，ヨーロッパ各国に甚大な被害をもたらした三十年戦争（1618-48年）であった。この主権国家の揺籃期に発生した戦争を経験したグロチウスは，出身国であるオランダでの政治的弾圧から逃れた亡命先のフランスで，『戦争と平和の法』（1625年）を執筆した。全3巻，51の章から構成される同書の序（プロレゴメナ）において，グロチウスはその執筆の動機を以下のように説明していた（大沼 2002: 13）。

　　　戦争ではすべての法が停止するということは，決して認めるべきでない。逆に，
　　戦争は，法の執行のため以外にはなすべきでなく，法と信義の枠内で行われるべき
　　である。戦争は，裁判では強制できない者に対してなされるものである。

　　　私は，諸人民間に，戦争（の開始）に対しても，また戦争中にも妥当するある種
　　の共通法が存在することを確実なことと考えていたが，これについて著書を著すの
　　に多くの重要な理由があった。それは，キリスト教世界の至るところで，野蛮な民
　　族さえ恥じるような放埒な戦争の遂行が見られることである。人々はとるに足らな
　　い理由で，あるいはまったく理由もなく武器に走り，ひとたび武器が手にとられる
　　や，あたかも一片の布告で凶暴さが解き放たれ，あらゆる暴行が許されるかのよう
　　に，神の法と人の法への尊敬がまったく払われなくなってしまうのである。

　これらの引用文から伝わってくるように，体系的な国際法の議論が必要とされた背景には，ヨーロッパにおける戦争とその被害があった。戦争に伴う暴力がもたらす被害を緩和することを目的として，自然法やキリスト教に依拠しつつも，理性にもとづいた普遍的な人類の法の存在を主張したグロチウスは，正

第 9 章　国際法による法の支配は平和をもたらすのか

戦論の伝統を受け継ぎながら戦争の正当化根拠を「法の執行」に求めた。さらに戦争目的の正しさ（*jus ad bellum*）だけでなく，戦争において許容される行為（*jus in bello*）とは何かを探求することで，その後の武力紛争法に道を開いたといわれる。

　グロチウスによるこうした主張は，国際法規範が特定の行為を正当化し，または非正当化することで，主権国家が行使する暴力を制限することをめざしていた。法の執行を目的とした戦争を正当化し，それ以外の戦争を違法化することで，国家による戦争の自由を制限しようとしたグロチウスの主張は，アウグスティヌスにまで遡るといわれる「正戦論」の系譜に属している。そして，この一部の戦争の制限という課題は，「諸人民間の法」と彼が呼んだように，主権国家間の共通の法規範を用いて取り組むことが構想されていたのである。

　国際社会における共通目標としての戦争の制限は，グロチウスによる著書の刊行から 170 年後にあたる 1795 年に刊行された『永遠平和のために』において，カントに引き継がれた。ドイツ統一時に中心的な役割を果たすプロイセンに生まれたカントは，隣国フランスで発生した 1789 年の革命に影響を受け，共和制国家による連合の形成を平和のための確定条項として提示したことで知られている（カント 1985: 42-43）。

　　　理性は道徳的に立法する最高権力の座から，係争解決の手続きとしての戦争を断乎として処罰し，これに対して平和の状態を直接の義務とするが，それでもこの状態は，民族間の契約がなければ，樹立されることも，また保障されることもできないのである。——以上に述べた諸理由から，平和連合（foedus pacificum）とでも名づけることができる特殊な連合が存在しなければならないが，これは平和条約（pactum pacis）とは別で，両者の区別は，後者がたんに一つの戦争の終結をめざすのに対して，前者はすべての戦争が永遠に終結するのをめざすことにある，と言えよう。

　このようにカントによれば，戦争後の世界においては戦勝国と敗戦国の間に講和（平和）条約を締結するだけでは十分ではなく，「すべての戦争が永遠に終結する」ことをめざす平和連合が必要であるという。諸国間の平和のための制度を提案する「平和構想」の歴史に連なるカントによる平和連合構想は，20世紀に実現する連盟，国連へとつながっていく。グロチウスやカントが戦争を

193

第Ⅲ部　グローバル・エシックス

制限するために国際法や国際機構を用いようとした構想は，当時の国際社会における戦争や秩序維持の方法の見直しを迫るという意味で，多分に現状変革的であったといえるだろう。

● 主権国家間の共存のための国際法

　グロチウスが 17 世紀の時点で国際法による戦争の制限をめざした一方で，主権国家を基盤とする国際体制が確立していく 18 世紀以降には，諸国家に共通する法によって戦争を制限する構想は後退を余儀なくされることになる。小国スイス出身の国際法学者ヴァッテル等によって国家間の主権平等が強調された結果，戦争が開始されれば交戦当事国間は対等な立場となることから，いずれの主体も正しい戦争目的や手段を判断することはできない状態へと変化していくことになった。

　こうして正戦論を前提とした戦争の制限は十分に機能しなくなり，国際法の役割はむしろ戦争が行われることを前提として，戦争において許容される行為（*jus in bello*）を制限する戦争法の充実が志向されることとなる。1899 年と1907 年に開催されたハーグ平和会議は，「陸戦ノ法規慣例ニ関スル条約」（1899年）をはじめ，戦争の手段を制限するために積み上げられてきた慣習法を法典化したことで知られている。18 世紀から 19 世紀にかけて，戦争の自由を含めた主権的自由をもつ国家の並存体制を前提としたうえで，主権国家間の共存を可能とするための調整機能が国際法に期待されるようになったといえるだろう。

　国家間の共存を円滑に実現することを目的として，この時期に発展がみられた他の国際法の分野としては，国家間の外交関係や外交特権を定めた外交関係法や，各国の領域確定にかかわる領域法がある。この時代における国際法の特徴としては，国際社会と国内社会は法的に完全に区別され，国内問題については主権平等にもとづいて内政不干渉の原則が強調される一方で，国際社会での国家間の利害は国際法によって調整することで，主権国家間の共存がめざされることになったのである。

● 植民地支配の正当化と大国間の平和

　こうして共存のための国際法が発展していくが，そこで共存する主体として

第9章　国際法による法の支配は平和をもたらすのか

想定されたのは，主にヨーロッパの主権国家であった。伝統的国際法が次第に充実していった19世紀は，産業革命を経験した欧米列強が，資源や市場を求めて帝国主義的な植民地獲得競争に乗り出していった時代でもあった。伝統的国際法は，欧米による植民地獲得を正当化する機能を果たすことになり，列強による世界分割が急速に進むことになった。

　国際法による植民地支配の正当化に関する代表的な事例が，領域取得に関する規範である。特定の地域を国家が法的に取得できる根拠やその証拠を意味する「領域権原」の様式として，当時は先占，添付，時効，割譲や併合，征服が主張されていた。とくにその代表的な様式として「先占」が知られているが，この先占が認められる要件としては，国家による行為であること，対象が「無主地（*terra nullius*）」であること，領有する意思の存在，実効的な占有が挙げられてきた。ここでいう「無主地」とは，たとえ対象地域に先住民族が居住し，政治共同体を形成していたとしても，欧米諸国の「文明国」としての基準を満たさないとみなされるならば，いかなる主権にも服さない地として当時は先占の対象とされたのである。ここでいう「文明国」とは，国際法を遵守し，外国人の生命，財産，自由などの基本権を保障する制度とその意思を有すると欧米列強によって認められた国家のみを指すものであった。さらに，有効な領域権原を有する国家は，国際社会全体に対して対象地域を自国領域として所有することを主張できるとする「対世的な（*erga omnes*）効力」も認められていた。

　このような領域権原に関する国際法理論はいうまでもなく，植民地支配に利益を見出していた欧米列強の利害を反映するものであった。列強による実行の積み重ねと，当該行為を自らの権利の行使であるとする「法的信念（*opinio juris*）」を根拠として，先占という領域権原は国際的な慣習法として認められた権利とみなされるようになっていく。慣習国際法とは，すべての法主体に適用されるという意味での「一般国際法」として認識されてきたが，このように欧米列強の意思と能力を根拠としていたことから，規範の内容は欧米中心的，大国中心的な性質をもち，かつ国家主権の絶対性を重視する傾向がみられた。

　言い換えるならば，伝統的国際法の時代における国際的な法の支配とは，欧米列強による力の支配を正当化し，維持する機能を果たしていたといえるだろう。同時にまた，主権をもつ国家間の関係を調整し，共存をはかるための機能

195

第Ⅲ部　グローバル・エシックス

を果たすことで，ヨーロッパを中心とした主要な大国間の紛争を抑制し，大国間の協調体制が一定程度は維持されることになった。大国間における戦争の不在こそが，当時の国際法が維持しようとしていた「国際平和」の内実だったのである。

3 自由主義的な国際秩序を生み出す国際法
──第二次世界大戦後の展開

● 二度の世界大戦と「国際法の構造転換」

　欧米中心・大国中心的であった伝統的な国際法秩序が大きく転換するきっかけとなったのは，20世紀に戦われた二度の世界大戦であった。国際法学者である石本泰雄によれば，第一次世界大戦後に始まった戦争の違法化への流れを受けて，以下のような意味での「国際法の構造転換」がみられたという。すなわち，伝統的国際法では，平時と戦時の二元構造を特徴とし，戦争を法の執行手段ではなく法の外へと追いやることで，戦争と平和を全く次元の異なる問題としてとらえていた。さらに平時の国際法は国内私法の原理から類推され，擬人化された「国家」を法主体として，その合意としての条約の拘束力を承認してきた。

　しかし，戦後の戦争違法化によって国際社会における暴力的秩序は否定され，二元的な構造は一元化し，主権国家間の契約関係を前提とする国内私法の類推も見直しを迫られることになる。国連憲章による武力行使の禁止（2条4項）に加えて，植民地独立の過程における「人民」の自決権の承認や，個人の人権の視点に立った国内統治権行使の制限，強制による条約の否認など，絶対視されがちであった国家主権を相対化し，その制限も含めた規範内容をもつことなどが，この構造転換の主要な論点とされた。これらの論点はいずれも国家間関係の調整を超えて，国家以外の法主体も参加しつつ，国際社会の共通利益の実現をめざす，より公法的な国際法秩序を希求する傾向をもつ。そして石本によれば，こうした構造転換をもたらした要因の一つは，新たな国際法を求める国々，人々の層の拡大と，その「規範的意識」の質的な変化であるという（石本 1998: 11）。

第9章　国際法による法の支配は平和をもたらすのか

　人間の肉体に宿る規範的意識の総体こそ，国際社会における法を生み出し，維持
してきたものである。それこそ国際法の究極にあるものであり，国際法を法たらし
めている基本的なモメントである。

　国際法秩序にこうした転換を生み出す媒介となったのは，第二次世界大戦後
に設立された国連であった。主権平等に由来する一国一票制度を採用した国連
総会は，欧米諸国を中心とする大国も，かつて植民地とされた経験をもつ中小
国も，形式的には対等な立場で参加し，国際社会における共通利益を析出し，
あるべき法規範とは何かを議論する主要なフォーラムとなった。1945 年には
欧米を中心に原加盟国 51 カ国の機構として発足した国連は，その後の植民地
独立という国際社会の構造的な大転換を経て，今日では 193 カ国が参加する，
文字通り普遍的な機構へと変貌している。たしかに国連総会決議は，たとえ全
会一致で採択されたとしても法的拘束力をもたない勧告である。しかし「世界
人権宣言」（1948 年）や「植民地独立付与宣言」（1960 年），「友好関係原則宣言」
（1970 年）をはじめ，国際社会における各国の行動基準として機能してきた多
くの総会決議はソフトローとして認識され，法的拘束力をもつハードローと同
様に，特定の行為を正当化し，または非正当化する際に用いられてきた。

　さらに総会決議の中には，前述した「世界人権宣言」のほかにも，「児童の
権利に関する宣言」（1959 年），「人種差別撤廃宣言」（1963 年），「女性差別撤廃
宣言」（1967 年），「拷問禁止宣言」（1975 年）など，これらの宣言の内容を取り
入れた多国間条約の締結につながった決議もあり，とくに第二次世界大戦後に
急速に発達した国際人権法分野における貢献には目覚ましいものがあった。加
えて，国連総会を舞台とした多国間条約交渉では，国際 NGO や各地域の市民
団体も各国代表に働きかけることが一般化した。ナチ・ドイツをはじめ，第二
次世界大戦下での国家による重大な人権侵害を受けて，各国内の人権保障を国
際社会の共通利益としてとらえなおす国際人権法の発展は，各国の国家主権を
抑制，制限，さらには責任追及をめざすことからも，既存の国家中心的な国際
法秩序に対して現状変革的な性質を色濃く帯びることになった。

● 国際法秩序を通した自由主義的な平和の追求

　こうして，欧米中心・大国中心・国家中心的であった伝統的な国際法の時代

第Ⅲ部　グローバル・エシックス

Column ⑥　**国際条約が増え続けた 100 年**　◇･◇･◇･◇･◇･◇･◇･◇･◇･◇･◇･

　20 世紀から 21 世紀にかけての約 100 年間，国際条約の数は飛躍的に増加した。注目すべきは，条約の数が増えただけでなく，国際条約の対象となる分野が大幅に拡大したことである。この変化を確認するには，国際条約を集めた『条約集』の目次を比較するという方法がある。

　このコラムでは以下のように，1936 年に外務省条約局が編集した条約集の目次と，2024 年に刊行された国際条約集の目次を比較している。1936 年版の目次には記載されていない「人権」「国際犯罪」「文化」「環境」などの新しい分野において多くの条約が作成されただけでなく，たとえば「政治関係」については「国際紛争処理」「安全保障」「武力紛争」「軍縮・軍備管理」などに関する条約が新たに締結されてきた。国際社会における「法の支配」は，これらの国際条約の増加によって支えられてきたといえるだろう。

表　条約集の目次の比較

1936 年	2024 年
（甲）二国間諸条約	第 1 章　国際組織
（イ）日本国外国間諸条約	第 2 章　国家
（1）政治関係	第 3 章　国際交渉の機関
（2）修好及通商関係	第 4 章　条約
（3）仲裁裁判	第 5 章　領域
（4）交通関係	第 1 節　一般／第 2 節　海洋／第 3 節　空と宇宙
（ロ）外国諸条約	第 6 章　国籍
（1）政治関係	第 7 章　人権
（2）修好及通商関係	第 1 節　普遍的人権保障／第 2 節　地域的人権保障
（3）仲裁裁判	第 8 章　国際犯罪
（4）司法共助	第 1 節　国際裁判所／第 2 節　犯罪
（5）交通関係	第 9 章　経済
（乙）多数国間諸条約	第 10 章　文化
（1）政治関係	第 11 章　環境
（2）経済通商関係	第 12 章　国際紛争処理
（3）仲裁裁判	第 13 章　安全保障
（4）交通関係	第 1 節　一般／第 2 節　地域安全保障・集団的自衛
（5）労働関係	権
（6）司法関係	第 14 章　武力紛争
（7）衛生関係	第 1 節　一般／第 2 節　害敵手段／第 3 節　犠牲者
	等の保護
	第 15 章　軍縮・軍備管理

［注］　旧字体は新字体に修正している。
［出典］　1936 年：外務省条約局 1936。2024 年：植木・中谷 2024。

◇･

第9章　国際法による法の支配は平和をもたらすのか

とは一線を画した20世紀半ば以降，東西冷戦と核兵器の出現，植民地の独立，
市民社会の台頭，さらにはグローバル化の進展や環境危機などの地球的問題群
の出現を受けて，軍縮，人権保障，難民保護，環境保全などの多様な分野にお
いて多くの国際条約が締結されることになった。加えて，これらの条約を各国
が履行することを確保するための組織や手続きが連動することで，多様な分野
における国際レジームを生み出すに至っている（クラズナー 2020）。

　このように，多様な主体の規範的意識を反映した国際法秩序の発展を受けて，
国際社会における「法の支配」を確立することは，持続する平和にとって欠か
せない条件であるとする自由主義アプローチは，現在の欧米諸国の国際法学に
おいて最も有力な方法論とされてきた。国際人権法を専門とする阿部浩己は，
同アプローチを次のように説明する（阿部 2018: 31）。

　　　自由主義者が追求するのは，ユルゲン・ハバーマスの言葉を用いるなら，「法に
　　よって国家権力を飼いならすこと」，つまりは国際社会における法の支配にほかな
　　らない。国際関係を国際法の支配に服させることこそ持続する平和に欠かせぬ条件
　　とされる。
　　　自由主義アプローチは国際社会の福利増進に向けた国際法の役割を高く評価する。
　　なにより，重大な利益がかかわる場合であっても，国際法はけっして国益の前にひ
　　れ伏しているわけではない。米国や欧州連合（EU），日本のような大国・強国であ
　　っても，たとえば世界貿易機関（WTO）の紛争処理手続きに服し，国益に反する
　　ときでさえ，拘束力あるその決定に従ってきた。さらに，国際刑事法や国際人権法
　　の発展は国際刑事裁判所のような国際的な機関をつくり出すだけでなく，主権国家
　　に対して国際法の遵守を促す圧力を生み出しており，各国は自国の行動を国際法の
　　言葉を用いて正当化することをますます求められているという。

　このように自由主義アプローチの説明によれば，多数の国際条約が成立し，
またその履行確保のための国際機構が数多く機能している現代の世界において
は，大国であっても国際法規範を完全に無視することはできず，自国の行為を
国際法によって正当化することが必要になるという。こうした自由主義アプロ
ーチをとる国際法学によって，その研究対象とされてきた国際レジームは，政
治的自由を中心とする人権や民主主義を国内政治体制において重視する欧米諸
国によって主導されてきた。これらの国々の自由主義的な国内規範が，国際法
の規範としても採用されてきたことを受けて，二度の世界大戦後の国際秩序は

第Ⅲ部　グローバル・エシックス

しばしば「自由主義的（リベラル）な国際秩序」（Ikenberry 2020）と呼ばれている。こうした自由主義的な価値の実現は，冷戦後に始まった紛争後社会における国連による暫定統治にみられたように「リベラルな平和」（Richmond 2020）を推進する政策においても採用され，合意された規範や制度にもとづく安定した社会の実現が期待されることになった。さらに，1990 年代以降のユーゴスラヴィアやルワンダにおいて民族浄化やジェノサイドなどの重大な人権侵害が発生すると，武力行使を伴う人道的な介入や「保護する責任」論など，対象国の同意を前提としない介入主義的な手段を採用してでも，人権保障や民主的な「よき統治」を実現するべきだという主張が展開されるようになる。

　以上でみてきたように，二度の世界大戦後の国際法秩序は，いくつもの点において大きな転換を遂げることになった。グロチウス以来の課題である戦争の制限に関しては，国連憲章によって武力行使を明確に禁止し（2条4項），逸脱の許されない強行規範として位置づけることで，主権国家による「戦争の自由」を制限する法秩序を国際法規範の中心に据えた。さらに植民地支配を国連総会決議によって非正当化し，人民の自決権を国際人権規約が規定することで，植民地独立を促進していく。その結果，国際社会の構成員は増加・多様化し，国連をはじめとする国際機構や国際レジームの発達を受けて，多様な主体が国際法づくりに参加するフォーラムが次々と誕生していった。

　武力行使の制限や軍縮，人権保障，環境問題への対応など，いずれも国家の主権的自由を制限し，枠づける機能を果たしていることを踏まえるならば，国際法は大国の利害の反映にすぎないという従来の国際法秩序への批判は，もはや当てはまらないようにみえる。現代の国際法秩序が維持しようとする平和とは，大国のみの利益を反映した現状維持ではなく，国際社会に共通する利益としての暴力的秩序の否定であり，人権や民主主義を重視する自由主義的な価値の尊重であるというのが，自由主義的な国際法研究が展開してきた新たな国際法秩序観であった。そこでめざされた平和とは，物理的暴力の極小化という意味での消極的平和だけでなく，社会的不正義をはじめとする構造的暴力の極小化という積極的平和の追求も含まれていたという意味において，たしかに大きな転換であったと評価できるだろう。

第9章　国際法による法の支配は平和をもたらすのか

4 自由主義的な国際法秩序に対する懐疑

● 現代の国際法秩序における階層性

　歴史は繰り返すといわれるが，第二次世界大戦後に主流となった自由主義的な国際法秩序観に対して，カーやモーゲンソーが指摘したように，支配的な勢力の利害を反映した秩序観にすぎないとする批判が，その後も数多く展開されてきた。

　20世紀後半に台頭したポスト・モダン的な思想の影響を受けた批判法学の立場からは，国際法は価値中立的なものではなく，大国や社会的強者の利益を埋め込んだものであるからこそ，大国は国際法を遵守することが多いのであり，国際法秩序を支える条約や国際機構の増殖は，国際社会の不均等な社会構造を固定化すると指摘する。また，1990年以降に活発な議論が展開されるようになったフェミニズム法学も，客観的・中立を装う国際法の男性中心性を批判し，より公正な法制度の構築を求める議論を展開してきた。さらに第三世界アプローチとして，欧米諸国が唱道する人権・民主主義・開発・法の支配などの概念がもつ新植民地主義的な傾向を批判する議論も，やはり1990年代以降に数多く展開されている（阿部 2010）。

　これらの現代国際法に対する批判的な議論に共通するのは，自由主義的な価値を掲げる国際法秩序がもつ階層性と暴力性の指摘である。階層性の問題とは，規範の内容だけをみれば，国際社会において普遍的で共通の規範のように記されている国際法規範が，ひとたびその実施や履行確保の段階になると，大小各国や地域を超えて平等に適用されないときに顕在化する。大国やその同盟国による国際法の重大な違反行為が処罰されない一方で，中小国のみがしばしば強制的な制裁や国際裁判などの対象となっている，という指摘である。

　その例としてよく取り上げられるのは，世界のどの地域であっても裁判の対象とすることのできる権限（普遍的管轄権）を初めて与えられた国際刑事裁判所（ICC）をめぐる「格差」の問題である。1998年に国際NGOによる後押しもあって採択された「国際刑事裁判所に関するローマ規程」（ローマ規程）は，2002年に発効し，ジェノサイド犯罪，人道に対する犯罪，戦争犯罪，侵略犯

201

第Ⅲ部　グローバル・エシックス

Column ⑦　**性的暴力はいつから国際犯罪とされたのか**　◇•◇•◇•◇•◇•◇•◇•◇•◇•◇•

　1960 年代に欧米において展開されたいわゆる「第 2 波フェミニズム運動」は，それまで権利として認められてこなかった，女性たちの「性と生殖における自己決定権」を求める活動であった。その活動の成果は各国の法制度にも大きな影響を与え，家庭内の私的空間において看過されてきた性的暴力が犯罪化されていく流れを生み，また学問的にはフェミニズム法学を生み出すことになった。

　このように，平時の社会における「性と生殖における自己決定権」が権利として認められるようになると，戦時における性的暴力も明示的に犯罪化することを求める運動が展開されるようになった。1998 年に採択されたローマ規程では，右ページの表に示したように，「人道に対する犯罪」の中に，性的暴力に関する詳細な規定を設けている。同じく 1990 年代に国連安保理決議によって設立された旧ユーゴスラヴィア国際刑事裁判所（1993 年）とルワンダ国際刑事裁判所（1994 年）の規定では，「人道に対する犯罪」の中に「強姦」のみが含まれていたものの，詳細な規定はなかった。さらに遡って，ドイツと日本による犯罪を裁いたニュルンベルク（1945 年）と東京（1946 年）での国際軍事裁判所規程では，その対象犯罪として「人道に対する犯罪」が挙げられていたものの，性的暴力に関する文言は含まれていなかった。

　ローマ規程に詳細な性的暴力に関する規定が盛り込まれた背景には，300 以上

◇•

罪という 4 つの重大な国際犯罪に関して，普遍的管轄権を行使できることになった。ところが 2024 年 3 月時点で，判決が確定した 14 案件，第一審ならびに控訴審で公判中の 6 案件，予審段階にある全 2 案件のすべてがアフリカ諸国の案件である一方で，国連安保理の常任理事国であるアメリカ，ロシア，中国はいずれもローマ規程の当事国となっておらず，裁判所の管轄権を受け入れていない。ICC に関する安保理の権限としては，ローマ規程の当事国による犯罪ではない場合であっても，安保理は当該案件を検察官に付託できること（同規程 13 条（b）），さらに捜査や訴追の延期（16 条）を，いずれも国連憲章第 7 章の下で決定できることが規定されている。ICC によって裁かれるのは犯罪容疑者となった個人であるものの，国際社会に共通する法として国際犯罪を規定したローマ規程のもとで，裁かれやすい地域と，裁かれにくい地域との間の階層化が顕著になっている事例であるといえよう。

202

第 9 章 国際法による法の支配は平和をもたらすのか

の女性団体とフェミニストの人権活動家からなるネットワーク「ジェンダー正義を
求める女性コーカス（Women's Caucus for Gender Justice）」による各国へ
の働きかけや情報発信，世論喚起活動があったといわれている。

表　国際的な刑事裁判規程における性的暴力に関する規定

国際刑事裁判に関する条約	性的暴力に関する規定
国際軍事裁判所憲章（1945 年） 第 6 条（c）	人道に対する犯罪（性的暴力に関する記載なし）
極東国際軍事裁判所条例（1946 年） 第 5 条（c）	人道に対する犯罪（性的暴力に関する記載なし）
ICTY 規程（1993 年） 第 5 条「人道に対する罪」（g）	強姦
ICTR 規程（1994 年） 第 7 条「人道に対する罪」（g）	強姦
ローマ規程（1998 年） 第 7 条「人道に対する罪」（g）	強姦，性的な奴隷，強制売春，強いられた妊娠状態の継続，強制断種その他あらゆる形態の性的暴力であってこれらと同等の重大性を有するもの

● **自由主義的な国際法とその暴力性**

　もう一方の暴力性にかかわる問題としては，自由主義的な価値を実現するた
めには，武力行使もその実現手段として排除しないとする議論が，やはり冷戦
後の世界において台頭したことと関係している。連盟から国連に至る戦争違法
化の歴史において「要」となったのは，「この場合には戦争をすることが正し
い」と主張する根拠となる正当要因を認めずに，あらゆる戦争と武力行使の開
始を違法化した点にあった。とくに国連憲章の下では，あくまで例外としての
国連による強制措置としての武力行使（42 条）と，安保理による措置がとられ
るまでの暫定的な措置としての個別的・集団的自衛権（51 条）が認められてい
るにすぎない。国連安全保障体制の実効性を担保するうえで，最終的には安保
理による武力行使に頼った体制であったという意味において国連憲章は暴力を
否定していないが，それはあくまで安保理の管理の下に置かれた警察的な公権

第Ⅲ部　グローバル・エシックス

力の行使としての位置づけであって，各国がその正当性を単独的に判断できる
ものではなかった。

　しかし「人道的介入」や「保護する責任」の議論に代表されるように，各国
内の重大な人権侵害を阻止するための武力行使は正当であるとする主張が，一
部の欧米諸国によって展開された。実際に，1999 年の北大西洋条約機構
（NATO）軍によるユーゴスラヴィア空爆や，2011 年の NATO 軍によるリビア
空爆に際して，武力行使の正当化根拠として言及されている。冷戦後の世界に
おいて，武力行使の禁止と，人権の尊重という，二度の世界大戦後に確立した
国際社会の共通利益のどちらを優先させるのかをめぐって，国際法学において
も多様な立場から議論が戦わされるようになった。

●「テロとの戦争」による武力行使の正当化

　さらに 21 世紀に入ると，2001 年の「9.11 アメリカ同時多発テロ事件」を受
けてアメリカの G. W. ブッシュ大統領が「テロとの戦争」を遂行することを宣
言する事態が発生した。国際法上はいかに大規模な犠牲を伴うテロ行為であっ
ても，その加害行為は国際犯罪として「訴追するか引き渡すか」の原則に則り
司法の場で裁くことが決まっている。さらに，同時多発テロの実行犯を送り込
んだとされる国際テロ組織「アルカイーダ」を「匿っている」とされたアフ
ガニスタンやパキスタンをはじめ，「テロリストに大量破壊兵器を譲渡するお
それがある」とされたイラクが，アメリカを中心とした多国籍軍から事後的に
長期にわたる武力行使を受け続ける事態は，アメリカ政府が主張した「自衛
権」をはるかに逸脱しているという批判が，アメリカ内外の国際法学者からも
寄せられた。

　にもかかわらず，武力行使の正当要因として「対テロ戦争」がアメリカだけ
でなく，多くの国連加盟国によって単独主義的に主張される事態は現在に至る
まで続いている。アメリカのブラウン大学ワトソン国際・公共政策研究所によ
る「テロとの戦い」のコスト試算によれば，過去 20 年間でアメリカが軍事作
戦を展開してきた国は少なくとも 80 カ国にのぼり，費用の総計は約 8 兆ドル，
米兵の死者は 7000 人以上，さらに敵対する兵士や地元民間人を含めた全世界
の死者数は 90 万人以上，避難者は 3800 万人にものぼるという。

204

第9章 国際法による法の支配は平和をもたらすのか

　こうした武力行使の正当要因を新たに主張する動きは，その否定によって再構築された戦後の国際法秩序にいかなる影響を与えるのだろうか。2018年に刊行された『武力行使禁止原則の歴史と現状』と題する著書において，国際法学者の松井芳郎は，同時多発テロ以降の「テロとの戦い」に際してアメリカやイギリスなどが国連安保理を通じた集団的措置を追求しなかったことを問題視している。今回のように自衛権の名のもとに事後的かつ一方的な武力行使が認められるのであれば，それは「一部の大国と同盟による国連の集団安全保障体制のハイジャックを意味する」と批判したうえで，次のように指摘している（松井 2018: 103-104）。

　　9.11事件を論評した国際法学者の間では，対アフガニスタン攻撃の評価の如何を問わず，国際テロリズムに対処する既存の国際法の欠陥を指摘する点では完全な一致があった。筆者もまた，既存の国際法の不十分な仕組みでさえ十分に活用されたとは言い難いと考えるが，こうした欠陥の指摘には同意するものである。しかし忘れてはならないのは，9.11事件は反テロの国際法の欠陥と同時に，おそらくはそれにも増して，自衛権の行使を口実に行われる大国・強国による一方的武力行使を規制するうえで，既存の国際法が決定的ともいえる欠陥を有する事実を無惨に露呈したということである。こうして，この事件が国際法に与える教訓は，国際テロリズムに対処する仕組みの改善だけでなく，国による一方的な武力行使を規制する仕組みの強化でもあることを，肝に銘じなければならない。

● 自由主義的な法の支配に対する懐疑と挑戦

　松井が警告した大国・強国による一方的な武力行使の問題は，2022年にロシアが隣国ウクライナを侵略した際に再び国際社会に突き付けられることになった。個別的・集団的自衛権，ウクライナ国内で弾圧を受けているとされるロシア系住民の保護など，西側が武力行使の正当化に用いてきた要因を列挙しつつ，核兵器使用の威嚇を伴いながらロシアによって開始された大規模な武力侵攻を前に，国連安保理は機能することができなかった。

　ロシアによる軍事侵攻は，いうまでもなく明らかな国連憲章違反である。さらに民間人の犠牲を多く出しているロシアによる軍事攻撃や残虐行為は，国際人道法違反として，国連総会や国連人権理事会において繰り返し批判されてきた。ICCも，ロシアが占領したウクライナの地域から子どもたちを移送したこ

205

とが，国際法上の戦争犯罪にあたるとして，2023年3月にはプーチン大統領の逮捕状を出すに至っている。前述したように，ロシアはローマ規程の当事国ではないが，ウクライナが自国領域内におけるICCの管轄権を受諾する宣言をしていることから，国連安保理常任理事国の国家元首に対して，初めて逮捕状が出される事態となった。その一方で「自由主義的な国際秩序の外部者であるロシアが，正しい秩序を暴力的に破壊しているので，その秩序を守らなければならない」という現状理解には問題があると指摘するのは，国際政治学者である遠藤誠治である（遠藤 2023: 310）。その理由として，冷戦後の自由主義的国際秩序そのものにある構造的問題が覆い隠される懸念について，次のように指摘している（遠藤 2023: 311-312）。

> ロシアとウクライナの間の戦争は，近い将来必ず終わらされなければならない。その際，停戦や終戦の手続きが必要となるだけでなく，戦後の国際秩序の再建という課題に取り組まなければならない。「自由主義的国際秩序を守れ」とする支配的な理解の延長上には，既存秩序を維持するという課題が設定されるだけだが，それでは既存秩序の問題点が放置されることになる。現在の自由民主主義および自由主義的国際秩序に問題があるのであれば，戦後の国際秩序の再建において，それに対応した改革や変革が課題となるはずである。

そのうえで，欧米諸国でもポピュリズムが台頭し，自由主義的価値への懐疑や批判が広がっていること，あえてロシアが自由主義的国際秩序への挑戦という課題を前面に出し，グローバル・サウスと呼ばれる国々への働きかけを強化することで，現在の国際秩序への不満を糾合しつつ自らの地位を改善・正当化しようとしている問題についても，言及している。

たしかに欧米諸国でも排外主義や自国中心主義的な主張が台頭しているが，その背景として経済的格差をはじめとする深刻な社会問題がある。こうした問題は，しばしば国際法の規制の対象外であることから，市民の間に自由主義的な国際・国内秩序に対する不信感や冷笑主義が増幅してきたことが指摘されてきた。この点に関連して，「国際人権法は私人の行為を規制する責任を国家に課し，人権を確保する義務の主体を依然として国家に限定」し続けるという国家中心的な枠組みに由来する，以下のような課題を阿部は指摘する（阿部 2020: 9-10）。

第9章　国際法による法の支配は平和をもたらすのか

　　……1970年代以来の国際人権法の拡充は，時期を同じくして生長し始めた新自由
　　主義によってもたらされた世界大の深刻な弊害（格差・不平等のとめどもない広が
　　り）を人権の問題として的確に捉えられないでいる。人権の実現を国家の枠組みで
　　捉える制度的な限界であるとともに，グローバル経済（市場）のあり方が国際人権
　　法にとって重大な死角になっているためでもある。

　このように，一方では各国の平等や人権保障などの自由主義的な価値を掲げ
る現代の国際法が，他方ではグローバルな新自由主義経済によって拡大する一
方の格差を是正することができない現状が，自由主義的な法の支配に対する懐
疑と挑戦を招いているといえるだろう。

5　国際社会における法の支配は誰のいかなる平和をめざすのか

　第1節で，国際法が誰のいかなる平和を維持しようとしているのかを考察す
ることは，時代ごとに異なる主体がどのような状態を「平和」として正当化し
てきたのかを探る作業でもあると記した。伝統的な国際法の時代から現代国際
法に至るまでの歴史から明らかになるのは，国際法が現状維持機能を有すると
同時に，現状を変革する機能をも果たしうるという，その両義的な性質であっ
た。

　国際法づくりに関与する主体が多様化した現代世界において，「現状の変革」
とは何を意味するのであろうか。それは大国対中小国，または覇権国対挑戦国
といった国家中心的な枠組みにおける，各国間の権力闘争の次元にとどまるも
のではない。むしろ変革の原動力となっているのは，暴力的秩序を否定し，人
権の保障を基盤としつつ，脱国境的な課題の解決のために多様な主体による協
働を希求する人々の規範的意識であるといえよう。異なる地域や国家に暮らし
ていても，特定の価値の実現を求める人々が連帯し，破られている規範を擁護
し，または必要な規範を構想することを可能とする構造へと，国際社会はゆっ
くりと，しかし確実に変化している。

　違法な武力行使を躊躇しない国家は，実際に武力を行使して反対する勢力
を破壊することはできるが，その力のみで自らの行為を正当化することはでき
ない。強大な国家の前に無力にみえる市民たちが，国家による武力行使や人権

207

第Ⅲ部　グローバル・エシックス

侵害を国際法という規範によって非正当化する取り組みは，ベトナム戦争時のアメリカによる戦争犯罪を扱ったラッセル法廷（1966年）以降，民衆法廷の取り組みとして続けられてきた。さらには対人地雷禁止条約（1997年），クラスター爆弾禁止条約（2008年），核兵器禁止条約（2017年）など，大国が敬遠してきた軍縮条約の作成と発効に向けて，世界各地のNGOが連携して主要な役割を果たしてきたことはよく知られている（山口 2019）。

　国内・国際社会を問わず，法規範は社会の構成員が「この規範は守るべきである」と認識し，支持し，内面化する過程によって初めて成立し，その維持が可能になる。すでにある規範の維持が必要であればその規範を支持し，必要な規範が存在していないのであれば新たな規範の形成を促す作業を通して，問題を孕む現状を，暴力を用いずに平和的に変革していくことができるのであれば，国際法は国際平和の維持に貢献できるといえるだろう。その際には，経済格差などの構造的暴力の問題や，現在の国際法秩序が抱える階層性や暴力の問題も，この平和的な変革の対象となることを忘れてはならない。

さらに読み進める人のために

阿部浩己『国際法の暴力を超えて』岩波書店，2010年。
　　国際法が，欧米諸国が主導する国際秩序を正当化し，そこからはみ出すものを排除する暴力性を帯びる問題を指摘しつつ，国際法がもつ現状変革的な機能について考察しており，批判的に国際法の歴史を振り返るための必読書。

松井芳郎『武力行使禁止原則の歴史と現状』日本評論社，2018年。
　　国連憲章の武力行使禁止原則の成立と歴史的展開に加えて，冷戦後の各国による武力行使の事例や国連安保理による授権，国連平和維持活動における強制措置等，関連する実行に関する法的評価を学ぶうえでの必携書。

引用・参考文献

阿部浩己 2010『国際法の暴力を超えて』岩波書店。
阿部浩己 2018『国際法を物語るⅠ——国際法なくば立たず』朝陽会。
阿部浩己 2020『国際法を物語るⅢ——人権の時代へ』朝陽会。
石本泰雄 1998『国際法の構造転換』有信堂高文社。
植木俊哉・中谷和弘編 2024『国際条約集　2024年版』有斐閣。
遠藤誠治 2023「自由主義的国際秩序とロシア・ウクライナ戦争——正義と邪悪の二分法

を超えて」塩川伸明編『ロシア・ウクライナ戦争——歴史・民俗・政治から考える』東京堂出版。

大沼保昭編 2002『資料で読み解く国際法〔第2版〕』上巻，東信堂。

カー，E. H.／原彬久訳 2011『危機の二十年——理想と現実』岩波書店（底本は1945年刊行の第2版の1981年刷り版）。

外務省条約局 1936『条約集総目次（第1号—第13号）』国立国会図書館デジタルコレクション（https://dl.ndl.go.jp/pid/1277977/1/3）。

カント／宇都宮芳明訳 1985『永遠平和のために』岩波文庫（底本は1796年刊行の増補版）。

クラズナー，スティーヴン・D. 編／河野勝監訳 2020『国際レジーム』（ポリティカル・サイエンス・クラシックス7）勁草書房（原著1983年）。

松井芳郎 2018『武力行使禁止原則の歴史と現状』日本評論社。

モーゲンソー，H. J.／原彬久監訳 2013『国際政治——権力と平和』上・中・下，岩波文庫（底本は1978年刊行の改訂第5版）。

山口響監修 2019『核兵器禁止条約の時代——核抑止論をのりこえる』法律文化社。

Ikenberry, G. John 2020, *A World Safe for Democracy: Liberal Internationalism and the Crises of Global Order*, Yale University Press.

Richmond, Oliver P. 2020, *Peace in International Relations*, 2nd edition, Routledge.

第 10 章

国際社会は誰をいかに保護すべきなのか

「人が個人としてもつ権利」としての人権は普遍的な理念であるが，現在の人
権保障の手続きは，主権国家がその領域内において人権保護を行い，他国はそれ
に干渉しないという分権的な構造を基盤とする。しかし，主権国家が自国民に対
して人権侵害を行う場合にはどうすればよいのだろうか。本章はこの問いに答え
るために，人権保障の対象が拡大するとともに，その手法が多様化し，強制措置
まで含まれる可能性が出てきた過程を議論する。

1 主権国家体制と人権保障

● 現在の国際人権体制

現在の国際秩序が成立するのは，「正統な構成員資格（資格基準）」と「適切
な行動範囲（行動基準）」に関する規範について，各主権国家が一定程度同意・
黙認しているためである（中西ほか 2013）。たとえば，主権国家は現在，自国
領域内に住む人々の人権を保障することが求められ，人権侵害を直接的・間接
的に行う国家は国際社会から批判される。また，国際的な批判を受けた国家は，
人権尊重のための努力を行うか，あるいは，別の理由を持ち出して，自国の人
権侵害をやむをえないものとして正当化する。このことは，国内において人権

211

が保障されていることが，主権国家としての正統な構成員資格（資格基準）の一つであることを示している。

　他方，2022年2月のロシアによるウクライナ侵攻は世界に衝撃を与えた。その理由の一つは，国際連合（国連）憲章の2条に掲げられた，国連加盟国の行動基準である主権平等原則や内政不干渉原則，武力不行使原則に明白に反するものであったためである。ロシアは，北大西洋条約機構（NATO）の拡大や，ウクライナ・ドンバス地域におけるジェノサイドの疑いなど複数の正当化理由を提示しているものの，いずれも根拠が薄弱である。また，国連安全保障理事会（安保理）の決定という手続きを回避するなど，この一連のロシアの行動は，内政不干渉原則や武力不行使原則という国連加盟国にとっての適切な行動範囲（行動基準）からの逸脱を正当化できるものであるとは言い難い。

　このように，資格基準と行動基準に対する主権国家の同意または黙認を通して国際秩序が成立・安定するととらえる場合，人権規範の発展および伝播はどのような影響を及ぼしてきたのであろうか。現在の国際人権体制は，主権国家体制と人権保障の両立を原則とする。人権を「人が個人としてもつ権利」であると定義すれば（普遍的人権），人がどのような場所に住もうとも人権は保障されるべきものであり，人権規範とは国境を超えるコスモポリタン的価値をもつものであると理解される。

　しかし，現在の国際人権体制は，主権国家体制を基盤としたもので，主権国家が領域内に住む人々の人権を保障する第一義的な責任をもつという原則にもとづく。すなわち，各主権国家が人権諸条約を批准し，それを遵守することで，その領域内に住む人々の人権を保護するという想定であり，「国家―国民―領域（state-citizen-territory）関係」が基礎となる（Haddad 2008）。国際的な人権保障は，各国家の国内統治が機能すること，そして，他国の国内問題には関与しないことという分権的構造を前提としていた。

　このような国際人権体制が成立したのは，国連設立当時，イギリスやソヴィエト連邦（ソ連），アメリカといった大国が，植民地や国内の人権問題が国際化することをおそれ，国連憲章に人権を組み込むことに消極的だったためである。たしかに，中南米諸国や非政府組織（NGO）の活躍の結果として，人権規範が国連憲章に明記された。しかし，内政不干渉原則を認めることで，人権保

第 10 章　国際社会は誰をいかに保護すべきなのか

障に関する他国からの干渉を回避するという大国の利害が守られるしくみも同時に整えられた（筒井 2022）。その後，人権条約への批准を通して，国内における人権保障という資格基準を設定しつつも，内政不干渉原則という行為基準によって，他国の人権状況には口を出さないという建前のもとに，国際人権体制は成り立っていた。

　しかし，あらためて「人が個人としてもつ権利」として定義される人権を想起すれば，主権国家体制のもとで人権保障が妨げられる場面も想定できるだろう。すなわち，各主権国家が，国内で人権侵害を行う，あるいは，人権侵害を放置する場合である。この場合は，「通常」の国家―国民―領域関係が成り立たず，内政不干渉原則は人権侵害を放置する弁明となってしまうので，国際人権体制の前提が崩れることになる。

● 人権規範の伝播と国際秩序の変容

　それに対して，人権規範の国際的な伝播は，主権国家に求められる資格基準と行動基準の双方に影響を及ぼし，国際秩序の変容を促すこととなった（篠田 2007）。冷戦終結以降にその動きは加速し，国内統治の不可欠な一部として人権保障がさらに求められるようになり，当該国家がその資格基準を満たさない，すなわち，政府が人権侵害を行う――とくに，ジェノサイドや民族浄化などの深刻な人権侵害が生じた――場合は，その国際的正統性を問う国際干渉が一定の条件の下で許容されるようになったとされる（吉川 2004: 62）。言い換えれば，現在の主権国家が保持している権威とは，「他の平和や人権などの根本的原則が織り成す国際社会の法秩序の中で存在している」（篠田 2000: 97）のである。そして，人権侵害を実行あるいは放置する国家に対しては，その資格基準に疑義が呈されるとともに，内政不干渉原則という国際社会の行動基準にも変容を迫ることになった。このような考え方は，人権規範といった「法の支配」の体系の中で主権が位置づけられるとする，立憲主義の思考に則ったものである（篠田 2000）。

　この変化をとらえるためには，ワイトやブルをはじめとするいわゆる「英国学派」による主権国家体制の議論が参考になる。英国学派は，主権国家がお互いの存立を認識し，内政不干渉原則を尊重する「消極的主権（negative sover-

213

第Ⅲ部　グローバル・エシックス

表 10-1　主権国家体制と人権保障をめぐる緊張関係

	多元主義	連帯主義
主権の2つの側面の関係	消極的／法的主権 ＞ 積極的／経験的主権	消極的／法的主権 ＜ 積極的／経験的主権
具体的な各国の行動	国際秩序（主権国家体制）の安定を優先し，人権侵害に関する他国への干渉は行わない	普遍的人権の理念を強調し，国家による人権保障の責任を問い，極端な人権侵害が生じた場合，他国への干渉も可とする

［出所］　筆者作成。

eignty）」あるいは「法的主権（juridical sovereignty）」と，主権国家が当該国境内の社会においてもつ正統性や統制を指す「積極的主権（positive sovereignty）」あるいは「経験的主権（empirical sovereignty）」という，主権に存在する2つの側面が重要になると論じた（Jackson 1990；Barnett 2010）。

　現在の国際人権体制においては（表10-1），国際秩序の維持を図るために，人権侵害をめぐる他国への干渉を極力控え，内政不干渉原則を重視する立場（多元主義）と，国家による人権保障の責任を強調しつつ，人権規範がもつ国境を超えるコスモポリタン的価値観を重視し，極端な人権侵害が生じた場合には国際干渉も可とする立場（連帯主義）が緊張関係にあると理解できる（ブザン2017）。すなわち，現在の国際人権体制は「消極的／法的主権＞積極的／経験的主権」とする多元主義的な立場を原則とする。しかし，主権国家もまた人権規範に代表される「法の支配」から自由ではなく，深刻な人権侵害には（極端な場合，武力を用いた）国際介入も可とする立憲主義的な考え方によれば，「消極的／法的主権＜積極的／経験的主権」とする連帯主義的な立場が強調されることになる。すなわち，この連帯主義的な立場は，現在の国家─国民─領域関係を原則とした国際人権体制を問い直す示唆を提示する。

　本章では，人権保障をめぐる国際社会における資格基準と行動基準の変容を手がかりとして，「国際社会は誰をいかに保護すべきなのか」という問いについて，①誰を保護すべきなのか，②どのように保護すべきなのかという2つに分けて議論する。第2節では，「国際社会は誰を保護すべきなのか」という問いに焦点を当て，人々の人権保障に対して，国際社会はどのように対応してきたのかを扱う。すなわち，国内統治の正統性を問う資格基準の変容が第2節

214

第 10 章　国際社会は誰をいかに保護すべきなのか

の主眼である。続く第 3 節では，このような人々を「国際社会はどのように保護すべきなのか」という問いを扱う。そして，人権侵害を行った国家に対して，能力構築を通した支援を行ったり，その事態が深刻な場合には武力を含む強制的な介入が認められたりするようになってきたという行動基準の変化を扱う。第 4 節は本章のまとめであり，「誰一人取り残さない保護は可能か」という問いに関して若干の考察を試みる。

2　国際社会が保護すべき対象は「誰」なのか

● 国際人権体制の成立

先に述べたように，現在の国際人権体制は，普遍的人権という規範を原則としつつも，人権諸条約を批准した各主権国家が領域内に住む人々の人権を保障するとし（国家─国民─領域関係），国際社会が各国の人権保護に直接介入することは例外とする分権的な体制である。そもそも，「人が個人としてもつ権利」としての普遍的人権という規範自体が当然のものとなったのは，歴史上そう古いことではない。

人権規範の起源として，イギリスにおいて，国王による課税権の制限や市民の自由，不当な逮捕の禁止などを定めたマグナ・カルタ（1215 年），イギリス革命後に制定され，マグナ・カルタの内容を確認した権利章典（1689 年），「譲渡不可能かつ神聖な自然権」が個々の人間にあることを確認し，人権規範の基盤にもなったアメリカ独立宣言（1776 年）およびフランス人権宣言（1789 年）などが挙げられる。しかし，この当時，奴隷制度は存続し，女性の権利の制限が黙認されるなど，「人が個人としてもつ権利」としての普遍的人権という理念には程遠く，国内の（さらに一部の人々の）人権を対象としたものであった。

この限定的な人権保障の考え方が普遍的人権へと発展する背景には，自らとは同じ経験をもたない他者への「共感（empathy）」があり，人権という概念自体にその共感を呼び起こす要素が内在されているとする（筒井 2022）。つまり，国民をはじめとする「同じ集団」の他者に対する同感（sympathy）だけではなく，政治的・宗教的な距離がある「外の集団」に属する人々に対する共感があるからこそ，見知らぬ人であっても「人が個人としてもつ権利」としての普遍

215

第Ⅲ部　グローバル・エシックス

的な人権規範意識が醸成されるのである。貿易・通商関係のような相互主義が働きにくい人権領域において，共感は国際協調を促進する要因となりうる（コヘイン 1998）。

　人権に関する共感の範囲が拡大していった事例として，18世紀後半以降の奴隷廃止運動や女性参政権獲得運動が挙げられる。奴隷廃止運動は，クウェーカー教徒などのキリスト教の一派がもつ国際的なネットワークを通して，ヨーロッパ諸国，中南米諸国，そして，アメリカに広がっていった。とくにイギリスは，奴隷廃止のための国際制度（各国との条約締結，国際法廷の設置）をつくり，この運動を率先して動かした。この運動の背後にあったのが，奴隷労働の過酷さの訴えとともに，「人種平等」や「法の下の平等」という理念であった（Klotz 2002; Keck and Sikkink 1998）。

　また，奴隷廃止運動の中で唱えられた「人種平等」や「法の下の平等」が，男女間の差別にも向けられ，国際的な女性の権利獲得運動も活発になった（Keck and Sikkink 1998）。とりわけ，女性参政権獲得運動は，民主主義や平等の理念がヨーロッパ社会を中心に浸透する一方で，政治参加には男女間のギャップが存続しているという矛盾を強調することで，その説得力が増した。加えて，多くの男性が第一次世界大戦で命を失う中，女性が武器や弾薬の製造といった後方支援に従事し，戦後の国家再建にも大きな役割を果たしたことで，徐々に女性参政権が認められるようになっていった。このように，共感や法の下の平等を基盤としながら，奴隷や女性へと，人権保障の対象が拡大していったのである。

　第1節で論じたように，第二次世界大戦後，国連憲章には人権規範が明記された。しかし，国連憲章における人権規範は抽象的であったので，それを具体化するために1948年12月10日に国連総会で採択されたのが「世界人権宣言」である。同宣言1条において「すべての人間は，生れながらにして自由であり，かつ，尊厳と権利とについて平等である」と明確に宣言し，普遍的人権規範が国際的に確認された。

　世界人権宣言の起草過程において，ヨーロッパに出自をもつ人権規範は，アメリカやイギリスといった大国のみならず，中南米およびアジア諸国の意見を取り入れながら，その普遍性を獲得していった。この起草過程の中心にいたの

第10章　国際社会は誰をいかに保護すべきなのか

表 10-2　国連における主要人権条約と批准状況

(2024年3月時点)

	採択	発効	締約国・地域	日本の批准状況(批准日)
世界人権宣言	1948年12月10日	—	国連総会決議	—
人種差別撤廃条約	1965年12月21日	1969年1月4日	182 カ国・地域	○(1995年12月15日)
社会権規約	1966年12月16日	1976年1月3日	171 カ国・地域	○(1979年6月21日)
自由権規約	1966年12月16日	1976年3月23日	173 カ国・地域	○(1979年6月21日)
女子差別撤廃条約	1979年12月18日	1981年9月3日	189 カ国・地域	○(1985年6月25日)
拷問等禁止条約	1984年12月10日	1987年6月26日	173 カ国・地域	○(1999年6月29日)
児童の権利条約	1989年11月20日	1990年9月2日	196 カ国・地域	○(1994年4月22日)
移住労働者の権利条約	1990年12月18日	2003年7月1日	58 カ国・地域	×
障害者権利条約	2006年12月13日	2008年5月3日	186 カ国・地域	○(2014年1月20日)
強制失踪条約	2006年12月20日	2010年12月23日	70 カ国・地域	○(2009年7月23日)

［出所］　国連人権高等弁務官事務所ウェブサイト（https://indicators.ohchr.org/）および外務省ウェブサイト（https://www.mofa.go.jp/mofaj/gaiko/jinken.html）より筆者作成。

は，国連人権委員会の委員長であったエレノア・ローズヴェルト（アメリカ大統領であったフランクリン・ローズヴェルトの妻）であった。さらに，インドのメフタとドミニカ共和国のベルナルディーノという2人の女性が，「すべての人間」を示す言葉を all men から all human beings に改め，同宣言の前文に男女の同権を盛り込んだり（小林 2021），中華民国の張彭春が宣言のキリスト教色を薄めようとしたり，チリのサンタ・クルスが人権としての社会権・経済権を支持するなどした（筒井 2022）。

　ベルナルディーノの「人類のどのような集団に対しても差別は悪である。その集団を害するから，というだけでなく，最終的には，そうした差別が社会のすべての集団を害するからである」という主張は（小林 2021），他者に対する共感の重要性を示している。世界人権宣言の成立は，普遍性を獲得した人権規範が，さらにその集団や事象を拡大し，人権上の特別な配慮が必要な集団（子どもや女性など）や，特定の人権侵害（人種差別や拷問など）を対象とする個別の人権条約がつくられるきっかけにもなった（表10-2）。しかし，普遍的人権という規範を具現化した，国際人権諸条約による人権保障は，批准した各主権国家が領域内に住む人々の人権を保障する「通常」の国家—国民—領域関係をあくまでも前提としたものであった。

第Ⅲ部　グローバル・エシックス

　こうして成立した国際人権体制は，国際社会が各国の人権保護に直接介入することをあくまでも例外とするものであった。難民は，この国際人権体制からの「逸脱」であり，国際社会による保護の対象とされた例外的なカテゴリーであった（詳細は第2章）。難民とは，1951年の難民条約および1967年の難民議定書によれば，人種や宗教，国籍，政治的意見などを理由として政府から迫害を受け，あるいは，そのおそれがあり，当該政府からの保護を望まないために，国境を越えて避難した人々を指す。

　それでは，難民保護が国際人権体制の「逸脱」であるといえるのはなぜか。第1に，政府が第一義的な人権保障の責任を負わないばかりか，特定の人々に迫害を加えるという点で，当該政府は国際人権体制が想定する主権国家の資格基準を満たしていない。第2に，国境を越えて移動した難民は，その保護に責任をもつ政府から離脱したことになるので，国際社会が当該難民を保護する役割を担う必要が出てくる。具体的には，難民が避難した国（庇護国），あるいは，それ以外の国（第三国）が難民保護を担うことが想定されている。つまり，難民をその国籍国の外で保護するということは，国際人権体制が想定する「通常」の国家―国民―領域関係，つまり，政府がその領域内で国民を保護するという原則からの逸脱なのである（Haddad 2008）。

● 国内統治の国際問題化

　難民保護は，国境を越えた難民を国籍国の外で保護するというものであり，内政不干渉原則や武力不行使原則といった国際社会の行動基準を揺るがすものではなかった。しかし，冷戦終結以降，女性や子ども，文民の保護などが安保理の議題となるなど，人間の生命と安全の保障を目的として，国内問題への国際的な関与が拡大してきたと指摘される（上野 2021）。この理由として，外的脅威よりも国内の不安定さへの対処が求められるようになったことがある（Barnett 2010: 54）。一般に米ソ間の核戦争が懸念される冷戦が終焉を迎えて，大国間紛争の危険性が低くなったことで，国家間紛争よりも内戦に関する関心が高まったといわれるが，客観的なデータからその点を確認してみよう。

　図10-1は，ウプサラ大学紛争データプログラム（UCDP）とオスロ国際平和研究所（PRIO）によるデータセットを基にして，第二次世界大戦後において

第 10 章　国際社会は誰をいかに保護すべきなのか

図 10-1　第二次世界大戦後の紛争数

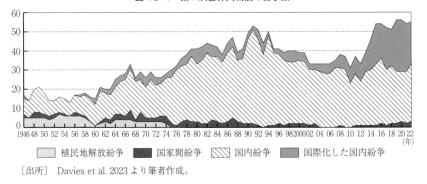

［出所］　Davies et al. 2023 より筆者作成。

年間 25 名以上の死者数を出した各種紛争数のトレンド（傾向）を表したものである。**図 10-1** をみると，冷戦期から国内紛争の数は国家間紛争よりも多かったものの，1980 年代前後から国内紛争の割合が一層高くなってきたことがわかる。さらに，2010 年代以降に特徴的なのは，国内紛争とともに，国際化した国内紛争が多くの割合を占めている点である。

このように国際化した国内紛争の増加傾向をみれば，国内紛争への早期対応の失敗によって，周辺国もその紛争に巻き込まれるかもしれないという懸念が高まるのは自然なことであろう。実際に，国内統治の不安定化に伴い発生した大規模な国境を越える人の移動が原因となって，周辺国では国内が不安定化したり，最悪の場合には武力紛争に至ったりする傾向があることが定量分析によって示されてきた（たとえば，Salehyan and Gleditsch 2006）。この分析結果に対しては，難民受け入れが地域開発に及ぼす正の影響を示す反論もあるが（Zhou and Shaver 2021），それでもなお，一般の人々の認識としても国外からの大量の人々の流入が国内の治安に悪影響を及ぼすと考える傾向は強い。結果として，国内統治の問題が国際問題化したのである。

このような中で冷戦終結後に注目を集めたのが，紛争や自然災害の結果として避難を強いられたものの，国境を越えることなく国内にとどまっている「国内避難民（IDP）」に対する支援・保護の取り組みである。国内にとどまっている限りにおいて，政府がその保護に一義的な責任を有するはずの IDP が国際問題化したのは，領域内の人々を保護する当該政府の能力や意思が欠如してい

219

第Ⅲ部　グローバル・エシックス

Column ⑧　**武力紛争研究のためのデータセット**　◇・◇・◇・◇・◇・◇・◇・◇・◇・◇・◇・◇・◇・

　国家間戦争・国内紛争に関しては，その全体的な傾向をとらえようと，数量的デー
タの蓄積が進んでいる。データセットとは，たとえば戦争について「それをどの
ように選別し収録するかを決めた方針（コーディング・ルール）をもとに，観察さ
れる戦争のケースをリスト化して，当事国や開始日，終了日といった情報をまとめ
て行・列のかたちに整理したものである」（多湖 2020: 7）。つまり，一定のルー
ルにもとづいて現象を整理したものがデータセットであり，そのルールによって，
何が「戦争」としてみなされるのかに違いが出てくることには注意が必要である
（Sambanis 2004）。**図 10-1** で利用した UCDP・PRIO によるデータセット
は，1946 年から現在に至るまでの死者数が 25 名以上の武力衝突に関するもの
である。近年では，地理情報システムも付加したデータセットも公開され，
UCDP ウェブページでは地図上でわかりやすく情報が可視化されている。

　その他には，国際政治学者のシンガーが 1963 年に開始した戦争相関研究
（Correlates of War: COW）プロジェクトがある。このプロジェクトでは，
1816 年以降，1000 名以上の戦闘員の死者数が発生したものを数える戦争デー
タや（COW War Data），武力による「威嚇」など暴力の程度が低い衝突を含む
武力紛争データ（Militarized Interstate Disputes: MIDs）だけでなく，国際
機構の数や同盟など，多岐にわたるデータセットが構築されている。

　このような，数量的データにもとづく国際関係論の入門書には多湖（2020）
がある。また，死者数をはじめとする戦争データ生成の背後にある国際規範の発展
やその政治性に関する議論を展開するものとして，五十嵐（2023）がある。

◇・

るためである。つまり，IDP 問題への国際的対応は国内統治という資格基準
を問うものであった。

　しかし，具体的な IDP 支援・保護の実施は，通常の行動基準を踏襲したも
のであった。法的拘束力はないものの，IDP 保護・支援における重要な国際
的枠組みである「国内強制移動に関する指導原則」（1998 年）の原則 3 によれ
ば，「国家当局は，その管轄内にある国内避難民に対して保護および人道的援
助を与える第一義的な義務および責任を負う」（GPID 日本語版作成委員会 2010）
と書かれており，国際人権体制の原則にもとづく。さらに，IDP 支援には原
則として当該政府の要請・同意が必要とされ，当該国家が IDP を支援・保護
できるように支援するいわゆる「ガバナンス支援」が目的であった（西海

2020)。つまり，IDP 支援・保護は，国内統治に踏み込むものであったとはい
え，各国の主権を尊重したものであり，「通常」の国家─国民─領域関係を再
機能させることが主眼にあった。

3 国際社会は「どのように」人々を保護すべきなのか

● 人々の保護と「保護する責任」

　前節で議論したように，主権国家の資格基準の一つには人権保護が組み込ま
れている。しかし，冷戦後に注目を集めた IDP に対する保護や支援は，各国
の要請や同意にもとづくものであって，国家─国民─領域関係を再機能させる
ためのガバナンス支援が主眼であったので，内政不干渉原則という国際社会の
行動基準を変化させるものではなかった。

　しかし，当該政府が積極的に特定の社会的集団を迫害する場合には，「通常」
の国家─国民─領域関係をそもそも想定しえない（Jackson 1990）。脱植民地化
の過程では，民族自決権が実現された一方で，多くの新興独立国で国内統治に
おける人権保障は不問とされた。1990 年代のスレブレニツァやルワンダで生
じたジェノサイドは国際社会に大きな衝撃を与えた。さらに，ロシアによるウ
クライナ侵攻やイスラエルによるガザ侵攻に関して，国連や NGO の報告によ
れば，子どもの連れ去りや拷問，民間人の集団的殺害や強制移住といった戦争
犯罪が大規模かつ組織的に行われているとされる。いずれの事例も，国家─国
民─領域関係を意図的に無視・破壊する試みである。それでは，大規模な人道
危機を前に，内政不干渉原則を遵守し，国際社会は座してその悲劇を見過ごす
しかないのであろうか。

　スレブレニツァやルワンダの悲劇，また，1999 年の人道的介入を根拠とし
た NATO によるコソヴォ空爆などを契機として議論されるようになったのが，
「保護する責任（Responsibility to Protect: R2P）」である。保護する責任とは，そ
の内容を端的にいえば，「ジェノサイドや人道に対する罪といった深刻な人道
危機から市民を保護することを国家と国際社会に求める規範」（政所 2020: 2）
として理解される（詳しくは，政所 2020; 西海 2020; 中内ほか 2017）。保護する責
任においてとりわけ強調すべきなのは，市民保護のためには一定の条件の下で

第Ⅲ部　グローバル・エシックス

表 10-3　保護する責任の 3 つの柱

第 1 の柱	第 2 の柱	第 3 の柱
各国家の保護責任	国際協力にもとづく支援と能力構築	適宜かつ断固とした国際社会の対応
国際人権体制の当初の想定	予防外交やよい統治の確立，人権監視，難民や IDP の保護，平和維持活動の展開	ジェノサイドや民族浄化などに対する武力行使も含む強制措置

［出所］　政所 2020 を参照し，筆者作成。

武力行使も可能であると想定される点であろう。つまり，保護する責任は，国内統治の正統性という資格基準を満たさない国家に対して，内政不干渉原則および武力不行使原則という国際社会の行動基準の変革を迫る考え方であり，望ましい国際秩序のあり方に対する考え方の変化をも示している（西海 2020）。

　本章では，保護する責任の 3 つの柱を参考にして，人権保障をめぐる国際社会の行動基準について整理してみたい（表 10-3）。そもそも保護する責任の 3 つの柱とは，武力行使を可能性として含む保護する責任に対する反発や誤解を抑え，国連加盟国の合意の範囲を明示するために，保護する責任に関する事務総長特別顧問であったラックが中心となって整理したものである（政所 2020: 110-111）。保護する責任は論争的な概念であるが，第 2 の柱まではほとんどの国連加盟国が賛同しているといわれている。なお，保護する責任の対象事態は，ジェノサイド，戦争犯罪，民族浄化，人道に対する罪に限定されるので，直接に人権保障を対象としたものではない。しかし，人権保障を含む国家や国際社会の責任を検討するうえでは有益な示唆を提示しており，ジェノサイドや民族浄化は最も深刻な人権侵害であるともいえるので，それを援用して検討する。

● 非強制的措置を通した人権保護

　深刻な人権侵害の発生は国内統治の失敗であるといえるが，表 10-2 に記したように，現在の国際人権体制においては，人権諸条約を批准した各国が領域内に住む人々の保護を行う責任を担い，その中で人権保障が機能することが想定されている（第 1 の柱）。これは，本章でも強調してきた，「通常」の国家―国民―領域関係を前提としたものである。

しかし，当事国の能力によって，それが難しい場合には，第2の柱である国際協力にもとづく支援と能力構築が必要となる。たとえば，第2節で議論したIDP保護・支援は，この第2の柱に近い活動である。国内統治に関する第一義的な義務は各国政府にあることを確認しつつ，当該政府の能力が不十分である場合に，国際社会がその支援を行うという，いわゆる「ガバナンス支援」を重視したものである（西海 2020）。裁判所などの司法制度や，警察などの法執行機関に問題を抱え，人権侵害が生じた際にそれを是正する意思はあったとしても，その能力に欠ける国家は少なくない。そのため，人権保護における能力構築の重要性に関する認識は高まっている（Börzel and Risse 2013）。

国際機構やNGOといった非国家主体は，人権侵害に対する道義的な批判や人権保護の担い手の育成を通して，国内外から働きかけを行っている。国際人権体制の基盤となる各種人権条約は，国連人権委員会を通して起草されたものであった（筒井 2022）。国連人権委員会は，53カ国の代表からなる多国間機構であり，条約起草とともに，各国の人権問題を審議する国別手続きや，特定の種類の人権問題を審議するテーマ別手続きなどを通して，人権保障のための活動を行ってきた。また，**表10-2**に挙げた各人権条約の下には，自由権規約委員会や人種差別撤廃委員会など「監視機関」としての人権条約機関が設置されている。人権条約諸機関では，独立した専門家やNGOが各国の人権保障の促進を後押しするために，積極的に活動しながら，各国政府の人権保障に向けた取り組みを評価し，問題があれば，その是正を各国に勧告している。

2006年には国連改革の一環として，人権問題への対処能力を強化するために，国連人権委員会にかわって，総会の下部機関として国連人権理事会が設置された。国連人権理事会の特徴的な活動は「普遍的定期的審査（Universal Periodic Review：UPR）」であろう。UPRとは，国連憲章や人権諸条約に照らして，NGOなどが提出した文書を参考にしながら，国連加盟国の人権状況を他の加盟国が審査するというものである。もちろん，国際人権体制の原則通り，これらの審査結果を受け入れるか否かの最終判断は主権国家にある。たとえば，日本は死刑制度の廃止勧告を明確に拒否している。しかし，UPRは国家間の相互審査であり，人権保護という国内統治の問題を他国が批判する制度的な手続きが整えられているという点で，他国の人権状況には口を出さないという国家

第Ⅲ部　グローバル・エシックス

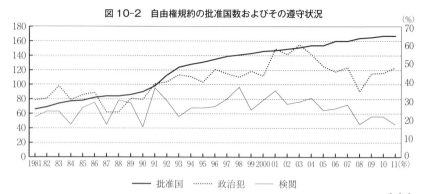

図10-2　自由権規約の批准国数およびその遵守状況

――批准国　……政治犯　―検閲

［注］　左軸が自由権規約の批准国数，右軸が政治犯の投獄および政治的検閲が報告されていない国の割合（％）を示す。
［出所］　赤星 2023: 305。

の行動基準（内政不干渉原則）に変容を迫っている。

　このような国連を通じた人権の国際的保障の発展が，成果を上げているかという点には異論もある。**図10-2**をみれば，人権条約の一つである自由権規約の批准国数は右肩上がりに増加しており，現在の国際人権体制が機能しているとすれば，人権状況も改善しているはずである。しかし，自由権の重要な要素である「政治的自由」と「表現の自由」はむしろ悪化傾向を示している。前者の指標である「政治的理由による投獄が報告されていない国の割合」は2000年代以降悪化し，後者の指標である「政府によるメディア検閲が報告されていない国の割合」はほぼ横ばいである。とはいえ，各国の人権侵害を批判できるのは，人権諸条約という国家の行動基準があるからであり，国際司法裁判所（ICJ）や国際刑事裁判所（ICC）が各国の人権侵害の審理を進め，UPRを通して各国も人権侵害の相互審査を定期的に実施している。人権侵害に対して，内政不干渉原則を盾にすることはもはや困難である。

　その動きを加速させているのがNGOであり，国内外から国家に対して人権尊重の圧力をかけるという点で重要な役割を果たす。NGOは，国内において人権諸条約の批准を求めるとともに，批准した後は実際にそれが履行されているかを監視する役割を担う（Simmons 2009）。具体的には，人権条約を締結した政府に対して，その言行不一致を指摘することで，「下から」の変革を呼び

第 10 章　国際社会は誰をいかに保護すべきなのか

起こそうとしたり，人権侵害被害者の声を国際的に伝えるためのサポートを行ったりしている。さらに NGO が，人権侵害国に対する国際的な圧力をかけ，行動の変化を引き起こすこともある（Keck and Sikkink 1998）。たとえば，国連人権理事会の UPR と同様に，日本における死刑存置やジェンダー不平等，難民認定率の低さなどの人権侵害に対しては，政府がこれらの課題に取り組むよう，国際的な人権 NGO が国内 NGO や法律家団体と協力しながら厳しく批判を行ってきた。

　このように，各国政府の第一義的な責任を強調する国際人権体制ではあるが，当該政府がその責任を果たすことができない場合には，国家—国民—領域関係が再機能するように，ガバナンス支援を含む国際支援や能力構築を行ってきた。これらの強制力を伴わない非強制的措置は，国際機構や NGO といった非国家主体によっても行われており，国連人権理事会における UPR は国家の相互審査を促し，NGO は当該政府の人権侵害を批判するなど，行動基準の変化がたしかに観察される。しかし，この審査や批判もその対象は政府に向けられたものであり，「通常」の国家—国民—領域関係を前提としたものである。

● **強制措置を通した人権保護？**

　しかし，国際支援や能力構築では止めることができない深刻な人権侵害も存在する。そもそも保護する責任は，内政不干渉原則を尊重するがあまり，ジェノサイドや民族浄化といった人道的な惨禍を見過ごすことは許されるのかという動機から議論されるようになったものである。ただし，保護する責任の実施にあたって，人道危機を止めるための武力介入が可能か否かに関する国際的な合意は，依然として存在していない。なお，武力行使を用いた保護する責任の実施は，**表 10-3** における第 3 の柱，すなわち，「適宜かつ断固とした国際社会の対応」に含まれる強制措置である。

　そもそも，人道的目的にもとづく武力介入は，国際社会の行動基準，すなわち，武力不行使原則と内政不干渉原則の双方から逸脱する行動である。保護する責任を打ち出した介入と国家主権に関する国際委員会（ICISS）によれば，以下のような論理が展開される（中内ほか 2017: 18）。

225

第Ⅲ部　グローバル・エシックス

中核原則
A）　国家主権は責任を含意し，自国民を保護する主要な責任は国家自体にある。
B）　内戦，騒乱，抑圧あるいは国家の破綻の結果，人々が重大な危害を被り，かつ，問題の国家がその危害を停止または回避する意思と能力に欠ける場合，内政不干渉原則よりも国際的に保護する責任が優先される。

　すなわち，国家─国民（─領域）関係の意図的な破壊が生じた場合には，その主権が停止され（つまり，国際社会の資格基準を失い），その結果として，一定の条件の下で武力を用いた国際介入が可能になるという論理を提示したのである。その後，国連総会などを通して国際社会の合意形成を進める中で，介入主義的な保護する責任に対する途上国からの批判をおさえるために，「内戦，騒乱，抑圧あるいは国家の破綻の結果」は，「ジェノサイド，戦争犯罪，民族浄化，人道に対する罪」という4つの事態に限定され，武力行使を含む強制措置は国連憲章第7章のもとで安保理を通して実施するという条件が付された。しかし，第3の柱は先に述べたように国際的な合意を未だ得ていない。
　さらに，保護する責任の実施にあたっては，「地政学的関心と人道主義的関心を峻別することは困難である」（五十嵐 2016: 237）と指摘されるように，人道的考慮が他の介入理由の隠れ蓑になる危険性も指摘されている。たとえば，第3の柱に踏み込んだ保護する責任の実施例とされるリビア危機を検討してみよう（政所 2020）。「アラブの春」に端を発する政権への大規模抗議に対して，カダフィは空爆を行うなど多くの一般市民を虐殺した。リビア政府によるこの人道危機に対して，アラブ連盟やアフリカ連合（AU）といった地域機構はそれを厳しく批判し，安保理にも議題が持ち込まれた。2011年2月26日には，「人々を保護するリビア当局の責任」を指摘し，武器の禁輸やICCへの付託を求める安保理決議1970が採択され，その約3週間後の3月17日には，リビア政府の責任をあらためて指摘したうえで，リビア国内の市民を保護するために「あらゆる必要な措置」をとる権限を加盟国に付与する安保理決議1973が採択された。同決議にもとづいて，アメリカ，イギリス，フランスを中心としてNATOは軍事行動を開始し，10月20日にはカダフィが殺害されるなど，結果としてリビア政府は崩壊することとなった。
　しかし，この政権転覆という結果は，リビア介入が純粋な人道的考慮から行

われたものではないという疑いを惹起した。保護する責任にもとづく軍事行動の正当化根拠として，ICISS 報告書においても，「介入の主要な目的は（中略）人々への危害を停止または回避することでなければならない」という「正当な意図」（中内ほか 2017: 19）が指摘されるが，アメリカから経済制裁を受けていたカダフィ殺害にまで至ったために，リビア市民の保護という軍事行動の目的に疑念が生じたのである。そもそも武力行使を含む措置を認める安保理決議1973 に対しては，ブラジル，中国，ドイツ，インド，ロシアが棄権を表明するなど消極的な国家も少なくなかった。そうした中で，軍事行動の結果が保護する責任自体への懸念を生じさせ，結果として保護する責任を掲げた武力行使に対するハードルはきわめて高くなった。

　他方，人権侵害に対する武力行使が困難であるとすれば，他の方法はあるだろうか。ICC に関する詳細な議論は次章に譲るが，本章ではプーチンとリボワベロワ（子どもの権利担当大統領全権代表）に対する逮捕状発出について簡単にふれてみたい。本逮捕状発出は，ロシアがウクライナの占領地域において行っている子どもの連れ去りが ICC の設立根拠であるローマ規定 8 条「不法な追放，移送又は拘禁」に当たるとしたうえで，ロシア国内法で養子縁組やロシア国籍取得の手続き加速化が承認されるなど，プーチンからの同意があったことを示す証拠にもとづいたものである。プーチンやリボワベロワの逮捕はほぼ困難であろうが，本章の議論にもとづけば，ICC が国家元首に対して逮捕状を発出すること自体が，人権保護に関する国際社会の資格基準と行動基準に関する一定の変化を表したものであるといえよう。つまり，国際的に承認されたウクライナ領域内に住む子どもに対して国外から行われた人権侵害，言い換えれば，国家—国民—領域関係を国外から破壊する行為に対して国家元首に逮捕状を発出するという行為は，普遍的な人権規範を無視するロシアに対して国際社会の資格基準を問い直し，逮捕状発出という強制的な措置を通して，ICC という国際機構がその地位を問い直すという行動基準の変化を示しているといえるのではないだろうか。

第III部　グローバル・エシックス

4　「誰一人取り残さない」保護は可能か

　本章でみてきたように，「人権思想が，国内社会においても，国際社会においても，秩序を問い直す含意を持って」おり（篠田 2007: 183），人権規範の発展とともに，国際社会成立の基盤である「資格基準」と「行動基準」は変容を迫られてきた。たしかに，「通常」の国家―国民―領域関係は強固なままであり，国際的な介入もそれを前提としたものまでが合意の対象であって，人権保障を目的とした強制措置に対する国家の幅広い合意は存在していない。しかし，国連人権理事会の UPR や ICC による逮捕状発出にみられるように，人権保護は国際社会の資格基準となり，その資格を満たすことができない国家に対しては国際社会による支援（時に介入）が必要とされる。人権侵害に対する内政不干渉原則という弁明は，もはや難しいといって差し支えないだろう。

　現在の国際人権体制は，依然として分権的な主権国家体制と普遍的・コスモポリタン的な人権規範の緊張関係が続いている。難民は，国際人権体制から「例外」的に特別のカテゴリーとして国際保護の対象とみなされてきたが，国内および国際社会の両方の保護から「取り残される人々」は依然として存在している。たとえば，紛争や政府による迫害などの人道危機下で移動すらできない人々は，難民でも IDP でもなく，そして当該政府の保護を望むべくもないため，その保護は困難なままである。人々の生命をつなげるための人道支援ですら，ロシアは，迫害を続けるアサド政権の後ろ盾となり，シリアに対する人道支援について拒否権を行使し続けている。また，ガザ地区に住む人々への人道支援提供についてはイスラエルが妨害し，アメリカもそれを追認している。さらに，難民や IDP であったとしても，コンゴ民主共和国やイエメンなどの人道危機は世界から忘れ去られている。このように「誰」を保護するのかという点について，カテゴリーをつくり保護体制を構築する方策には自ずと限界が生じる。

　本章で具体的な処方箋を提示することは困難であるが，いずれにしても「国際社会は誰をいかに保護すべきなのか」という問いに対しては，人権の定義である「人間が人間として当然にもっている権利」に立ち返る必要がある。現在

228

第10章 国際社会は誰をいかに保護すべきなのか

の主権国家体制のもとでは、「どこに住むか」によって人権保障の状況が異なる。こうした現実は否定できず、消極的／法的主権と積極的／経験的主権のバランス、すなわち、多元主義の中で連帯主義をどう機能させていくかを検討する必要がある（**表10-1**）。たとえば、最低限の人権保障（これ自体論争的であるが）を含む国内統治を確立することが、不干渉の権利を主張する条件であるとみなす考え方（ブザン 2017）は、保護する責任概念が想定する論理に沿ったものであり、主権国家にとっても受け入れられやすいものかもしれない。人権保障を確実にするために、我々はこの緊張関係をどう乗り越えていくのかを問い続けなければならないのである。

さらに読み進める人のために ▬▬▬▬▬▬▬▬

五十嵐元道『支配する人道主義――植民地統治から平和構築まで』岩波書店、2016年。

　　人権保障は一見「よいもの」のようにみえる。しかし、人権保障を「国際的に広げる」という立場は、パターナリスティック（家父長主義的）な支配関係に変化する可能性も孕む。本書は、人道主義がその支配関係を正当化する言説となったことを暴き出すものである。

筒井清輝『人権と国家――理念の力と国際政治の現実』岩波新書、2022年。

　　新書であり、簡易に読めるものであるが、国際関係論における人権を学ぶうえでは最良の一冊である。現在の国際人権体制がなぜ生まれてきたのか、そして、それはどの程度の実効性をもつのかが明快に議論されている。

西海洋志『保護する責任と国際政治思想』国際書院、2020年。

　　「保護する責任」は武力行使を含む強制措置との関係で議論されることが多い。しかし、本書は保護する責任に内在するそれ以外の論理を示すとともに、大規模人権侵害の予防を強調することが国際的な監視・規律枠組みを強化することになると主張するなど、国際秩序の変容の一端を示そうと試みている。

引用・参考文献 ▬▬▬▬▬▬▬▬▬▬▬▬

赤星聖 2023「人権と人の移動――人間としての権利をどう守るのか」草野大希・小川裕子・藤田泰昌編著『国際関係論入門』ミネルヴァ書房、292-315頁。

五十嵐元道 2016『支配する人道主義――植民地統治から平和構築まで』岩波書店。

五十嵐元道 2023『戦争とデータ――死者はいかに数値となったか』中公選書。

上野友也 2021『膨張する安全保障――冷戦終結後の国連安全保障理事会と人道的統治』

第 III 部　グローバル・エシックス

明石書店。

吉川元 2004「国内統治を問う国際規範の形成過程」『社會科學研究』55 巻 5-6 号，53-77 頁。

小林綾子 2021「国連におけるジェンダー主流化——“all men” から “all human beings” へ」Synodos，2021 年 3 月 8 日（https://synodos.jp/opinion/international/24144/）。

コヘイン，ロバート／石黒馨・小林誠訳 1998『覇権後の国際政治経済学』晃洋書房（原著 1984 年）。

篠田英朗 2000「国家主権概念の変容——立憲主義的思考の国際関係理論における意味」『国際政治』124 号，89-107 頁。

篠田英朗 2007『国際社会の秩序』（シリーズ国際関係論 1）東京大学出版会。

GPID 日本語版作成委員会 2010『国内強制移動に関する指導原則（日本語版）』（https://www2.ohchr.org/english/issues/idp/docs/GuidingPrinciplesIDP_Japanese.pdf）。

多湖淳 2020『戦争とは何か——国際政治学の挑戦』中公新書。

筒井清輝 2022『人権と国家——理念の力と国際政治の現実』岩波新書。

中内政貴・高澤洋志・中村長史・大庭弘継編 2017『資料で読み解く「保護する責任」——関連文書の抄訳と解説』大阪大学出版会。

中西寛・石田淳・田所昌幸 2013『国際政治学』有斐閣。

西海洋志 2020『保護する責任と国際政治思想』国際書院。

ブザン，バリー／大中真・佐藤誠・池田丈佑・佐藤史郎ほか訳 2017『英国学派入門——国際社会論へのアプローチ』日本経済評論社（原著 2014 年）。

政所大輔 2020『保護する責任——変容する主権と人道の国際規範』勁草書房。

Barnett, Michael 2010, *The International Humanitarian Order*, Routledge.

Börzel, Tanja A. and Thomas Risse 2013, "Human Rights in Areas of Limited Statehood: the New Agenda," Thomas Risse, Stephen C. Ropp, and Kathryn Sikkink, eds., *The Persistent Power of Human Rights: From Commitment to Compliance*, Cambridge University Press, pp. 63-84.

Davies, Shawn, Therese Pettersson and Magnus Öberg 2023, "Organized Violence 1989-2022, and the Return of Conflicts between States?" *Journal of Peace Research*, 60(4), pp.691-708.

Haddad, Emma 2008, *The Refugee in International Society: Between Sovereigns*, Cambridge University Press.

Jackson, Robert H. 1990, *Quasi-states: Sovereignty, International Relations and the Third World*, Cambridge University Press.

Keck, Margaret E. and Kathryn Sikkink 1998, *Activists beyond Borders: Advocacy Networks in International Politics*, Cornell University Press.

Klotz, Audie 2002, "Transnational Activism and Global Transformations: The Anti-Apartheid and Abolitionist Experiences," *European Journal of International Relations*, 8(1), pp. 49-76.

Salehyan, Idean and Kristian Skrede Gleditsch 2006, "Refugees and the Spread of Civil

War," *International Organization*, 60(2), pp. 335-366.

Sambanis, Nicholas 2004, "What Is Civil War? Conceptual and Empirical Complexities of an Operational Definition," *Journal of Conflict Resolution*, 48(6), pp. 814-858.

Simmons, Beth A. 2009, *Mobilizing for Human Rights: International Law in Domestic Politics*, Cambridge University Press.

Zhou, Yang-yang and Andrew Shaver 2021, "Reexamining the Effects of Refugees on Civil Conflict: A Global Subnational Analysis," *American Political Science Review*, 115 (4), pp. 1175-1196.

第**11**章

国際刑事裁判は平和を生み出すか

> 　国際刑事裁判が平和を生み出すかという問いに対する答えは，国際社会における平和の土台を何に求め，国際刑事裁判の特徴をどのようにとらえるのかによる。本章では，まず，国際刑事裁判の歴史と機能の分析を通して，重層的な国際刑事裁判の特徴を把握する。そして，「法の支配による平和」「交渉による平和」「和解による平和」という３つの理念型をもとに，この問題について考えてみよう。

1 国際刑事裁判と平和

　ニュルンベルク裁判と東京裁判の先例はあるものの，国際刑事裁判は冷戦後に本格的に実施されるようになった比較的新しい国際社会における取り組みである。重大な人権侵害行為を行った責任者を処罰することが，国際の平和を回復し維持するために不可欠だと認識されるようになったのだ。しかし本来，裁判は正義の追求を目的とした司法判断であり，政治からは独立した活動である。国際平和の維持が，集団安全保障であれ大国間の勢力均衡であれ，主として国家間の政治問題として構想されてきたことを踏まえると，次の疑問が生じる。個人の刑事責任の追及は，国際平和と相容れるのだろうか。国際刑事裁判は，平和を生み出すのだろうか。

233

第Ⅲ部　グローバル・エシックス

　この問いに対する答えは，国際社会における平和の土台を何に求めるのか，そして，国際刑事裁判の特徴をどのようにとらえるのかによって異なる。本章では，国際刑事裁判がどのような国際情勢下で実現し，どのような意義と課題を有してきたのかを振り返りながら，この問題について考えることにしたい。

2　国際刑事裁判の展開

● 実現しなかったカイザー訴追

　国際刑事裁判は戦争犯罪などの残虐行為を行った個人を，被疑者の国籍国以外の国家あるいは国際機関が裁く行為である。国際刑事裁判がはじめて現実の国際政治上の課題として浮上したのは，第一次世界大戦後のことである。敗戦国ドイツと連合国の間に締結されたヴェルサイユ講和条約は，「国際道義と条約の神聖を傷つけた最高の犯罪について」ドイツ皇帝（カイザー）ヴィルヘルム2世を訴追し，「被告人を裁くために特別な法廷を設置」すると規定した（227条）。大戦末期から，とくにイギリスにおいて反独感情が高まり，ドイツの戦争責任の追及を求める国際的な世論が形成されていた。カイザー訴追条項は，多分にそれに応えるものだった。

　しかし，戦争で疲弊した欧州諸国に代わって世界の大国としての地位を固めつつあったアメリカは，消極的だった。ヴィルヘルム2世の開戦責任を問う実定法上の根拠がなく，事後法の禁止に抵触するおそれがあるというのが，その理由だった。当時はまだ無差別戦争観が支配的であるとともに，国家元首は他国の裁判権に服さないという，国家の主権を尊重した主権免除の考えが強固だったのである。カイザー訴追は，結局，ヴィルヘルム2世の亡命先であるオランダ政府が身柄引き渡しを拒んだため，不発に終わった。

● ニュルンベルク裁判と東京裁判

　これに対して第二次世界大戦後に行われた2つの国際軍事裁判は，アメリカのイニシアチブによって実現した。ニュルンベルク裁判と東京裁判では，連合国が枢軸国の戦争責任を追及するために，「平和に対する罪」と「人道に対する罪」という新たな犯罪類型が創出された。「平和に対する罪」とは，端的に

234

第 11 章　国際刑事裁判は平和を生み出すか

いえば侵略戦争の開戦と遂行の責任を問うものだが，裁判が構想された第二次世界大戦末の時点では，カイザー訴追のときとは異なり，不戦条約（1928 年）を根拠に侵略戦争が違法であるという認識は共有されていた。

　しかし，違法であることと，裁くことができるということは別である。不戦条約が条約違反者の刑事責任を問う規定をもたないことから，アメリカ国内ですら，この時点で国際刑事裁判を実施することは罪刑法定主義に反するという慎重論が存在した。反対に，即決処刑を求める強硬論も有力だった。これらを制したのは，アメリカ国内で「文明的な裁判」による懲罰を主張していたスティムソン陸軍長官である。彼を中心とするグループが，不戦条約は違反者の処罰まで定めたものだという解釈を打ち出し，裁判実施に道を開いたのだった（大沼 1975: 254-255）。

　同様に，大戦中のナチ・ドイツによる自国民，とくにユダヤ人に対する迫害を裁くことを念頭に創出された「人道に対する罪」についても，大戦中にはそのような犯罪を裁く実定法が存在しなかったことから，事後法による裁きになる疑いがあるという懸念があった。結局，「人道に対する罪」は，ニュルンベルク裁判で侵略戦争の遂行と関連した限りにおいて認定され，東京裁判の判決では全く適用されなかった。

　このほかに，大戦前から存在していたハーグ陸戦法規やジュネーヴ赤十字条約を根拠に，捕虜の虐待や民間人の殺害などが「通例の戦争犯罪」として裁かれた。

　ニュルンベルク裁判と東京裁判は連合国による戦後処理の一環として行われたものであり，戦勝国と無条件降伏を受諾した敗戦国という圧倒的な力の非対称があったからこそ，比較的短期間で日独の指導者の裁きを完遂することができたともいえるだろう。

● 普遍的な国際刑事裁判所設立の挫折

　第二次世界大戦後には，ニュルンベルク裁判と東京裁判の試みを，普遍的なものにする試みが行われた。1946 年の第 1 回国連総会は，「ニュルンベルク裁判所条例によって認められた国際法の諸原則」を確認する決議を全会一致で採択した。国連の国際法委員会（ILC）は 1954 年に，これらの諸原則を「人類の

第Ⅲ部　グローバル・エシックス

平和と安全に対する罪の法典」として草案にまとめた。

　1948 年にはナチ・ドイツによる犯罪を念頭にジェノサイド条約が成立し，49 年には「通例の戦争犯罪」を精緻化したジュネーヴ諸条約も成立した。常設の国際刑事裁判所を設立する必要性も認識され，ILC が準備にあたって設立草案を総会に提出した。

　このように第二次世界大戦終結直後は，国際社会に法の支配を打ち立てることが「人類の平和と安全」に不可欠であるという気運が醸成された。しかし，冷戦が展開する中で，国際刑事裁判所設立の試みは，侵略犯罪の定義について大国間で合意が得られず，頓挫した。国際刑事裁判が再び行われるようになったのは，冷戦終結後に国際社会が内戦への対応に苦戦する中でだった。

● 暫定法廷から常設の国際刑事裁判所の設立へ

　旧ユーゴスラヴィア連邦は，1991 年 12 月に一共和国だったクロアチアの独立がドイツによって承認されて以来，崩壊の一途をたどった。紛争の過程で「民族浄化」と称される凄惨な民族集団間の虐殺が起こり，国際社会は和平交渉の仲介を試みたり，国連平和維持軍を派遣したりしたが，紛争の拡大を止められなかった。国際刑事裁判が実現したのは，こうした「外交努力の度重なる失敗を通じて」であった（多谷 2005: 14）。

　国連安保理は 1993 年 5 月に旧ユーゴスラヴィア連邦の事態を「国際の平和と安全に対する脅威」と認定し，重大な国際人道法違反の責任者を裁くために国際裁判所を設置することを決定した（安保理決議827）。翌年 11 月には，ルワンダについても同様に，国際刑事裁判所の設立が決定された（安保理決議955）。ルワンダでは，1994 年 4 月以降，わずか 100 日足らずの間に少なくとも 50 万人が犠牲になったといわれる大虐殺が起こったが，虐殺が進行する中で国連平和維持軍はなす術もなく撤退していた。

　これらの裁判所──旧ユーゴスラヴィア国際刑事裁判所（ICTY）とルワンダ国際刑事裁判所（ICTR）──は，国連憲章第 7 章下の集団安全保障行動の一環として「国際の平和の回復」を目的に設置された。事態の深刻さを受け，国連安保理決議によって「急いで」設置された，地理的にも時間的にも限定された暫定法廷である（藤田 1995: 194）。

第 11 章　国際刑事裁判は平和を生み出すか

❶オランダ・ハーグにある国際刑事裁判所（ICC）。正義と公平への信頼・透明性を表現するモダンなデザインになっている（写真提供：©Vincent Isore/IP3 via ZUMA Press／共同通信イメージズ）。

とはいえ裁判は，政治機関である安保理とは独立して行われた。それぞれの法廷の裁判部は 11 名の独立した裁判官で構成され，「戦争犯罪」「人道に対する罪」「ジェノサイド」について責任者が裁かれた。

ICTY と ICTR の経験を経て，第二次世界大戦直後に構想された常設の国際刑事裁判所を設立する気運が高まった。国連総会の要請を受けて，国際法委員会（ILC）は 1994 年に裁判所設立のための規程草案を完成させ，総会に提出した。草案はその後，総会の特別委員会と国連加盟国や非政府組織（NGO）を招いて行われた「設立準備委員会」で検討され，最終的には 1998 年 6 月 15 日からローマで 5 週間かけて開催された外交会議で採択された（そのため裁判所規程は，ローマ規程と呼ばれる）。規程は 2002 年 7 月 1 日に発効し，国際刑事裁判所（ICC）は翌年 3 月にオランダのハーグに設置された。

● 多様化する国際刑事裁判

同時期には，コソヴォや東ティモール，シエラレオネ，カンボジアに，紛争下で生じた人権侵害に対処するために国連と現地政府とが共同で国際法廷を設置した。これらは混合法廷ないしハイブリッド法廷と呼ばれ，現地の検察官・裁判官と国連等が任命した国際検察官・裁判官が協力し，多くの場合，現地の国内法と国際法の双方を適用して裁判が行われる。

さらには，第三国が犯罪の発生地や被疑者の国籍に関係なく，国際法違反を

第Ⅲ部　グローバル・エシックス

Column ⑨　どのような犯罪が裁かれるのか ◇・◇・◇・◇・◇・◇・◇・◇・◇・◇・◇・◇・◇・

　ICC が処罰の対象とする犯罪は，「ジェノサイド（集団殺害）犯罪」「人道に対
する犯罪」「戦争犯罪」「侵略犯罪」の 4 類型である。これらは，国際法上の重大
犯罪として〈中核犯罪〉とも呼ばれ，ローマ規程に詳細な規定が置かれている（5
-8 条）。

　「ジェノサイド犯罪」は，国民的，民族的，人種的または宗教的な集団の全部又
は一部に対し，その集団自体を破壊する意図をもって行う行為である。第二次世界
大戦中のナチ・ドイツによるユダヤ人大量虐殺に衝撃を受けた国際社会は，戦後い
ち早く「集団殺害罪の防止及び処罰に関する条約（ジェノサイド禁止条約）」
（1948 年）を成立させていた。この条約にはジェノサイドを国際刑事裁判所が裁
くという明文の規定があるが，そのための国際機関は設立されずにいたため，ICC
の設立によって，ようやく制度が整ったことになる。

　「戦争犯罪」は，一般的には戦争中に起きた犯罪という広義の意味で，ICC が対
象とする 4 つの犯罪類型の総称として用いられることもあるが，狭義では戦争の
ルールに違反することを指す。戦争のルールとは，人道の観点から戦闘行為の方法
や用いる武器を規制し，武力紛争の犠牲者を保護することを目的に体系化されてき
たもので，〈国際人道法〉ないし〈武力紛争法〉と呼ばれる分野である。古くはイ
タリア統一戦争（1859 年）時に敵味方なく負傷兵を助け，現在の赤十字国際委
員会につらなる組織を発足させたデュナンの活動等に端を発するものである。戦争
犠牲者（傷病者，海上傷病難船者，捕虜，文民）の保護に関するジュネーヴ 4 条
約（1949 年）と 2 つの追加議定書（1977 年），陸戦の法規慣例に関する条約
（1907 年）といった一連のハーグ法などから構成される。具体的には，捕虜虐待
や病院等の民間施設攻撃が戦争犯罪に該当する。

◇・

理由に重大犯罪者を裁く「普遍的管轄権」の行使も散見される。これはスペイ
ンがチリのピノチェト元大統領を訴追したことで注目され，1990 年代後半か
ら 2000 年代にかけて活発化した。関係国の反発もあり，一時期下火になった
が，近年はドイツの裁判所が，シリアの収容施設の元幹部に対して「人道に対
する罪」で有罪判決を下すなど，積極的に行使している。

238

第 11 章　国際刑事裁判は平和を生み出すか

◇◆◇

　「人道に対する犯罪」は，ニュルンベルク・東京裁判や旧ユーゴスラヴィア連邦
とルワンダに設置された暫定法廷でも処罰の対象とされてきたが，ローマ規程でよ
り精密な定義が与えられた。それは「文民たる住民に対する攻撃であって広範又は
組織的なものの一部」として行われる行為で，「そのような攻撃であると認識しつ
つ」行われることが犯罪成立の要件となっている。具体的には，性犯罪や人の強制
失踪，アパルトヘイト（人種隔離）犯罪などが列挙されている。戦争犯罪が武力紛
争を前提とするのに対して，人道に対する犯罪は武力紛争の生じていない平時でも
問われうる。

　「侵略犯罪」は，国家の侵略行為に責任を負う個人を裁くための犯罪類型である。
ニュルンベルク・東京裁判では「平和に対する罪」として日独の指導者が裁かれた
が，戦後は侵略行為の定義について長い間，合意が得られずにいた。国連憲章の下
では安保理に侵略行為を認定する広範な裁量が与えられていることから，安保理の
権限に抵触しかねないというのも，その理由の一つである。1998 年にローマ規
程が採択された際にも，侵略犯罪の定義について合意は得られず，議論は持ち越さ
れた。ICC が侵略犯罪を対象犯罪として扱えるようになるのは，2010 年に侵略
犯罪の定義とともに，どのような場合に裁判所が捜査と訴追を行えるのか（管轄権
行使の条件）についてようやく合意が得られ，それに伴って改正された規程が発効
した 2018 年 7 月以降である。しかし，この規程改正はさまざまな妥協の産物で，
ICC の締約国であっても裁判所の管轄を受諾しない選択肢が残されるなど，管轄
権行使の条件が非常に複雑になっている。侵略犯罪の責任者の訴追は事実上，きわ
めて困難なものになったといってよい。

◇◆◇

3　国際刑事裁判の特徴

　国際刑事裁判をとりまく現在の国際社会を理解するうえで重要なのは，常設
の ICC が国家に超越して存在する世界法廷ではなく，「国家の刑事裁判権を補
完する」（ローマ規程前文）機関として設立されたという点である。これは「補
完性の原則」と呼ばれる。ICC は第一義的にはそれぞれの国家が重大犯罪者を
処罰すべきことを確認している。ICC は，国家が「捜査又は訴追を真に行う意

239

第Ⅲ部　グローバル・エシックス

Column ⑩　ウクライナにおける戦争犯罪の捜査　◇・◆・◇・◆・◇・◆・◇・◆・◇・◆・

　2022 年のノーベル平和賞は，ベラルーシの人権活動家と，ウクライナとロシアでそれぞれ活動する人権団体に授与された。このうちウクライナの人権団体「市民自由センター」は，同年 2 月のロシアによるウクライナ侵攻後，各地で聞き取り調査を行い，ロシア軍が行った戦争犯罪を特定し，記録する活動を続けてきた。ウクライナでは地元検察が捜査にあたり，戦場で罪を犯したロシアの下級兵士を裁いているが，捜査の人手が足りず，裁判に必要な証拠を集めるのも難航していた（NHK 2022）。「市民自由センター」は集めた情報をデータベース化し，当局と共有している。

　ウクライナでは ICC による捜査も行われている。こちらは戦争指導者を対象とし，2023 年 3 月にはウクライナ占領地域から子どもたちを連れ去った戦争犯罪容疑でプーチン大統領とその側近に逮捕状が発付された。2024 年 3 月には，さらにロシア軍の司令官 2 名に対して民間施設攻撃などの戦争犯罪容疑で逮捕状が発付された。

　なお，ロシアとウクライナはともに ICC の締約国ではないが，ICC は複数の締約国の付託を受け，侵攻から 1 週間も経たない 3 月 2 日に，ウクライナで捜査を開始した。ローマ規程には「締約国でない国であっても ICC の管轄権を受諾することで ICC が管轄権を行使できる」との規定が置かれている（12 条 3 項）。この規定にもとづいて，ウクライナはロシアがクリミア半島を併合した 2014 年 4 月

◇・◆・◇・◆・◇・◆・◇・◆・◇・◆・◇・◆・◇・◆・◇・◆・◇・◆・◇・◆・◇・◆・◇・◆・◇・◆・◇・◆

思又は能力」（ローマ規程 17 条）がない場合に，国家に代わって重大な犯罪を裁くバックアップ機関なのである。この意味では，国家主権を尊重する伝統的な国際社会の原則に忠実だといえよう。

　したがって ICC が管轄する犯罪が生じた疑いがあったとしても，ただちに ICC が無条件に捜査を開始するわけではない。犯罪が生じた国や被疑者の国籍国は，単独であるいは国際社会の支援を受けて，戦争犯罪の調査を行い，責任者の訴追を行いうる。ICC の意義は，戦争犯罪をはじめとする重大犯罪の不処罰は許容されないという規範を打ち立て，国家が重大犯罪を処罰しない場合には国際社会が介入しうる制度を整えたことにあるといえよう（→Column ⑩，⑪）。

　ICC が多国間条約にもとづいて設立されたという経緯も，今日の国際刑事裁判の特徴をとらえるうえで重要である。第 1 に，より多くの国家による審議を

第 11 章　国際刑事裁判は平和を生み出すか

と 15 年 9 月の 2 度にわたって，ICC の管轄権を受諾する宣言をしていたため，ウクライナ国内での捜査が可能になったのだった。

　ウクライナにおける戦争犯罪の捜査は，国内外のさまざまな機関が協力するかたちで進められており，ICC の捜査はウクライナの取り組みを補完するかたちで行われている。

↑ロシア軍の攻撃で破壊された学校の関係者から聞き取りをする人権団体「市民自由センター」の幹部（右）
（2022 年 6 月。ウクライナの首都キーウ郊外のイルピン。写真提供：共同通信）。

経て，国連から独立した組織として設立された点で，戦勝国によって実施されたニュルンベルク・東京裁判や，安保理という少数の大国が決定権をもつ政治機関によって設置された ICTY と ICTR と比して，司法機関として，より高い正統性を有しているといえるだろう。

　第 2 に，しかしながら，多国間条約によって設置された ICC は，原則として締約国で生じた犯罪か，締約国の国籍をもつ被疑者についてしか捜査と訴追を行うことができない。ICC には 2024 年 3 月末現在，124 カ国が加盟している。国連加盟国が 193 カ国であることを考えると，ICC の締約国数を多いととらえるか少ないととらえるかは微妙だ。しかし数よりも重要なのは，主な「大国」が加盟していないことと，重大犯罪が生じうる可能性の高い「独裁体制」の国に非締約国が目立つことである。国連の安保理常任理事国のうち，ICC に

241

第Ⅲ部　グローバル・エシックス

加盟しているのはイギリスとフランスのみで，アメリカ，ロシア，中国は加盟していない。ちなみに日本は2007年10月1日に加盟し，最大の資金拠出国になっている（2024年3月現在）。

第3は司法と政治の関係である。多国間の交渉過程で行われた妥協の結果，ICCでは①締約国による付託のほか，②安保理による付託と，③ICC検察官による捜査着手によってICCの捜査が開始される。このうち安保理とICC検察官の権限の範囲をどのように定めるかは，条約交渉時の主要な争点の一つだった。カナダを中心に中小国で構成された「同志国グループ（LMG）」は「強い裁判所」を望み，独立・公平なICC検察官に職権捜査の権限を付与することを主張した。これに対して安保理常任理事国，とりわけアメリカは，自国兵士が刑事訴追の対象となることを危惧して検察官の職権捜査に反対し，代わりに政治機関である安保理の役割を強化するよう主張した。議論は平行線をたどったが，最終的には交渉期日最終日に議長が示した最終案が採択され，ローマ規程は不採択を免れた。この最終案にもとづいて，ICC検察官の職権捜査には，ICCで公判前の調査などを担う予審裁判部の承認を必要とするという制限がかけられた。他方，安保理には事態を付託する権限のほか，国連憲章第7章の規定にもとづいてICCの捜査と訴追の延期を決定する権限が与えられることとなった（ローマ規程13-16条）。

ICCは2024年3月末までに，16カ国の事態（中央アフリカについては，時間的管轄が異なる2事態があるので，事態の数としては17）について捜査と訴追を行い，有罪10件，無罪4件を言い渡した。逮捕状は計42件発付されたが，ロシアのプーチン大統領などの大物を含む17名は，身柄を拘束されないままでいる（表11-1，表11-2）。ICCは警察組織を備えていないので，逮捕には締約国や関係国の協力が不可欠だ。ロシアのような非締約国はもとより，締約国であっても，訴追対象が国家の要職にある人物の場合には「国家の殻」に守られるので，逮捕はきわめて困難になっている。

こうしたICCの限界を補うかたちで，混合法廷や普遍的管轄権の行使にもとづく国際刑事裁判が行われている（表11-3）。ICCは国家の刑事裁判を補完するために設立されたが，そのICC自身が他の形態の国際刑事裁判によって補完されている。中央集権的な公権力を欠き，権力がそれぞれの国家に分散す

第 11 章　国際刑事裁判は平和を生み出すか

表 11-1　ICC の捜査対象となっている事態　(2024 年 3 月現在)

	捜査開始 (年)	管轄権行使主体
ウガンダ	2004	締約国（ウガンダ）
コンゴ民主共和国	2004	締約国（コンゴ）
スーダン	2005	安保理
中央アフリカ (1)	2007	締約国（中央アフリカ）
ケニア	2010	ICC 検察官
リビア	2011	安保理
コートジヴォワール	2011	ICC 検察官
マリ	2013	締約国（マリ）
中央アフリカ (2)	2014	締約国（中央アフリカ）
ジョージア	2016	ICC 検察官
ブルンジ	2017	ICC 検察官
バングラデシュ／ミャンマー	2019	ICC 検察官
アフガニスタン	2020	ICC 検察官
パレスチナ	2021	ICC 検察官（2015 年 1 月）／ パレスチナ（2018 年 5 月）＝2015 年 4 月に加盟
フィリピン	2021	ICC 検察官
ベネズエラ	2021	締約国（アルゼンチン，カナダ，コロンビア，チリ，パラグアイ，ペルー）
ウクライナ	2022	締約国（43 カ国）

［注］　▨▨▨▨は捜査後に逮捕状が発付された事態。⇒「表 11-2」
［出所］　ICC のウェブサイト（https://www.icc-cpi.int）をもとに筆者作成。

る国際社会では，重層的なかたちで重大犯罪者を処罰する法廷が形成されている。

4 国際刑事裁判は平和を生み出すか

　このような重層的なかたちで行われる国際刑事裁判は，平和に寄与するのだろうか。その判断は，国際社会における平和の土台をどうとらえるのかによる。以下では，法の支配による平和，交渉による平和，和解による平和，という 3 つの「理念型」をもとに，この問いについて考えてみよう。理念型とはウェー

243

第Ⅲ部　グローバル・エシックス

表 11-2　ICC の裁判状況

(2024 年 3 月現在)

	主要被告人	逮捕状発付	逮捕 (拘束)	判決
ウガンダ	コニー 神の抵抗軍（LRA）指導者	2005 年 7 月	—	—
コンゴ民主共和国	ルバンガ 元コンゴ解放愛国軍（FPLC）最高司令官	2006 年 2 月	2006 年 3 月	2012 年 3 月
	カタンガ 元コンゴ愛国的抵抗戦線（FRPI）指導者	2007 年 7 月	2007 年 10 月	2014 年 3 月
	ンタガンダ 元 FPLC 副参謀長	2006 年 8 月	2013 年 3 月	2019 年 7 月
中央アフリカ(1)	ベンバ コンゴ解放運動（MLC）議長兼総司令官	2008 年 5 月	2008 年 7 月	2018 年 6 月（無罪）
スーダン	バシール大統領	2009 年 3 月	—	—
	アフメド・ハルン人道問題国務大臣	2007 年 4 月	—	—
	アリ・クシャイブ ジャンジャウィード指揮者	2007 年 4 月	2020 年 6 月	—
	フセイン国防大臣	2012 年 3 月	—	—
ケニア	ケニヤッタ副首相兼財務大臣	2011 年 3 月（召喚状発付）	2011 年 4 月（出頭）	公訴取り消し（2015 年 3 月）
	ルト高等教育大臣（停職中）			手続き終了（2016 年 4 月証拠不十分のため）
リビア	カダフィ大佐	2011 年 6 月	手続き終了（2011 年 11 月死亡）	
	セイフ・イスラム　カダフィ氏次男	2011 年 6 月	—	—
コートジヴォワール	バグボ前大統領	2011 年 11 月	2011 年 11 月	2019 年 1 月（無罪）
マリ	アル・マフディ　アンサール・ディーン　メンバー	2015 年 9 月	2015 年 9 月	2016 年 9 月
中央アフリカ(2)	モコ元軍縮大臣／アンチ・バラカ設立者	2018 年 12 月	2022 年 3 月	公訴取り消し（2023 年 10 月）
	サイード セレカ司令官	2019 年 1 月	2021 年 1 月	—
ジョージア	ミハイル・ミンザエフ元「南オセチア」政府内務大臣（元ロシア内務省職員）	2022 年 6 月	—	—
ウクライナ	プーチン ロシア大統領　リボワベロワ ロシア大統領全権代表(子どもの権利担当)	2023 年 3 月	—	—

［出所］　ICC のウェブサイト（https://www.icc-cpi.int）をもとに筆者作成。

第 11 章　国際刑事裁判は平和を生み出すか

表 11-3　多様な国際刑事裁判
(2024 年 3 月現在)

		設立	設立根拠	開催地	備考
混合法廷	東ティモール	2000	安保理決議 (S/RES/1272)	ディリ (東ティモール)	UNTAET 設立決議
	コソヴォ	2000	安保理決議 (S/RES/1244)	プリシュティナ (コソヴォ)	UNMIK 設立決議
	カンボジア	2001	カンボジアと国連の合意文書	プノンペン (カンボジア)	
	シエラレオネ	2002	シエラレオネと国連の合意文書	フリータウン (シエラレオネ)	テーラー元リベリア大統領の公判のみハーグ
	ボスニア・ヘルツェゴヴィナ	2005	国内法	サラエボ (BiH)	
	レバノン	2009	安保理決議 (S/RES/1757)	ハーグ (オランダ)	
	中央アフリカ	2015	国内法	バンギ (中央アフリカ)	
普遍的管轄権行使による裁判*	スペイン	1985	国内法	スペイン	チリのピノチェト裁判 (1996)，グアテマラ (1999) とルワンダ (2004) のジェノサイド裁判など
	ベルギー	1993	国内法	ベルギー	イスラエルのシャロン元首相裁判 (2001)，ルワンダのジェノサイド裁判 (2001) など
	ドイツ	2002	国内法	ドイツ	シリア政府関係者の拷問裁判 (2020)，ISIS 戦闘員のヤジディ教徒虐殺裁判 (2020)，ウクライナにおける戦争犯罪捜査 (2022) など
その他	アフリカ特別法廷	2012	AU とセネガルの合意	ダカール (セネガル)	チャドのハブレ元大統領の裁判

[注]　* 代表的な国のみ記載。
[出所]　各法廷のウェブサイトおよび報道記事，報告書をもとに筆者作成。

第Ⅲ部　グローバル・エシックス

バーの社会科学方法論の一つで，現実には存在しない概念的に構築されたモデルである。理念型は，現実をそれと比較することによって現実世界を理解するためのものであり，以下の3類型も，現実の国際刑事裁判と比較することで，平和との関係を考察するためのものである。

● 法の支配による平和

　国際社会における法の役割を重視する論者にとって，国家を拘束する超国家的な司法制度を生み出すことは悲願ともいえる課題である。武力行使の権限が分散した国際社会では，武力紛争のルールを定め，戦争を違法化するだけでなく，それに違反した場合の超国家的機関による制裁を準備しない限り，平和を確実なものにすることはできないと考えられてきたからである。中でも裁判を通じて重大犯罪を取り締まる国際刑事裁判の試みは，「国際法の支配にもとづいた新たな国際秩序」（Cassese 1998: 8）を形成する動きともとらえられている。そこでモデルとされるのは，国際刑事法が国家を通さず「直接執行」される制度，言い換えれば「（国内の）刑事裁判がそのまま国際レベルで実施」されるような中央集権的な法の支配を担保する制度である（Bassiouni 2012: 648）。

　このような国内類推論にもとづいた法の支配をモデルとするなら，前節でみたような国際刑事裁判の現状は，きわめて不完全なものに違いない。しかし不完全であるからこそ制度の改良をめざすとともに，現状の制度下では処罰の実践を積み重ねて「処罰の威嚇」の信憑性を高め，将来の犯罪を抑止することが平和の維持につながると考えられる（Akhavan 2001）。

● 交渉による平和

　これに対して国際社会における法の役割に懐疑的な政治的現実主義者は，国際刑事裁判の取り組みが国際の平和と安全を阻害しかねないと警告する。依然として主権国家を中心に構成される国際社会では，国際平和の土台はそれぞれの国家の平和と安定によって築かれるのであって，国内情勢に通じていない「（国際）裁判官の専制が各国政府にとって代わる」ことは危険だという指摘もある（Kissinger 2001）。国内の安定はそれぞれの国家の構成員の間で交渉によって達成されるべきもので，国際裁判の介入は交渉による合意形成を阻害し，

第 11 章　国際刑事裁判は平和を生み出すか

紛争を長期化させかねないというのが，政治的現実主義者たちの懸念である。

● 和解による平和

　処罰による平和をめざす国際刑事裁判に対しては，処罰は社会の分断を招くので，平和に必ずしも貢献しないという批判もある。

　懲罰的ではない正義のあり方を追求する動きは「修復的正義」と呼ばれ，法による平和と交渉による平和の緊張関係を緩和する新たな正義の概念としても注目されている。修復的正義とは，その地域に存在する伝統的な手法などを用いて，被害者と加害者の関係修復や共同体の和解をめざすものである。

● 考察(1)——交渉による平和か，法の支配による平和か

　まず，交渉による平和か，あるいは法の支配による平和かという問題は，「平和」対「正義」の議論とも呼ばれ，とくに ICC が行った初期の訴追で注目された。

　ICC が最初に捜査を開始することとなったウガンダでは，2003 年 12 月に政府が，敵対する反政府組織「神の抵抗軍」(LRA) が行った犯罪の捜査と訴追を ICC に依頼したことで，ICC の関与が始まった。2005 年には LRA 幹部ら 5 名に対して，人道に対する罪と戦争犯罪の容疑で，ICC 初の逮捕状が発付された。しかし，その後 2006 年 7 月に，南部スーダン自治政府（当時）副大統領の仲介で和平交渉が始まると，LRA 側が ICC の逮捕状の無効が確認できなければ，和平合意は締結できないと主張した。そのため，ウガンダ政府は一転して，ICC に LRA 幹部の訴追を停止するよう求めた。LRA 側も，訴追延期と逮捕状の撤回を求めて，代表団がオランダ・ハーグにある ICC を訪問したが，検察官に面会することはできなかった。その直後に交渉は打ち切られ，4 月に予定されていた和平案の署名式に，LRA はあらわれなかった。

　スーダンとリビアでは，国連安保理がそれぞれダルフール地方で起きた紛争と反政府デモ弾圧に伴う民間人虐殺を「国際の平和と安全に対する脅威」と認定し，事態を ICC に付託することで捜査が始まった。スーダンではバシール大統領，リビアでは最高指導者カダフィを含む政府高官に逮捕状が出された。しかし同じ時期には，それぞれアフリカ連合 (AU) の仲介による和平交渉が

第Ⅲ部　グローバル・エシックス

行われており，とくにリビアで逮捕状が出されたのは，AU が前日にまとめた
和平案を AU 首脳会議の場で提示しようとしていた直前であった。AU は，
ICC の逮捕状発付を，アフリカによる平和的紛争解決の試みを阻害するものと
して強く非難し，首脳会議で ICC によるアフリカ諸国の国家元首逮捕の試み
に協力しないことを確認した。

　これらの事例は，いずれも紛争下で和平交渉が行われている最中に，国際刑
事訴追が行われた例だった。和平交渉は政治的行為であり，その成功には関係
者の合意が必要だが，その関係者に対する刑事訴追は，合意形成の機会を奪う
のではないかという問題があらためて提起されたのだった。

　ICC の設立前には，刑事訴追をしないという約束が交渉の切り札として用い
られたり，政治的安定を重視して，不起訴処分にしたり，収監者を釈放したり
するといったことが行われていた（→Column ⑪）。しかし，「（国際的に重大な）
犯罪を行った者が処罰を免れることを終わらせ」ることを宣言する ICC の設
立後は，ICC が対象とする 4 つの犯罪について，刑事責任を免除する政治取引
は許容されなくなったと広く理解されている。その結果，独裁者が処罰されず
に国外に政治亡命する選択肢がなくなったために紛争が長期化していることを
示す研究（Krcmaric 2020）や，「戦争が終われない」「戦争の終わり方が変わ
る」という指摘が出されている（古谷 2022）。

● 考察（2）── 和解による平和について

　次に，和解による平和について考えてみよう。和解は，国内の体制移行期の
課題から生まれた考えである。

　軍政から民政に移管した 1980 年代のラテンアメリカでは，退陣後も影響力
を保持する旧政権関係者を裁くことが政治的に困難だった。アルゼンチンでは
例外的に旧軍部の責任を問う刑事裁判が行われたが，反発した中堅将校らが反
乱を起こし，誕生したばかりの民主制の継続が危ぶまれた。そのため刑事処罰
の代案として，アルゼンチンやその隣国チリでは，真実を調査する委員会が設
置された。

　この真実委員会に積極的な意味を付与したのが，南アフリカの真実和解委員
会である。アパルトヘイトを廃止して民主化した南アフリカでは，犯罪におけ

248

第 11 章　国際刑事裁判は平和を生み出すか

Column ⑪　**政治交渉の切り札として不処罰が用いられた例**　◇･◆･◇･◆･◇･◆･◇･◆･◇･

　ハイチでは，民主的に選出されたアリスティッド大統領が 1991 年に軍事クー
デタで追放された際，アメリカと国連が軍関係者全員の責任を問わないことを約束
するとともに，軍部指導者にはパナマへの亡命の手はずを整えて軍の退陣を促し，
民主主義を回復した。

　日本も例外ではない。東京裁判における昭和天皇の不起訴には，日本国内の混乱
が占領政策に与える影響を危惧したアメリカの意向が反映されたとされる。

　シエラレオネのロメ和平合意（1999 年）も，紛争関係者全員の刑事責任を無
条件に不問にする包括的恩赦を盛り込むことで紛争を終結させた事例として知られ
る。しかしシエラレオネは規範の転換期を象徴する事例でもある。国連も関与する
かたちでロメ合意が調印されたのは，ローマで ICC を設立する規程が採択された
翌年だった。ニューヨークの国連本部ではローマ規程採択を受けて国連の立場を明
らかにすべく協議が行われ，シエラレオネで和平案がまとまるのと相前後して，国
連事務総長室から世界各地の国連代表に宛てて，ICC が管轄する重大犯罪につい
て不処罰を容認しないことを伝える内部文書が送信された。シエラレオネの国連特
別代表が，いつこの文書を受け取ったのかは定かではないが，調印 2 日前に初め
て目にしたという同僚の証言がある。国連本部の方針転換と現地で進んでいた和平
交渉のはざまに立たされたシエラレオネの国連特別代表は，和平調印の前日にすで
に準備されていた合意文書に手書きで「（恩赦は）ジェノサイドや人道に対する犯
罪，戦争犯罪，その他の国際人道法上の深刻な違反にあたる国際犯罪には適用され
ない」という但し書きを挿入した。この但し書きについて知らされていなかった紛
争当事者は不審に思いながら調印し，のちに国連の支援を受けて国内に設置された
特別法廷で裁かれることとなったのである（Hayner 2007）。

◇･◆･◇･◆･◇･◆･◇･◆･◇･◆･◇･◆･◇･◆･◇･◆･◇･◆･◇･◆･◇･◆･◇･◆･◇･◆･◇･◆･◇

る自らの役割を証言した者を刑事訴追から免除することで，国民の和解と統合
を図ることが掲げられたのである。この南ア方式は，他の多くの紛争後国家の
モデルとなってきた。

　和解による平和は，国際刑事裁判を欧米中心の自由主義的規範の表出とみな
し，その押し付けへの批判としても展開されてきた。たとえば ICC の訴追が
和平交渉の障害になっているのではないかと懸念されたウガンダ北部では，ア
チョリ族の間に伝統的な和解のメカニズムがあることが知られている。ICC の
捜査開始直後には，ICC の訴追が現地の伝統的な正義の追求のやり方を無視し

249

第Ⅲ部　グローバル・エシックス

ているという批判も相次いだ。ただし，最近は紛争に疲弊した現地社会では「伝統的正義」が機能しているとも言い難く，ICC の訴追に住民が好意的であることを示す調査も出されている（川口 2017）。

　ICC が処罰以外の多様な正義のあり方を補完性の原則に組み込むことができれば，平和と正義の緊張関係は幾分か緩和されるのではないかという見解も出されている（Minow 2019: 44）。

　この提案に関して，試金石となったのはコロンビアの事例である。1960 年代から武力紛争が継続していたコロンビアでは，2016 年 11 月に政府と国内最大の左翼ゲリラ「コロンビア革命軍（FARC）」との間で「歴史的」と評される和平合意が調印された。この和平合意には，ゲリラと政府側の治安部隊の双方に対して，真実の告白や賠償の提供と引き換えに大幅な減刑を認める内容が盛り込まれた。また，司法的措置と並んで，真実の追求，被害者への賠償，暴力の完全放棄のための施策も柱に据えられた。

　ICC は 2004 年にコロンビアで予備調査を開始していたので，ICC がこのコロンビアの和平合意とその履行をどう評価するのかが注目された。

　コロンビアは国内に，重大な国際人権法・人道法違反を対象とする「和平特別法廷」を設置して対処した。起訴された者が，早期に罪状を認めて真実を語った場合には，比較的短期間（5-8 年間），道路や学校，保健施設の建設といった公共事業や，地雷除去，行方不明者の捜索，環境への被害の回復といった地域奉仕活動に従事させることで処罰に代えた。これに対して罪状を否認したまま有罪が確定した場合には，15 年から 20 年の禁固刑を言い渡した。

　ICC は 2021 年 10 月，コロンビアの対応について，「捜査又は訴追を真に行う意思又は能力」がないものとはみなされないと述べ，予備調査を終了する決定を下した。処罰以外の広範な対応が総合的に「捜査又は訴追を真に行う意思」として認められたのだった。

　国際刑事裁判は，国家の都合による不処罰をなくし，「人類」の平和と安全を確立する方向で制度化されてきた。紛争が終結しなければ，国際社会において人々の平和を確保することは困難だが，かつてと異なり，紛争終結のために重大犯罪者の責任を不問にすることは許されなくなった。中央集権的な法執行

第 11 章　国際刑事裁判は平和を生み出すか

機関を欠く分権的な国際社会で行われる刑事裁判を平和につなげるためには，
創造的な正義の追求のあり方を模索することが求められる。

さらに読み進める人のために

下谷内奈緒『国際刑事裁判の政治学——平和と正義をめぐるディレンマ』岩波書店，
2019 年。
　　国際刑事裁判が平和をもたらすのかについて，理論的考察と事例研究を通じて
考察している。

ウィリアム・シャバス／鈴木直訳『勝者の裁きか，正義の追求か——国際刑事裁判
の使命』岩波書店，2015 年。
　　国際刑事法を専門とし，実務にもかかわってきた国際法学者が，同僚である法
律家の間に広くみられる〈国内類推的思考様式〉を批判し，国内の刑事裁判には
ない，国際刑事裁判の政治的次元を論じた意欲作。

マーサ・ミノウ／荒木教夫・駒村圭吾訳『復讐と赦しのあいだ——ジェノサイドと
大規模暴力の後で歴史と向き合う』信山社，2003 年。
　　大量虐殺を経た社会が再生するためにとりうる道を〈復讐〉と〈赦し〉の間に
据え，刑事裁判のほか，真実委員会や被害者補償など多様な正義の追求のあり方
について考察している。

引用・参考文献

NHK 2022「【ウクライナ情勢】"戦争犯罪"問う裁判　仕組み＆狙いは？ポイント解説」
　　（NHK クローズアップ現代取材ノート）2022 年 8 月 1 日公開（https://www.nhk.jp/p/
　　gendai/ts/R7Y6NGLJ6G/blog/bl/pkEldmVQ6R/bp/pjRzAXDd2j/）
大沼保昭 1975『戦争責任論序説——「平和に対する罪」の形成過程におけるイデオロギ
　　ー性と拘束性』東京大学出版会。
川口博子 2017「ウガンダ北部紛争をめぐる国際刑事裁判所の活動と地域住民の応答」『ア
　　フリカレポート』55 巻。
下谷内奈緒 2019『国際刑事裁判の政治学——平和と正義をめぐるディレンマ』岩波書店。
下谷内奈緒 2021「移行期正義における刑事処罰の位置づけ」『法律時報』93 巻 7 号，13-
　　19 頁。
多谷千香子 2005『「民族浄化」を裁く——旧ユーゴ戦犯法廷の現場から』岩波新書。
藤田久一 1995『戦争犯罪とは何か』岩波新書。
古谷修一 2022（インタビュー）「『国家の戦争』から『個人の戦争』へ　プーチン氏は変
　　化を見落とした」『朝日新聞』（10 月 18 日）。
村瀬信也・洪恵子編 2014『国際刑事裁判所——最も重大な国際犯罪を裁く〔第 2 版〕』東

251

第Ⅲ部　グローバル・エシックス

信堂。

Akhavan, Payam 2001, "Beyond Impunity: Can International Criminal Justice Prevent Future Atrocities?" *American Journal of International Law*, 95(1), pp. 7-31.

Bassiouni, M. Cherif 2012, *Introduction to International Criminal Law*, 2 nd revised ed. Martinus Nijhoff Publishers.

Cassese, Antonio 1998, "On the Current Trends towards Criminal Prosecution and Punishment of Breaches of International Humanitarian Law," *European Journal of International Law*, 9, pp. 2-17.

Hayner, Priscilla 2007, "Negotiating Peace in Sierra Leone: Confronting the Justice Challenge," International Center for Transitional Justice and Center for Humanitarian Dialogue.

International Criminal Court website（https://www.icc-cpi.int/）

Kissinger, Henry A. 2001, "The Pitfalls of Universal Jurisdiction," *Foreign Affairs*, 80(4), pp. 86-96.

Krcmaric, Daniel 2020, *The Justice Dilemma: Leaders and Exile in an Era of Accountability*, Cornell University Press.

Minow, Martha 2019, "Do Alternative Justice Mechanisms Deserve Recognition in International Criminal Law?: Truth Commissions, Amnesties, and Complementarity at the International Criminal Court," *Harvard International Law Journal*, 60(1), pp. 1-45.

終 章

平和論はなぜ分岐，競合するのか

1 現状維持の平和と現状変更の平和

● 平和の制度化

「はしがき」にも記した通り，本書は国際社会の中で「平和の制度化」がどのような課題に向き合い，どのように進展してきたのかについて検討した書物である。

歴史をふりかえれば，「平和の制度化」とはまず何よりも，平和条約などを通じて交戦国が講和条件を明文化して，その交戦状態を永続的に解決することではなかったか。講和を経て，のちに国際的な規範として広く定着することになる原則を平和条約が確認することもあった。

交戦国に限定されることなく，多国間において，許容される軍事行動と許容されない軍事行動との境界を自覚的に画定しようとする取り組みが始まったのは，19 世紀半ば以降である。国際法による戦争の規制は，次の 2 つの類型に大別された。一つは戦争に訴えることが許容される事態の範囲の確定（*jus ad bello*）であり，もう一つは戦争における適切な行動の範囲（交戦行動から保護されるべき人や施設の範囲，人道性の観点から許容される交戦手段・方法の範囲など）の確定（*jus in bello*）である。

世紀転換期の第 1 回ハーグ平和会議（1899 年）から国連設立（1945 年）に至

253

るまでの時期に，「平和の制度化」とは「戦争の違法化」であり，「紛争の平和的解決の手段の整備と義務化」にほかならなかった。いいかえれば，当時想定されていた平和とは，他の平和的解決の手段を尽くすことなく戦争に訴えることをまずは控え，仮に戦争が発生した場合には，戦闘行為が非人道的になることを避けようとするものであった。それ以上のものではなかったとすらいえるかもしれない。しかし，戦間期の不戦条約を経て，国連憲章の下で広く武力の行使や武力による威嚇が原則的に禁止される。そして第二次世界大戦後の歴史の中で，さらに平和の概念は拡大していく。平和とは単に戦争が存在しない状態にとどまらない。一人一人の人間の尊厳が確保されている状態こそが平和だという主張があらわれた。

● 平和の認識の変化

　そのような発想の転換あるいは平和の認識の変化を象徴する動きとして，国連総会における 1961 年の決議「国連開発の 10 年」の採択と，1972 年の国連人間環境会議（ストックホルム会議）の開催を挙げることができるだろう。この時期に，人工衛星による地球周回が実現し，人類はその生存圏としての地球環境を「かけがえのない地球（only one earth）」ととらえた。そのかけがえのない地球を，これまでも，そしてこれからも，共有，継承し，保全，改善していくほかないと自覚するに至ったのである。このようにして国連の設置目的である「平和」に加えて，「開発」と「環境」が国際社会にとっての共通の関心事項（地球規模課題群〈global problematique〉）であるという認識が生まれた。その共通の関心事項に対応するために，国家間の相互作用に予見可能性を与える規範的な枠組みとして，問題領域ごとにレジーム（制度）が形成されていった（Ruggie 1975: 568-574）。

　冷戦が終結した後，1992 年にブラジルのリオデジャネイロで開催された国連環境開発会議（地球サミット）では，「平和」，「開発」，「環境」の不可分性が強調された（リオ宣言第 25 原則）。さらに，2015 年の国連「持続可能な開発（sustainable development）」サミットなどを通じて，平和なくして持続可能な開発はありえず，持続可能な開発なくして平和はありえないとして，「安全と開発の連携（security-development nexus）」という観念が打ち出された。

終 章　平和論はなぜ分岐，競合するのか

● 発言権の配置の変化

　「戦争の違法化」が進んだこの約 1 世紀の間に，「平和」そのものに対する認識も変化した。国際社会の平和を支える規範的枠組みが挑戦を受け，一定の修正を余儀なくされたともいえるだろう。規範的な枠組みの転換を推し進めた要素として，国際社会における発言権の配置の変化があった。

　19 世紀半ば以降，欧米諸国がその活動を地球規模に展開した際には，文明国並みの統治基準を備えているかどうかを基準として，この基準を満たす文明国の間に平等な条約が結ばれた。ここにいう文明国並みの統治基準とは，欧米諸国にとっての在外自国民（滞在地における外国人）の生命，自由，財産の安全を保障する意思と能力，とりわけ欧米諸国並みの司法制度をもつことを意味した。欧米諸国は，一定の統治機構は備えつつも，必ずしも上記の「文明基準」を満たさず，十分に文明開化しているとはみなせないトルコ，中国，日本のような半開国とは一連の不平等条約を結ぶ一方で，未開地域は植民地支配を通じて「文明化の使命」を果たすとした（Gong 1984: 24）。それゆえに，国際社会の構成員は欧米の「文明国」に限定されていた。

　この状況は，「帝国」の解体と，それと表裏一体の新生国家の形成によって大きく変わる。1776 年のアメリカ合衆国の独立以降，新生国家形成には 4 つの波があった（→序章）。そのうち，20 世紀において，第一次世界大戦期のドイツ，ロシア，オーストリア・ハンガリー，トルコという 4 帝国の解体を受け，その帝国支配の下にあった人民の自決権にもとづいて中東欧に新生国家が誕生した。さらに，第二次世界大戦後にヨーロッパ諸国の「海外植民地支配（salt-water colonialism）」が解体する過程において，1960 年の国連総会決議「植民地独立付与宣言」（A/RES/1514, 14 December 1960）は，「政治的，経済的，社会的または教育的な準備が不十分」であっても否定されない自決権を根拠に旧植民地の独立を認め，新生国家の国際社会への参入を後押しした（Jackson 1990: 77）。つまり，国内における統治のあり方にかかわらず，自決権にもとづく新生国家の独立が続いたのである。

● 人間の尊厳の対等化

　その一方で，19 世紀以降の国際社会は，人間の尊厳に重きを置くようにな

255

ったのも事実である。奴隷貿易の撤廃，女性の権利（参政権など）の拡大，労働者の権利保障，戦争における非人道性の克服，少数者集団の権利保障などを経て，人間の尊厳の対等性が段階的に承認された。そして第二次世界大戦後の1948年には，世界人権宣言において，「すべて人は……いかなる事由による差別」を受けることなく，同宣言の掲げる権利と自由を享有するとされた。そして，ジェノサイド条約（1948年），ジュネーヴ4条約（1949年），人種差別撤廃条約（1965年），国際人権規約（1966年），女性差別撤廃条約（1979年）などの成立が続いた。国内における治者と被治者との関係において，後者の，個人としての権利を保障するべく前者の行動を規制する国際人権法，そして紛争当事者の行動を規制する国際人道法の整備が進んだといえる。とくに人権法の整備は，国内における統治のあり方への国際社会の関心を反映するものだった。

このような歴史的変化の中で，国際社会では，その現状を維持する規範原則とそれを変更する規範原則との間に緊張関係が生まれた。前者は，武力不行使，領土保全，内政不干渉などの諸原則を，後者は，自決，人権保障などの諸原則を含んだ。

2 平和論の分岐・競合

● 2つの問い

ここで本書を結ぶにあたり，読者が抱きかねない疑問にあらかじめ応答しておきたい。それは，平和論はなぜ分岐，競合するのかという問いである。これは2つに大別できる。一つは，そもそも平和とは何を意味するのか，あるいは何を意味してきたのかという問いである。果たして平和とは，上記の武力不行使原則のような現状維持型の規範が尊重されている状態以上のものではないのだろうか。

もう一つは，国家間の利益の調和を当然視できない中で，大国による行動の正当化をどのように理解すべきなのかということにかかわる。国際社会の中で広く受容されている国際規範にもとづいて，ある国家が自国の行動を正当化したり，他国がそれを非難したりするのは，よくある応酬である。とくに，同時に異なる地域において複数の問題に関与する大国が，特定の規範原則を適用す

るにあたって事例によって一貫性を欠くようなことがあっては,「二重基準
(double standards)」だとの批判を免れない。つまり,本来普遍的に適用される
べき規範的基準を,大国が自国に都合よく選択的に適用しては他国が異議を唱
えるのも当然だろう (Deitelhoff and Zimmermann 2019: 11; Hathaway 2024: 95)。と
りわけ大国には,単独の行動で国際秩序を破壊する力があるだけに,国際秩序
を維持する責任が問われる (Bull 1977: 200-229)。それではなぜ,ある場面では
特定の国際規範にもとづいて,また別の場面ではそれとは異なる国際規範にも
とづいて自国の行動を正当化することが大国にはできるのだろうか。

　近年も二重基準への厳しい批判が繰り返されている。国際的な注目を集めた
事例としては,占領の認否(欧米諸国のロシアによるウクライナ侵攻後の占領・併
合に対する非難と,イスラエルによるパレスチナ占領の長期にわたる放置),そして交
戦行動の適否(NATO諸国などのロシアによるウクライナへの軍事行動に対する非難
と,ガザへの軍事行動を続行するイスラエルに対するアメリカ,ドイツ等による支援の
継続)などが,それに当たるだろう。

● 戦争と平和か,暴力と平和か

　本書は,平和概念は社会によって,あるいは極言すれば論者によってさまざ
まであるのみならず,時間の経過とともに移りかわってきたことに留意する。
それを自覚すればこそ,目標としての平和を維持し,回復するためにとられる
手段が,なぜ状況によって多様であり,またなぜ歴史的に変化をたどってきた
のかを解き明かすべく努めたのである。

　平和をめぐる研究の歴史をふりかえるならば,北欧では1959年にオスロ平
和研究所(PRIO)が創設され,1964年に *Journal of Peace Research* が創刊さ
れた。また北米では1957年に *Journal of Conflict Resolution* が創刊され,
1959年にミシガン大学アナーバー校に紛争解決研究センター(CRCR, 1959-
1971)が創設された (Boulding 1971: 279-280; Harty and Modell 1991)。研究所や学
会の設立,専門的な学術雑誌の刊行,大学における教育プログラムの開設など
が相次いだといえる。平和研究とも平和学とも称される平和関連の学術研究が,
このようにして組織化・制度化されたことをもって《狭義の平和研究》が成立
したと考えるならば,それは1950年代から1960年代にかけてのことであった。

これに対して研究者個人の単独の試みとして，何が平和にとっての脅威なのか，そしていかなる対応を通じて平和を確保できるのかを問う研究群がある。それらは《広義の平和研究》といえるだろう。そのうち，《狭義の平和研究》に先行した先駆的な研究として，国際法学者ライトの戦争研究（Wright 1942）や物理学者リチャードソンの軍備競争モデル（Richardson 1939）などを挙げることができる。

　上記の《狭義の平和研究》は，実践的な平和思想と経験的な行動科学（経済学，政治学，社会学など）の学際的結集の成果といえる。それが1960年代末に一段と活況を呈したのは，この時期に既成の平和概念について画期的な見直しが行われたことによる（高柳 2000: 103-122; 石田 2023: 32）。具体的には，平和は，国家間の組織化された武力紛争たる戦争やその準備の不在という意味での「戦争の不在」ではなく，「暴力の不在」として再定義されたのである。この転換において，ノルウェーの社会学者ガルトゥングによる平和の再定義が寄与するところが大きかった（Galtung 1969: 168）。

　ガルトゥングは，本来自発的には同意しがたい状態に人間を置く不正義に暴力の本質をみる。そのうえで，彼はまさにそのような状態に人間を置くことを意図する特定の主体が存在する場合の「直接的暴力」と，そのような特定の主体が存在しない場合の「構造的暴力」とを区別した。直接的な暴力とは個人や集団の実力や国家の武力であり，構造的な暴力とは権限，権利などの諸価値の不公正な配分をもたらす社会的不正義であった。そして暴力の区別に対応するかたちで，直接的暴力の不在としての「消極的平和」と，構造的暴力の不在としての「積極的平和」とに平和を類型化した。

　この暴力の不在としての平和概念に触発されて展開したのが，学際的な平和研究であった。それは，冷戦の文脈における東西両陣営間の対立のみならず，南北の経済格差，さらにはさまざまな社会的不公正も研究対象に包摂した。すなわち，研究対象は，戦争，軍備競争，同盟の対抗形成，干渉による内戦の国際化などから，社会的，経済的，文化的な権利や，市民的，政治的な権利などが侵害される状況，とりわけ，貧困，抑圧，差別，環境破壊などへと広がったのである。今日の「人間の安全保障」概念の基礎を提供しているともいえよう。

　本書は，このような平和研究による知的貢献を意識しつつも，先に述べた通

り，国際社会においてなぜ，どのように平和が制度化されてきたのかを明らかにすることをめざし，平和の制度化の進展をもたらした国際社会の変化にとくに留意した。それゆえに，あえて歴史的な文脈を超える平和概念を定義することを控え，論点ごとに平和に対する脅威の認識や，平和を維持するために模索された対応の変化をたどり，平和概念の文脈依存性を明らかにしようとしたのである。

● 規範の衝突と大国の二重基準

国際社会における国家間の相互作用に予見可能性を与えるのが規範的了解である。この規範が，一定の役割（権限など）を認められた主体を作り出し，主体の権利・義務を設定するなどして，その行動を方向づける。このことは「序章」で説明した。

問題は，規範的な了解について各国の認識は時に一貫性を欠き，それが国際の平和の維持，回復を困難にすることにある。

2022年のロシアによるウクライナ侵攻については，国連憲章に違反する「侵略」であるとしてロシアに停戦・撤退を求めた決議案が安保理に提出されたが，ロシアはこれに拒否権を行使した。2023年のイスラエルによるガザ侵攻についても，文民へのテロ，人質の拘束などを非難しつつ，敵対行動の人道的休止を求めた決議案が安保理に提出されたが，これにはアメリカが拒否権を行使した。

安保理の常任理事国には，単独の反対で決議の採択を阻止する特権が認められている以上，この拒否権が，許容されない軍事行動を大国みずから実行する，あるいは友好国による逸脱を大国が放置することを可能にするのである。

国家の行動を統制する規範には，しばしば原則と例外がある。たとえば原則的禁止と例外的許容との組み合わせというかたちをとる。その場合に，許容する例外の範囲を厳格に限定しなければ，禁止原則は無意味なものとなるだろう。たとえば，武力不行使原則の例外である自衛権を根拠とする武力行使について，許容されうる範囲はどこまでなのか。あるいは，原則的に禁止される病院，学校，宗教施設等の民用物への攻撃について，例外的に許容されるのはどのような場合なのか。

259

また，現状を変更する規範と，現状を維持する規範が衝突することは，大国が場面によって現状変更型の規範を支持したり，現状維持型の規範を支持したりすることを可能にする。たとえば，コソヴォ紛争では，北大西洋条約機構（NATO）諸国は，コソヴォの自決を支持したが，ロシアはセルビアの領土保全を支持した。これに対して，クリミア紛争では，NATO 諸国はウクライナの領土保全を支持したが，ロシアはクリミアの自決を支持し，クリミア共和国の国家承認を行ったうえで，同国との間で編入に合意した。

　無論，原則適用の可否の判断を大国が一方的に行えば，国家間の相互作用の「安定した予見可能性（settled expectation）」（Bull 1977: 221）が損なわれ，大国が果たしうる役割に対する他国の同意も消失してしまうだろう。これに加えて，相互作用に予見可能性を取り戻すには，衝突する規範の調整の余地を探ることも求められる。

　たとえば，国家の領域的範囲について，現状維持型の領土保全原則と，現状変更型の自決原則とは衝突する。それならば，自決主体の領域的範囲を調整することはできないか。実際に国際社会は，脱植民地化の過程において，自決権の主体を植民地支配の下に置かれていた住民ととらえることによって，隣接国家の領土保全を脅かすことなく，新生国家の自決を可能にするという妥協を実現した。それから，現状維持型の「多数者の領土保全」の主張と現状変更型の「少数者の権利保障」の主張との間にも緊張関係がある（吉川 2015）。これについては，冷戦終結後のヨーロッパにおける欧州安全保障協力会議（CSCE）は，パリ憲章（1990 年）において，少数者の集団としての自決権を尊重するとしては，分離独立の動きを誘発しかねないこともあって，少数者に属する個人の人権を尊重することを確認して，領土保全原則と少数者の権利保障原則とを調整し，領域主権国家体制の安定を図った。

　本来，普遍的に適用されるべき規範的基準を，大国が自国に都合よく選択的に適用する二重基準がまかり通っては，国際秩序は揺らぐばかりである。競合する規範を調整して両立させることも求められる。

　最後に，本書の編集が最終段階に差しかかった 2024 年 10 月 11 日，日本原水爆被害者団体協議会に 2024 年度のノーベル平和賞が授与されるというニュ

終 章　平和論はなぜ分岐，競合するのか

ースが入った。非人道的で，残虐な核兵器による犠牲を国民に二度と「受忍」
させないことを，粘り強く国に迫り続けた団体である。許容できる軍事行動と，
許容できない軍事行動との境界を明らかにして，軍事行動の際限なきエスカレ
ーションを避けることは，単なる学問的な課題にとどまらない。

引用・参考文献

石田淳 2023「平和論の歴史的文脈」日本平和学会編『平和学事典』丸善出版。

吉川元 2015『国際平和とは何か──人間の安全を脅かす平和秩序の逆説』中公叢書。

高柳先男 2000『戦争を知るための平和学入門』筑摩書房。

Boulding, Kenneth 1971, "An Epitaph: The Center for Conflict Resolution, 1959–1971," *Journal of Conflict Resolution*, 15(3), pp. 279–280.

Bull, Hedley 1977, *The Anarchical Society: A Study of Order in World Politics*, Columbia University Press（臼杵英一訳 2000『国際社会論──アナーキカル・ソサイエティ』岩波書店〈底本は 1995 年刊行の第 2 版〉）。

Deitelhoff, Nicole, and Lisbeth Zimmermann 2019, "Norms under Challenge: Unpacking the Dynamics of Norm Robustness," *Journal of Global Security Studies*, 4(1), pp. 2–17.

Galtung, Johan 1969, "Violence, Peace, and Peace Research," *Journal of Peace Research*, 6(3), pp. 167–191（高柳先男・塩屋保・酒井由美子訳 1991「暴力，平和，平和研究」同『構造的暴力と平和』中央大学出版部）。

Gong, Gerrit W. 1984, *The Standard of 'Civilization' in International Society*, Clarendon Press.

Harty, Martha, and John Modell 1991, "The First Conflict Resolution Movement, 1956–1971: An Attempt to Institutionalize Applied Interdisciplinary Social Science," *Journal of Conflict Resolution*, 35(4), pp. 720–758.

Hathaway, Oona A. 2024, "War Unbound: Gaza, Ukraine, and the Breakdown of International Law," *Foreign Affairs*, 103(3).

Jackson, Robert H. 1990, *Quasi-States: Sovereignty, International Relations and the Third World*, Cambridge University Press.

Richardson, Lewis F. 1939, "Generalized Foreign Politics: A Study in Group Psychology," *British Journal of Psychology: Monograph Supplement XXIII*, Cambridge University Press.

Ruggie, John Gerard 1975, "International Responses to Technology: Concepts and Trends," *International Organization*, 29(3), pp. 557–583.

Wright, Quincy 1942, *A Study of War*, Two Volumes, The University of Chicago Press.

事 項 索 引

● ア 行

『新しい平和への課題(New Agenda for Peace)』 101
アフリカ統一機構(OAU) 49
アフリカにおける難民問題の特殊な側面を規定するアフリカ統一機構条約(OAU 難民条約) 49
アムステルダム条約 111
安心供与 7
安全保障共同体 112
安全保障理事会(安保理) 6-10, 84, 126, 127, 135, 144-150, 167, 169, 180, 202, 236
安定化ミッション 157, 161
意思または能力を欠く国家基準 175-177
移民 43, 44
ウィーン体制 →ヨーロッパ協調
ウエストファリア条約 85
ヴェルサイユ(講和)条約 68, 116, 190, 234
ウクライナ侵攻／侵略(ロシアによる) 8, 61, 113, 160, 205, 221, 240, 259
『永久平和論』 87, 107
エコノミック・ステイトクラフト 123
欧州安全保障協力機構(OSCE) 114
欧州共同体(EC) 106
欧州経済共同体(EEC) 106
欧州原子力共同体 →Euratom
欧州石炭鉄鋼共同体(ECSC) 106
欧州防衛共同体 110
欧州連合(EU) 87, 106
欧州連邦 108

● カ 行

介入と国家主権に関する国際委員会(ICISS) 178, 225
──報告書 173, 227

核軍備管理体制 31
核兵器 26, 31, 33, 34
──禁止条約(TPNW) 36
──不拡散条約(NPT) 34
カルタヘナ宣言 50
諌止(dissuasion) 27
関税同盟 110
北大西洋条約機構(NATO) 99, 109, 174, 260
機能主義(functionalism) 84, 93, 107
新── 107
規範の衝突 260
キャップストーン・ドクトリン 155
9 条＝安保体制 110
旧ユーゴスラヴィア国際刑事裁判所(ICTY) 236, 241
共感(empathy) 215
強制外交(coercive diplomacy) 24
強制措置 144, 226
軍事的── 94, 145-148, 166, 178
共通の安全保障 115
強要(compelience) 24
軍縮 29
軍事力 23, 26, 27
軍備管理 28, 32
検証 33
権利を持つ権利 14
国際移住機関(IOM) 43
国際機構 5, 62, 83, 85, 189, 200, 201, 223
国際刑事裁判 234, 239
国際刑事裁判所(ICC) 4, 83, 129, 168, 201, 205, 206, 224, 227, 240-242
──に関するローマ規程(ローマ規程) 201, 237, 238, 242, 249
国際原子力機関(IAEA) 33
国際司法裁判所(ICJ) 83, 180, 224

263

国際人権体制　212-215, 218, 223, 228
国際人権法　197, 206, 256
国際人道法　179-181, 256
国際連合（国連）　5, 47, 49, 73-75, 84, 94, 98, 126, 135, 145, 152, 159, 197
国際連盟（連盟）　30, 46, 62-66, 74, 90, 97, 125, 189, 190
　——規約　73, 84, 91, 94, 125, 189
国際労働機関（ILO）　52
国内避難民（IDP）　56, 218
国内類推（domestic analogy）論　2, 11, 96, 246
国連憲章　6, 7, 84, 98, 178, 216
　——2 条 4 項　5, 8, 36, 166
　——2 条 7 項　171
　——第 7 章　144, 181, 202, 226, 242
　——第 8 章　158
国連人権委員会　223
国連難民高等弁務官事務所（UNHCR）　43, 47, 51, 52
国連パレスチナ難民救済事業機関（UNR-WA）　48, 49
国家形成の波　13
国家—国民—領域関係（state-citizen-territory）　212, 215, 221, 222, 225, 228
混合法廷　237
混在移住　54

● サ 行

暫定法廷　236
自衛権　167, 176
　集団的——　75, 148, 158
ジェノサイド（集団殺害）　46, 173, 180, 200, 201, 221, 226, 237, 238
自決原則　260
自由権規約　224
自由主義アプローチ　199
自由主義的（リベラル）な国際秩序　99-101, 200
集団安全保障（collective security）　91, 125, 126, 165, 178

——体制　7, 63, 66, 67, 189, 190
修復的正義　247
主権　173, 214
主権国家　42, 192, 246
　——体制　42, 85, 97, 106, 212
ジュネーヴ議定書（1924 年）　66, 69, 93
ジュネーヴ条約（1949 年）　136, 179, 180
ジュネーヴ諸条約第一追加議定書　36
シューマン・プラン　109
人権　43
　——規範　213, 215, 216, 228
人道的介入　169, 170, 172, 204
人道に対する（犯）罪　173, 180, 201, 202, 226, 235, 237, 239
信頼醸成措置　32
侵略犯罪　201, 236, 239
棲み分け　14
　——の平和　13
　主権の——　（compartmentalized sovereignties）　2, 22
制裁　144
　金融——　131
　経済——　62, 68, 94, 121, 167
　二次——　124
正戦論（Just-War Theory）　128, 193
制度　5, 83, 101
勢力均衡（balance of power）　35, 63, 66, 86, 125
世界人権宣言　197, 216, 256
世界貿易機関（WTO）　115, 132
戦間期　29, 46, 92, 93, 108, 254
戦争違法化　71, 125, 196, 254, 255
　——運動　68, 72
戦争犯罪　173, 180, 201, 226, 237, 238
戦略的安定　31
戦略兵器削減条約（START）　32
　新——　32
相互確証破壊（MAD）　31

● タ 行

第一次世界大戦　63, 68, 92, 97, 255

事項索引

対テロリズム戦争　174, 204
第二次世界大戦　12, 126, 197, 234
ターゲット（スマート）・サンクション
　　128, 129
脱植民地化　9, 260
単一通貨　116
ダンバートン・オークス会議　74
チェチェン紛争　114
超国家（的）　97, 107, 246
朝鮮戦争　146
冷たい平和　114
抵抗　27
鉄のカーテン　111
テロリズム　157, 204
ドイツ・マルク　116

● ナ 行 ──────

内政不干渉（原則）　85, 194, 212, 224, 256
難民（refugee）　43, 47, 51, 218
　──条約　47, 48
　──に関するグローバルコンパクト
　　（GCR）　55
二重基準（double standards）　256, 260
ニース条約　111
人間の安全保障　56, 258
人間の尊厳　254, 255
ノーベル平和賞　107, 240, 260
ノン・ルフルマン原則　47

● ハ 行 ──────

波及（spill-over）　106
破綻国家　173, 178, 180
パリ講和会議　68, 125
パリ不戦条約（1928 年）　30, 69, 68–71, 84,
　　126, 235, 254
パワー　22, 23
非政府組織（NGO）　208, 223, 224, 237
フェミニズム法学　201, 202
不拡散　29
普遍的管轄権　238
普遍的定期審査（UPR）　223

武力行使　155, 204
武力不行使義務　166, 179, 256
紛争の変容　148, 149
文明国　195, 255
　──（並みの統治）基準　255
平和維持活動　27, 28, 98, 129, 149, 150, 154,
　　155, 167, 181
平和活動　150–157, 159, 161
平和強制（peace enforcement）　152
平和的変更　2, 112, 115–117
平和に対する脅威　6, 10, 144, 145, 149
平和に対する罪　234
平和の再定義　258
平和のための結集決議　151
平和のためのパートナーシップ　114
『平和への課題（Agenda for Peace）』　101,
　　152, 158
『平和への課題：追補（Supplement to
　　Agenda for Peace）』　101, 154, 159
法の支配　195, 207, 213, 214, 236, 246
補完性の原則　239
保護する責任（R2P）　4, 156, 173, 178, 221,
　　225, 226

● マ 行 ──────

マーシャル・プラン　109
マーストリヒト条約　111
満洲事変　73
民主化ミッション　151
民族浄化　173, 180, 226, 236
モンロー・ドクトリン　2, 13

● ヤ 行 ──────

抑止（deterrence）　7, 25, 26
　拡大──　26
　強靱性による──　26
　拒否的──　25
　懲罰的──　25
ヨーロッパ協調（ウィーン体制）　88, 89

265

● ラ 行

リスボン条約　111
リベラル国際主義(liberal internationalism)
　　95, 96, 98-100, 102
領域権原　195
領土保全原則　100, 256, 260
ルワンダ国際刑事裁判所(ICTR)　236, 241
冷戦　12, 33, 47, 75, 111, 148
　──終結　15, 45, 50, 99, 102, 111, 148, 151,
　　171
連盟　→国際連盟
ローマ規程　→国際刑事裁判所に関するローマ規程
ロメ和平合意(1999年)　249

● ワ 行

和解　248
ワシントン海軍軍縮条約　30
湾岸戦争　10, 147, 167

● アルファベット

EC　→欧州共同体
ECSC　→欧州石炭鉄鋼共同体
EEC　→欧州経済共同体
EU　→欧州連合
　──‐NATO体制　110
Euratom(欧州原子力共同体)　110
GCR　→難民に関するグローバルコンパクト
IAEA　→国際原子力機関
ICC　→国際刑事裁判所
ICJ　→国際司法裁判所
IDP　→国内避難民
ILO　→国際労働機関
MAD　→相互確証破壊
NATO　→北大西洋条約機構
　──＝ロシア評議会　115
NGO　→非政府組織
NPT　→核兵器不拡散条約
OAU　→アフリカ統一機構
　──難民条約　→アフリカにおける難民問題の特殊な側面を規定するアフリカ統一機構条約
OSCE　→欧州安全保障協力機構
R2P　→保護する責任
TPNW　→核兵器禁止条約
UNHCR　→国連難民高等弁務官事務所
WTO　→世界貿易機関

人名索引

● ア 行

アイゼンハワー（Dwight D. Eisenhower）
3, 33
アウグスティヌス（Aurelius Augustinus）
193
アサド（Bashar al-Assad）　99
阿部浩己　199, 206
アリスティッド（Jean-Bertrand Aristide）
249
アーレント（Hannah Arendt）　42, 57
石本泰雄　196
ヴァッテル（Emer de Vattel）　88, 194
ウィリアムズ（Gareth D. Williams）　176
ウィルソン（Woodrow Wilson）　3, 63-66,
68, 72, 92, 97
ヴィルヘルム2世（Kaiser Wilhelm II）
234
ウェーバー（Max Weber）　22, 243
ウェブスター（Charles K. Webster）　90
エリオ（Édouard Herriot）　67
エリツィン（Boris Yeltsin）　114
遠藤誠治　206
緒方貞子　51, 52

● カ 行

カー（Edward H. Carr）　2, 23, 102, 116, 188,
190, 191, 201
カダフィ（Muammar Gaddafi）　174, 226,
227, 247
カッパー（Arthur Capper）　70
柄谷利恵子　52
ガルトゥング（Johan Galtung）　21, 258
カント（Immanuel Kant）　3, 29, 88, 107,
193
キッシンジャー（Henry A. Kissinger）

157
グテレス（António Manuel de Oliveira
Guterres）　159
クラウゼヴィッツ（Carl von Clausewitz）
24
クレシ（Waseem A. Qureshi）　176
グロチウス（Hugo Grotius）　192-194, 200
ケロッグ（Frank B. Kellogg）　69
コルテン（Oliver Corten）　176

● サ 行

サロジニナイドゥ（Sarojini Naidu）　71
サンタ・クルス（Hernán Santa Cruz）　217
サン＝ピエール（Abbe de Saint-Pierre）　87,
88, 96, 107
ジョコ（Joko Widodo）　78
ジョージ（Alexander L. George）　24
ショットウェル（James T. Shotwell）　69,
70
シンガー（Joel D. Singer）　220
スターリン（Iosif Vissarionovich Stalin）
51
スティムソン（Henry L. Stimson）　235
ストレンジ（Suzan Strange）　23
スペンサー（Herbert Spencer）　106
スマッツ（Jan Smuts）　97
セン（Amartya Sen）　52
ゾルバーグ（Aristide R. Zolberg）　50

● タ 行

ダール（Robert A. Dahl）　23
チャーチル（Winston Churchill）　12, 111
ツィマーマン（Shannon Zimmerman）　160
デ・コニン（Cedric de Coning）　159
ディークス（Ashley Deeks）　175, 176
デュナン（Henri Dunant）　238

デュボア（Pierre Dubois）　107
ドイッチュ（Karl Deutsch）　2, 112, 116
トランプ（Donald J. Trump）　99, 123

●ナ 行

ナイ（Joseph S. Nye, Jr.）　23
中村研一　106
ナンセン（Fridjof Nansen）　46
ニーバー（Reinhold Niebuhr）　75, 77

●ハ 行

橋本直子　54
バシール（Omar Hassan Ahmad Al Bashir）
　247
ハース（Ernst B. Haas）　106, 107
ハドソン（Manley O. Hudson）　70
ハビャリマナ（Juvénal Habyarimana）
　172
パワー（Samantha Power）　177
潘基文　177
ビアステッカー（Thomas J. Biersteker）
　128
ピノチェト（Augusto Pinochet）　238
ピレイ（Nabanathem Pilley）　178
ビン・ラーディン（Osama Bin Laden）
　175
ヒンズリー（Harry Hinsley）　90
プーチン（Vladimir Putin）　227, 240, 242
ブッシュ，ジョージ・H. W.（George H. W.
　Bush）　98
ブッシュ，ジョージ・W.（George W. Bush）
　204
ブリアン（Aristide Briand）　68
ブル（Hedley Bull）　213
ブレイン（John J. Blaine）　71, 73
ブロディ（Bernard Brodie）　26
ベネシュ（Eduard Benes）　67
ベルナルディーノ（Minerva Bernardino）
　217

ペン（William Penn）　107
ホッブズ（Thomas Hobbes）　86, 96
ポリティス（Nicolas Politis）　67
ポール（T. V. Paul）　115
ポワンカレ（Raymond Poincaré）　65

●マ 行

マクドナルド（James R. MacDonald）　67
マゾワー（Mark Mazower）　102
松井芳郎　205
ミトラニー（David Mitrany）　84, 107, 115
ミラー（David H. Miller）　70
メフタ（Hansa Mehta）　217
モーゲンソー（Hans J. Morgenthau）　75-
　77, 188, 190, 191, 201
モディ（Narendra Modi）　78
モネ（Jean Monnet）　109
モンテスキュー（Charles-Louis de Montes-
　quieu）　96

●ラ 行

ライト（Quincy Wright）　258
ラック（Edward Luck）　222
リチャードソン（Lewis F. Richardson）
　258
リップマン（Walter Lippmann）　72, 73
リボワベロワ（Maria Lvova-Belova）　227
ルソー（Jean-Jacques Rousseau）　88, 96,
　107
ルート（Elihu Root）　66
劉暁波　123
レヴィンソン（Salmon O. Levinson）　68
ローズヴェルト，エレノア（Eleanor Roosevelt）
　217
ロッジ（Henry C. Lodge）　97

●ワ 行

ワイト（Martin Wight）　213
ワシントン（George Washington）　63

編者紹介　　石 田　淳（いしだ あつし）
　　　　　　東京大学大学院総合文化研究科教授

　　　　　　長　有紀枝（おさ ゆきえ）
　　　　　　立教大学大学院社会デザイン研究科教授

　　　　　　山田　哲也（やまだ てつや）
　　　　　　南山大学総合政策学部教授

国際平和論──脅威の認識と対応の模索
International Peace: Pursuit of Responses to Perceived Threats

2024 年 12 月 25 日　初版第 1 刷発行

編　者　　石田淳・長有紀枝・山田哲也
発行者　　江草貞治
発行所　　株式会社有斐閣
　　　　　〒101-0051 東京都千代田区神田神保町 2-17
　　　　　https://www.yuhikaku.co.jp/
印　刷　　株式会社精興社
製　本　　牧製本印刷株式会社
装丁印刷　株式会社亨有堂印刷所

落丁・乱丁本はお取替えいたします。定価はカバーに表示してあります。
©2024, A. Ishida, Y. Osa, T. Yamada.
Printed in Japan　ISBN 978-4-641-14953-3

本書のコピー，スキャン，デジタル化等の無断複製は著作権法上での例外を除き禁じられています。本書を代行業者等の第三者に依頼してスキャンやデジタル化することは，たとえ個人や家庭内の利用でも著作権法違反です。

[JCOPY] 本書の無断複写(コピー)は，著作権法上での例外を除き，禁じられています。複写される場合は，そのつど事前に，(一社)出版者著作権管理機構(電話 03-5244-5088，FAX 03-5244-5089, e-mail:info@jcopy.or.jp)の許諾を得てください。